融合教材

法学专业导论

主编 赵旭光

内 容 提 要

本书为专业导论系列教材之一,是法学专业学生入门教材,旨在让刚进入大学的法学专业学生明白自己的专业从哪里来,在大学期间他们需要掌握什么技能,应该具有什么样的职业道德品质,将来如何服务国家、服务社会。本书共9章,介绍了中国法学教育的产生和发展、法学学科的分类和课程体系、法学专业能力与思维以及学习方法、司法制度与法律职业以及法律职业共同体和法律职业伦理、法学研究生教育、法学学生创新创业等内容。

本书可作为高等院校法学及相关专业本科生教材,也可作为对法学专业感兴趣的相关专业学生的参考资料。

图书在版编目(CIP)数据

法学专业导论 / 赵旭光主编. -- 北京 : 中国水利水电出版社, 2020.7(2024.8重印).
专业导论系列教材
ISBN 978-7-5170-8681-9

Ⅰ.①法… Ⅱ.①赵… Ⅲ.①法学－高等学校－教材 Ⅳ.①D90

中国版本图书馆CIP数据核字(2020)第122676号

书　　名	专业导论系列教材 **法学专业导论** FAXUE ZHUANYE DAOLUN
作　　者	赵旭光　主编
出版发行	中国水利水电出版社 (北京市海淀区玉渊潭南路1号D座　100038) 网址：www.waterpub.com.cn E-mail：sales@mwr.gov.cn 电话：(010) 68545888 (营销中心)
经　　售	北京科水图书销售有限公司 电话：(010) 68545874、63202643 全国各地新华书店和相关出版物销售网点
排　　版	中国水利水电出版社微机排版中心
印　　刷	清淞永业(天津)印刷有限公司
规　　格	184mm×260mm　16开本　10印张　243千字
版　　次	2020年7月第1版　2024年8月第3次印刷
定　　价	**52.00元**

凡购买我社图书,如有缺页、倒页、脱页的,本社营销中心负责调换
版权所有·侵权必究

丛书编委会

主　任：王增平

副主任：杨世关　刘崇茹　安利强

委　员：（按姓氏笔画排序）

白逸仙　师瑞峰　刘　辉　杨　凯

李向宾　李泓泽　沈国清　张尚弘

赵旭光　赵红涛　侯丹娟　徐衍会

本书编委会

主编： 赵旭光

参编：（按姓氏笔画排序）

王书生　王学棉　杜　波　李　英

李红枫　何　晖　黄向城　曹治国

丛书序

为全面贯彻全国教育大会、全国高校思想政治工作会议以及新时代全国高等学校本科教育工作会议精神，深入落实教育部《关于加快建设高水平本科教育全面提高人才培养能力的意见》等文件要求，主动适应国家能源发展战略和经济社会发展对人才的新需求，华北电力大学规划并推出了这套专业导论教材。

大学生在四年学习过程中要修习几十门课程，做大量实验，参加丰富多彩的课外活动，可谓忙碌而充实。但调研显示，一旦谈起对自己所学专业的认识，即使是即将毕业的学生，有很多人依然懵懵懂懂，难以准确概括本专业的主要工作领域、内容、地位和今后发展方向。尽管每位大学生在入学之初都接受了专业教育，但以报告形式进行的专业教育受时间所限，难以系统地帮学生建立起对专业的整体认知。从2016年开始，我校新能源科学与工程专业依托"全国新能源科学与工程专业联盟"，联合多所高校开始编制《新能源专业导论》教材，并开设专业导论课程。2018年教材正式出版以来，又带动了一批高校开设"新能源专业导论"课程，得到了广大老师和学生的高度评价。实践证明，开设专业导论课程可以有效地补上专业教育的短板。基于此，我校扩大专业导论课程开设的范围，同时启动配套教材建设。这套专业导论教材正是这一规划建设的系列成果。

学校统一规划并组织建设这套教材的主要目的，一是帮助新生全面认识和了解专业、激发专业兴趣，树立专业认同感。二是使学生明确大学期间专业知识结构和能力、素养的发展方向，为大学四年学习生涯和之后的人生发展提供基本指导。

围绕教材建设，我们制定了以下建设目标：第一，以立德树人为根本，将价值引领有机融入教材建设，帮助大学生扣好人生的第一粒扣子；第二，完整呈现专业知识结构和课程体系，使学生建立起对专业的整体认知；第三，挖掘专业领域内能激发学生创新意识和探索精神的素材，培养学生的创新意识和探索精神；第四，系统介绍大学阶段需重点培养的能力和素质，为学生全面发展指明方向。

这套专业导论教材以工科专业为主，同时涵盖了文科和理科专业，其中既有新兴专业，也有我校传统优势专业。这些专业发展历史不同、学科基础不同、所面向的产业不同，在遵循共同建设目标的前提下，我们鼓励教材编写者大胆探索和创新，使教材体现出专业特色。

为保证教材建设质量，我们对编者进行了严格挑选并提出了高标准要求：一是要求主编对专业有系统、全面和深入的认识；二是要求编者有很强的文字功底，能够很好地平衡内容的专业性和语言的通俗性；三是要求编者具有较强的思政意识和课程价值元素的挖掘能力。

专业导论教材建设的要求高、难度大，这套教材肯定还存在需要进一步完善和提升之处，希望读者批评指正，以便不断改进。我们抛砖引玉，期待有更多的兄弟高校加入到专业导论教材建设中，共同打造一批精品专业导论教材。

2020 年 6 月 28 日

前言

2016年12月，全国高校思想政治工作会议深刻回答了事关高等教育事业发展和高校思想政治工作的一系列重大问题。会议指出"要坚持把立德树人作为中心环节，把思想政治工作贯穿教育教学全过程，实现全程育人、全方位育人"。

刚刚踏入大学的莘莘学子，他们经历了高考的拼搏，大学正要为他们打开一扇看世界、改造世界的全新的门。但是他们也会有一时的彷徨与不知所措，摆在他们面前的世界一下子变得丰富斑斓，就像一下子踏入了万花丛，他们渴求知识，不知道如何取舍；面对种种诱惑，他们不知道如何保护自己；面对迷雾一般的未来，他们看不清方向。大学生活是美好的，但如果没有好好规划，就会白白浪费大好光阴。如何帮助大学生们确立正确的人生方向，确立坚定的职业理想和信念，是大学生思政工作的重要内容。而专业思政课程，是最初的一环。

针对法学专业大学新生对法学专业的迷惑，对法律职业的迷惘，我们组织编写了《法学专业导论》一书。在编写过程中，我们努力做到以下几点：

首先，这是一本有关课程思政的教科书。思政教育要理直气壮，要凸显"政治本色"，这是本书秉承的宗旨。本书对中国法学专业、法学教育的发展做了全面梳理，将中国古代灿烂的法学成就展现给读者。本书对中国共产党领导下的社会主义法治建设做了提纲挈领的介绍，将新时代中国特色社会主义法治图景描绘给读者。

其次，明确本书与法学概论的区别。法学概论侧重基本法学常识的介绍，是很多法学院系开设的法学专业入门课，也是其他对法学感兴趣的学生学习法学知识的概览课。而本书是法学专业的概览，它就像一幅法学专业的游览图，告诉读者将要在法学专业学习中看到什么样的风景。

再次，本书有针对性地对大学新生对未来的迷茫事项做了指导性的介绍。让学生明白法学专业从哪里来，是一种什么样的专业，他们的就业、深造前景如何。

此外，我们邀请了有丰富实践经验的法学创业导师参加了本书的编写，可为大学生创新创业提供帮助，使得本书更为全面和实用。

本书由赵旭光主编。首先由赵旭光设计了全书的结构框架，然后由各位作者分头收集资料、开展研究以完成写作，最后由赵旭光进行统稿、定稿。黄向军、李红枫参与了本书的结构设计和统稿、校对工作。

参加本书编写的人员有（按编写章节先后为序）：

何晖，华北电力大学人文与社会科学学院讲师、廉政研究中心研究员，编写第1章。

杜波，华北电力大学人文与社会科学学院教授、硕士生导师，编写第2章。

曹治国，华北电力大学人文与社会科学学院副教授、硕士生导师，法学教研室主任，编写第3章。

李英，华北电力大学人文与社会科学学院教授、硕士生导师，编写第4章。

王学棉，华北电力大学人文与社会科学学院教授、硕士生导师，电力立法研究中心主任，编写第5章。

李红枫，华北电力大学人文与社会科学学院副教授、硕士生导师，廉政研究中心副主任，编写第6章。

赵旭光，华北电力大学人文与社会科学学院教授、硕士生导师，副院长、法律硕士教育中心副主任，编写第7章。

王书生，华北电力大学人文与社会科学学院副教授、硕士生导师，法律硕士教育中心办公室主任，编写第8章。

黄向城，中国青年创业导师团副秘书长、启迪之星（北京）投资管理有限公司知识产权合伙人、北京广西企业商会副会长、清华大学年度荣誉导师、天使投资人、华北电力大学人文与社会科学学院法律硕士实践导师，编写第9章。

谨在此对参加本书编写和校对的各位老师表示感谢，对领导和策划本书的华北电力大学王增平副校长、人文与社会科学学院党委书记苑英科教授、教务处刘崇茹处长、杨世关副处长、高继周副处长、白逸先副处长表示诚挚地谢意！由于作者水平有限，书中疏漏乃至谬误在所难免，敬请读者批评指正。

本书的附录由李红枫、赵旭光分别完成。

作者
2020年3月

目录

丛书序
前言

第1章 新中国成立前的法学与法学教育 ······ 1
  1.1 中国古代法学 ······ 1
  1.2 中国近代法学与法学教育 ······ 4

第2章 新中国成立后法学与法学教育的发展 ······ 11
  2.1 改革开放前的中国法学教育（1949—1978年）······ 11
  2.2 改革开放后的中国法学教育（1978—2012年）······ 14
  2.3 中国特色社会主义新时代法学及法学教育的新发展（2012年至今）······ 18

第3章 法学学科分类及法学专业核心课程 ······ 21
  3.1 法学学科分类 ······ 21
  3.2 法学专业核心课程 ······ 26

第4章 法学学习方法 ······ 32
  4.1 法学课堂学习 ······ 33
  4.2 法学实践学习 ······ 36

第5章 法学专业思维 ······ 41
  5.1 法学学生应具备的思维能力 ······ 41
  5.2 法学学生应具备的专业能力 ······ 44

第6章 司法制度与法律职业 ······ 50
  6.1 司法制度 ······ 50
  6.2 法律职业 ······ 60

第7章 法律职业共同体与法律职业伦理 ······ 70
  7.1 法律职业共同体 ······ 70
  7.2 法律职业伦理与法律职业道德 ······ 73

第8章 法学研究生教育 ······ 89
  8.1 法学硕士 ······ 89
  8.2 法律硕士 ······ 92
  8.3 法学博士 ······ 95
  8.4 西方的法学研究生教育 ······ 100

第 9 章　法学专业学生创新创业指南 103
　9.1　法学专业学生创新创业的基础知识 103
　9.2　法学专业学生创新创业的核心认知 107
　9.3　法学专业学生创新创业的方向与前景 115

附录 120
　附录 1　《中华人民共和国法官法》 120
　附录 2　《中华人民共和国检察官法》 127
　附录 3　《中华人民共和国律师法》 134
　附录 4　《法学学科评估状况》 141

参考文献 147

第 1 章

新中国成立前的法学与法学教育

中国的法学研究与法学教育早在先秦时期就已经出现，以法家为代表，其主要目的在于为君王的治理提供服务。当时无论对"法"还是对"律"都已经有了明确的认识。中国古代法学的灿烂甚至创造了闻名天下的"中华法系"，被当时世界各国奉为圭臬，但是秦以来的中央集权，并未使得中国古代的法学和法律体系走向近现代意义上的"法治"。直到清末，器物落后刺激中国人"开眼看世界"，西方的法学理论和法学教育开始进入中国。清末民初，是中国法律体系的转型期，是近现代法学教育的萌芽期，奠定了中国法学研究和法学教育发展的基础。民国时期，一批著名的法学院校崛起，以朝阳大学和东吴大学为代表，一时有"北朝阳南东吴"之誉，一批星光璀璨的法学家创造了中国法学研究的一个小高峰，他们的影响甚至一直到今天还存在。

1.1 中国古代法学

中国古代法学是指中国在清末变法修律之前的关于法律现象的学说和理论，主要包括先秦时期的理论法学和中国古代律学（即注释法学）。

1.1.1 先秦时期的理论法学

先秦时期的理论法学主要是出自法家的法学思想。公元前七世纪的法家代表人物管子最早提出"以法治国"的思想，代表了早期法家的最高成就。除此之外，先秦法学还探讨了法律的产生、性质、特点、形式、作用，但多为形而上的、一般的、抽象的理论及法律，不涉及具体的条文和案件，因此称之为理论法学，相当于西方法学中的法哲学。

法是为了控制社会纷争而产生的强制性规范。管子认为："法者，所以兴功惧暴也；律者，所以定分止争也。"商鞅也认为："古者未有君臣上下之时，民乱而不治。是以圣人列贵贱，制爵位，立名号，以制君臣上下之义。"法家将法律的起源归结为控制争夺而不致于乱的需要，较之天命说、性恶说更符合历史的实际。

公平是法的价值取向。早期法家代表人物管仲曾以度量衡器来比喻法的公平性，他说："尺寸也，绳墨也，规矩也，衡石也，斗斛也，角量也，谓之'法'。"韩非认为"故以法治国，举措而已矣。法不阿贵，绳不挠曲。"商鞅在推行变法时，也坚定地宣布"刑无等级，自卿相将军以至大夫庶人，有不从王令、犯国禁、乱上制者，罪死不赦。"

法与时转，法具有可变性。先秦法家是历史进化论者，他们从"古今异俗，新故异备"的历史规律出发，提出了"世异则事异""事异则备变"的观点，强调"圣人不期修古，不法常可；论世之事，因为之备"。

"赏信罚必"是法治的重要"推手"。早期法学家管仲主张严明赏罚，以保证改革的贯彻和以法治国的推行。在韩非厚赏重罚的思想中表现出了重功利、轻教化，重国家、轻个人，重公权、轻私权的倾向。这是法家认为人性恶、人性自私自利的哲学观所导致的必然结果。

1.1.2 中国古代律学（注释法学）

中国古代律学（注释法学）以阐明律意、解释律文为主要目的，是中国古代法学的重要内容和表现形式。律学的基本内容主要包括法典律令的编纂、解释及有关理论的研究等。

研究中国古代律学，重点要研究中国法律的儒家化问题。

西汉中期，董仲舒以先秦儒家思想为主体，同时吸收了法家、阴阳家、道家等诸家学说，构建了新儒学的思想体系，新儒学以"天人感应"学说为基础提出了"天人感应"的国家法律观和建立"大一统"的社会秩序模式，从而使德主刑辅的封建正统立法思想得以确立。西汉司法实践中的"春秋决狱"开启了中国古代法律儒家化的进程。"春秋决狱"是指以儒家经典《春秋》大义为司法裁判的依据，儒家经义具有了高于现行法律的效力，成为法律制度与儒家经义相结合，对现行法家之法进行改造的手段，确立了中华法系儒法结合的基本样式。在经历三国两晋南北朝之后，法的儒家化程度进一步加深，至隋唐以《唐律疏议》为标志，中国古代法律的儒家化进程得以完成。中国古代律学是在法律儒家化的推动下形成和发展起来的。

中国古代法的发展是以法学尤其是律学的发展为基础的。律学脱胎于古代经学，律学的历史渊源可以上溯到先秦时代。战国时期法家学派对刑、法、律等理论的认识、诠释和阐述，为律学的形成提供了理论先导。

律学的发展经历了两汉三国魏晋时期、唐宋时期、明清时期三次发展高峰。

1.1.2.1 两汉三国魏晋时期

魏晋南北朝是律学的正式形成与重要发展时期，期间律学理论水平得到前所未有的提高，法典编纂及对法律条文的注解诠释获得重大进步，立法技术不断改进创新。随着新儒学的形成和法律儒家化的需要，儒学从汉代开始逐渐成为显学，这使得儒家经学大师既说经也解律，并得到官府的认可，出现了"聚徒讲授，至子孙世守其业"的现象。两汉时期的春秋决狱、引经注律与律令章句之学的兴起，为律学的形成奠定了思想基础，创造了技术条件。

魏晋时期律学家多为朝廷明法的重臣，因此使律学摆脱经学取得了独立的发展，主要成就表现为律典结构的调整和罪的概念的注释，比如魏律改《具律》第六为《刑名》第一，晋律又新增《法例》为第二，至北齐律，合《刑名》《法例》两篇为《名例》一篇，突出了法典总则的地位和性质，增强了法典体例结构的科学性，为后世历代立法所继承。

中国古代法典体例结构经《法经》六篇、汉律六十篇至北齐律定型为十二篇，经历了由简到繁的丰富扩充，又由繁到简的概括凝练发展历程，十二篇的体例结构为后世法典所沿袭。这反映了随着律学的进步，人们对相应法律概念的认识、分类和概括已经比较明确，使得法典编撰水平得以提高。《晋律》首创了对法律条文进行注解诠释的立法体例。为了弥补《晋律》律文过于简约，法律适用中易产生分歧的情况，律学家张斐、杜预，兼采各家学说对条文逐条注释，经晋武帝下诏颁行全国，注释与律典条文具有同样法律效力，是《唐律疏议》的范本，进一步加强了法律的儒家化。

1.1.2.2 唐宋时期

唐朝注律以官府为主导，唐律的"疏议"就是官方注律的主要成果，标志着法律儒家化的完成。唐律在推原律义、考镜源流、实例释律方面，都进行了言简意赅的阐释，并且律、疏同条，两者具有同等的法律效力，成为后世注律的典范。唐律"一准乎礼，而得古今之平"，儒家思想变成了唐律的灵魂，儒家伦理道德规范披上了法律的外衣，使得唐律成为推行儒家纲常礼教，巩固宗法等级制度和封建统治的工具。同时使中国古代法律的发展登上了顶峰，标志着封建法制的成熟与完备。在世界范围内，特色鲜明、独树一帜的中华法系最终形成并为世所公认，其影响远播东南亚地区，被朝鲜、日本、越南等国家直接援用。中国古代有灿烂的法治文明，《唐律疏议》和西方古罗马法一样成为人类法治文明皇冠上的明珠。

与唐代基本上满足于对律的注释、阐述不同，宋代除了律文解释之外，律学研究的对象还扩大至判例、断狱、法医检验、官吏箴言等方面，宋代律学的应用获得极大发展。首先，宋代的判例法汇编、研究达到了一个超越唐代的水准，出现了《名公书判清明集》《折狱龟鉴》等律学著作；其次，宋代法医学取得很大发展，它是利用医学、药物学等知识、技术，研究法律实务以鉴定创伤、判断死因和死亡时间等的一门学问。宋慈编纂并于南宋理宗淳祐七年（1247年）刊印的《洗冤集录》一书是中外法医学家公认的、现存最早的、系统的法医学著作，它不是零散地记载一些方法或事例，而是系统地阐述法医学的尸体检验方法与各种死亡情况下的检查所见，包括了现代法医学的大部分内容，标志着法医学已成为一门学问，比欧洲早了350年。唐宋时期的律学成就是律学发展史上的第二次高峰。

1.1.2.3 明清时期

明清时期出于加强司法和弥补官吏法律知识缺失的需要，急需出版律学著作，于是朝廷允许官员及其幕友注解《大明律》和《大清律例》，统称为私家注律。因此，明清时期注律官、私并举，队伍庞大而且门类齐全，群书竞献，绵延200年之久，出现了许多有影响的律学家和著作，如明代王肯堂的《律例笺释》、冯梦麟的《读律琐言》，清代薛允升的《唐明律合编》、沈家本的《汉律拾遗》等。尤其是清代律学著作因着眼于司法实际的需要，虽然其理论概括与思想尝试不如先秦的理论法学，但因所注释的律文是刑法典《大清律例》，因此注释中也体现了刑法学、司法学、社会法学、历史法学方面的成就。明清时期是律学史上的第三次高峰。

至此，律学的发展深深影响着中国法律的变迁，也决定了法文化的基本样貌。中华法文化深受儒家文化的影响，表现出下列特征：

第一，儒家学说为立法的指导思想。汉武帝"罢黜百家，独尊儒术"之后，儒家学说逐渐由学说上升到治国方略，并最终成为立法的指导思想，法律与儒家道德体系逐渐合二为一，用法律的形式确认和维护"三纲五常"的宗法等级关系。

第二，引礼入法、礼法结合。礼是中国早期社会规定人们之间亲疏远近、贵贱等差的标准和规范，其本质是儒家的道德系统，经过法律儒家化渗透在古代法律之中，法律受儒家伦理道德观念的深刻影响，礼法结合达到十分完备的程度，法典的内容带有浓厚的伦理化色彩，被称为伦理法、亲情法。比如"五服"入律、亲属相隐制度、留养承祀制度、死刑犯秋冬行刑等。

第三，诸法合体、民刑不分。中国最早的法典《法经》其内容都与刑相联系，这种把法理解为刑的观念，又被后世历代所强化，可以说中国历代法典都是刑法典，这种以刑为主的法律体系反映了中国古代政治专制主义的特征。因此，中国古代法典在编撰结构上表现为诸法合体、民刑不分，以刑事法律规范作为法典的骨干，同时附带一些民事、行政、诉讼的法律规范，没有出现独立的民法典和诉讼法典。

第四，注重成文法典的制定。自战国时期魏国李悝制定的《法经》直到清朝的《大清律例》，历代都重视成文法典的制定，将其视为王朝的标志。除刑法典外，唐朝还制定了自己的行政法典《唐六典》，从此各朝代形成了制定行政法典的传统。同时，为了应对律典的稳定性与法典对社会条件变化的适应性之间的矛盾，从汉至清，又因时制定了令、科、比、格、式、敕、则例等以补充律典之不足，使法律易于实施并切合统治需要。

第五，司法权依附于行政权。我国封建皇帝拥有最高的立法权、司法权和行政权。皇帝的诏敕就是法律，重大案件都由皇帝亲自裁决，在地方，司法、行政合一，行政机关兼管司法，各级行政长官直接主持地方审判，两者在组织机构上是一致的。

综上，中华法制文明是早熟的，中华法文化底蕴深厚，治国理政经验丰富，显示了中华民族先哲们高超的政治智慧与理性的法律思维。

1.2 中国近代法学与法学教育

1.2.1 中国近代法学

1840年鸦片战争之前，在中国传统法律文化背景下，中国一直沿袭着传统的以律学为内容的法学教育。由于官办法律教育的没落，在清代法学教育表现为私学性质的学徒式刑幕法学教育。鸦片战争以后，清政府的国门被西方列强的坚船利炮打开，签订了丧权辱国的不平等条约，为了收回领事裁判权，清政府被迫下诏开始变法修律，对清朝以《大清律例》为核心的传统法律体系进行了根本性改造，制定了《钦定宪法大纲》等宪法性文件以及行政性立法、刑法、民法、商事法、程序法等文件，建立了仿照西方大陆法系的六法体系，传统的中华法系就此终结，从而开启了中国法的近代化。

西方近代法学是指在欧洲中世纪宗教改革、文艺复兴，尤其是罗马法复兴之后，随着西方资本主义法律体系的建立（包括英美法系和大陆法系）而形成的资产阶级法学。中国近代法学是在清末"西学东渐"和变法修律的背景下，建立了仿照西方大陆法系的六法体系以后，在移植近代西方法学的基础之上逐渐产生和发展起来的中国法学。西方法学的内容（资产阶级的法哲学和应用法学）自然就成为了中国近代法学的内容，只不过不同时期侧重点不同罢了，比如清末变法修律中法文化的更新是其前提条件，它就是研究西方法哲学的结果，法文化更新主要包括由盲目排外到"中体西用"，由专制神圣到君主立宪和民主共和，由维护儒家"三纲"到批判"三纲"、主张平等自由，由人治到法治，由司法、行政不分到司法独立，由刑法独大到诸法并重。

1.2.2 中国近代法学教育

法学的发展和法律制度的变革离不开法律人才的培养。鸦片战争以后，传统法律人才的培养方式无法培养适应现实需要，建立中国近代法学教育势所必然。

1.2.2.1 法科留学生及清末变法修律之前的法学教育

西方法学概念来到中国，是中国引入西方文化的产物。明清之际，外国传教士纷纷进入中国，为中西文化的交流做出了积极贡献，为中国带来了西方近代的法律文明。由于清政府长期采取闭关锁国的政策，西方近代法治文明的输入，长期处于受压制状态。鸦片战争打开了"天朝上国"封闭的大门。战争的结果一方面是西方列强向中国直接显示了西方近代物质文明的力量；另一方面就是中国被迫走入近代国际社会，中国传统的社会结构与文化价值体系趋于瓦解。"创巨痛深"使中西文化交流形势逆转，中国人开始关注和学习西方的先进技术和先进文化，学习西方法律制度和文化是其主要内容之一。在近代法学教育体系没有建立之前，出国留学是培养法律人才的主要方法。

1. 留学英美

中国近代史上第一位留学生是容闳（1828—1912年），大概在1850年自费在美国耶鲁大学学习，获文学学士学位，毕业回国后，曾担任过香港高级审判庭的译员和见习律师，曾获得母校颁赠的法学博士学位，后来开创了中国近代的留学教育事业。在他的积极倡导下，清政府于同治十一年（1872年）至光绪元年（1875年）的4年间，每年选派30人，分4批共120名幼童赴美留学，为国家培养了大量人才，比如唐绍仪、詹天佑等，其中只有一人选择了法律专业。

伍廷芳（1842—1922年），广东新会人，1874年自费就读英国伦敦林肯法律学院，成为中国近代法律史上第一个系统接受西方法学教育的留学生，并成为第一个获得英国律师资格的中国人，在学习西方法律方面走在前列。鸦片战争以后，由于办理交涉通商等的需要，对法律人才的要求标准已发生变化，伍廷芳这样即通晓西语，又熟悉西方法律的人才已成为一种现实的需要。伍廷芳因学贯中西，通晓通商、刑名、律例、万国公法，而受到清朝洋务派官员的重视，成为清末变法修律中的重要人物。

2. 留学欧洲

在洋务运动中，清政府为便于与西方国家交涉事宜，向欧洲官派了一批留学生。1877年，福州船政学堂选派学生赴欧洲留学，马建忠、陈季同、严复是其中学习法律的代表人物，他们的主要学习内容是万国公法，即西方近代的国际公法，就读的是法国巴黎私立政法学校和巴黎大学法学系。其中，严复在留学期间受到西方价值观和思想意识的影响，把西方18、19世纪资产阶级政治、法律和社会学说带回到灾难深重的中国，为中国变法图强提供了思想武器，成为近代中国著名的启蒙思想家。

3. 留学日本（19世纪80年代至1910年清末变法修律完成）

中日甲午战争以中国的失败而告终，标志着以学习西方先进科学技术为内容的洋务运动的失败。清政府认识到西方之所以先进不仅在于"器物"，更主要是因为制度先进。危机之中的封建法律秩序受到越来越多的怀疑和批判，按照西方法律制度改革现行制度的呼声日渐高涨，于是发生了中国近代法律史上的大事件——清末变法修律。

历史上日本深受中国文化的影响，近代日本明治维新以后政治、经济、文化迅猛发展，建立了系统的大陆法系的资本主义法律制度，脱离了传统的中华法系的影响，西方法学和法律教育在日本得到充分发展、完善。甲午战争后，日本的做法受到清政府上下高度重视，并取得向日本学习的共识，在张之洞的推动下清政府开始大规模向日本派出留学生，学习近代法律是其重要目的。一时间从政府到民间赴日留学蔚然成风，清末民初，日本成为中国学生出国深造的主要国家。

1898年至1899年6月，南北洋大臣及湖北等省先后派送留学生60余名，被送往日本各级学校及陆军学校，学习"功法、制造及武备诸科"。次年变法诏书发布，强调学习西法的重要性，1901年8月下诏变通科举，9月又谕令各省广派游学。可见，出洋游学培养政治人才已成为一个迫切的现实需要。据1901年12月的调查，中国在日本的留学生已有269人，其专业以军事、政法为主。

为适应国内变法修律对法政人才的迫切需求，1904年中日两国进行政府会商，借鉴日本近代法学教育经验，日本东京法政大学开办法政速成科，这对留日政法教育是一次重要推动。法政速成科从1904年开始共招收5批学生，培养法政人才1145人。

1.2.2.2 设立同文馆——近代法学教育的萌芽

讲授西方法律的早期开端——近代法学教育的出现，是以创办新式法律教育机构为主要标志的。1862年北京设立的同文馆，是中国最早的西方法律教育机构，标志着中国近代法律教育开始产生。但是，设立同文馆的初衷不是学习西方法律，而是鸦片战争后为办理外交事务培养翻译人才。直到1867年，聘请美国人丁韪良讲授万国公法，官方从此正式开始讲授和传播西方法律知识。

同文馆为中国培养了早期的翻译人才；在丁韪良的主持下，翻译了大量的西方法学著作，如惠顿的《国际法原理》（即《万国公法》）四卷等。同文馆作为最早的新式教育机构发挥了出产法学学术作品的功能，通过翻译西法法律著作，对中西法律语言的差距进行了分析和比较，创造了诸如"主权""法院""权利"等法律词汇，这些都成为了近代法律遗产的重要内容；为中国培养了一批受过西方语言和国际公法训练的外交人才，其间驻各国公使都来自同文馆。

同文馆在学习西学和传播新思想方面做出了开创性的贡献，历史上第一次改变了旧的封建传统教育模式，近代法律教育孕育其中。1902年同文馆并入京师大学堂，可以说，今天的北京大学法学院实以京师同文馆为渊源。

1.2.2.3 清末民初的政法学堂

清末民初的政法学堂即清末变法修律之后的法学教育。

1898年，中国近代著名思想家梁启超先生在《湖南湘报》上发表题为《论中国宜讲求法律之学》的文章，用激昂的文字呼唤国人重视法学，虽然梁先生并非专攻法律，但其以敏锐的眼光，预见到新世纪中国法学研究和法学教育的未来发展。

数年之后，清政府宣布变法修律实施新政，修订全部现行律例。以修订法律大臣沈家本为代表的有识之士，在近10年的修律过程中，大量翻译西方法学著作，引进西方法学观点观念，在改造中国法律体系的同时，开始推动中国早期的法学教育和法学研究。在清末变法修律过程中，为培养变法修律所需专门人才，1906年，应修订法律大臣沈家本、伍廷芳的奏请，清政府在北京正式设立中国第一所专门的隶属于修订法律馆的法律教育机构——京师法律学堂。京师法律学堂学制三年，开设课程包括罗马法、刑法、民法、宪法、国际法、监狱法、公司法程序法等二十九门。聘请日本法学家为教习，他们都是某一法学领域的佼佼者，在完成相应的教学任务的同时还担任清政府变法修律的法律顾问，参与起草相应的法典，有松冈义正、小河滋次郎等。中国通过日本第一次完整地引入近代西方法律知识。次年，在清政府的推动下，隶属清政府学部的京师法政学堂也正式招生，同时各省也都设立法政学堂，如直隶法政学堂、天津警务学堂、两广法政学堂等。这些法政学堂、法律学堂的设立，是中国近代正规专门法学教育的滥觞。

自19世纪60年代，洋务派倡导学习西方技术、开办学堂以后，新式教育的内容一直限于语言、军事和技术的范围，缺乏实质性进展。受"中体西用"思想的影响，法律教育也一直没能突破交涉公法的范围，长期处于幼稚的萌芽状态。

1.2.2.4　民国时期的法学教育——法学院的发展

甲午战争败于日本，举国上下变法的呼声日渐高涨，培养新式法律人才成为当务之急，清政府不得已在新式教育的创办上做出更大努力，变革既有的教育制度成为一个不可回避的问题。在晚清最后十几年中，与废科举、兴学堂、立宪修律相交错，中国近代较完整的法律教育开始生成，其主要表现就是一系列近代大学法科，即法学院的创立和发展。

1. **国立法律学院**

（1）北洋大学法律科。光绪二十一年（1895年），在洋务派代表人物盛宣怀的推动下，伍廷芳开办天津中西学堂（1903年改名为北洋大学，是后来天津大学的前身）并任学堂总办，丁家立为总教习，开始招收法科学生，法科学制四年。按照学堂章程，设立律例学门，其下设若干法律课程，完全按照美国哈佛大学等的学制为蓝本设计。此处的学门，实际上就是后来法学院的雏形，虽然规模小、存续时间短（1920年法科停止招生），但在开办中国近代法学教育机构进程中具有开创性的意义。北洋大学是近代中国创办的第一所大学，其法律科也是中国近代第一个法律教育机构，自开办时起，即以英美法为教学基础，所聘教师为美国法律家，学生毕业也多赴美留学。北洋大学法律科有着浓厚的美国化倾向，早期的培养目标与实际需要有一定脱节。进入民国以后，增加了大陆法课程，这一情况得到改善，培养了许多社会急需的优秀法律人才。近代著名法学家王宠惠就是该校法科第一批毕业生，吴经熊也曾就读于该校法律预科，后转入东吴大学法学院。

（2）京师大学堂政法科。戊戌变法诏书颁布后，1898年7月光绪帝批准筹备成立京师大学堂，1902年同文馆并入京师大学堂。根据《奏定大学堂章程》，政法科为大学堂的分科之一，其下设政治门与法律门。1910年，京师大学堂政法科正式开办，京师大学堂的法律本科教育正式开始。政法科法律学门的主课有法律原理学、大清律例要义、中国历代刑律考、中国古公历代法制考、东西各国法制比较、各国宪法、各国民法及民事诉讼法、各国刑法及刑事诉讼法、各国商法、交涉法、泰西各国法（罗马法、英吉利法、法兰西法、德意志法）。

民国元年（1912年）5月，京师大学堂改成北京大学，严复任首任校长。1914年蔡元培任北大校长后，法科获得迅猛发展。作为教育家，蔡元培上任后采取一系列改革措施，对北大后来的发展产生了积极深远的影响。他要求法科学生把研究学问作为自己的努力方向，"抱定宗旨，为求学而来，入法科者，非为做官"，他认为法科学理源于文科，以文理两科为基础，法律学不仅研求学理，而且讲求适用，是术。为使北大的学科设置更加合理，把商科并入法科，把北洋大学法科也并入北京大学法科，经过调整，北京大学成为文、理、法并存的大学，法科得到空前发展。1919年，又改革学科体制，即"废门改系"，撤消文、理、法三科的界限，将科下之门改称"系"，这样法律门变为法律系，各系设系主任，同时设立教授会，负责本系的教学工作。在课程设置上，完全按照现行的大陆法体系设置。和京师大学堂时期相比，中国传统法的内容大大减少，但表现出自己的特色：首先注重私法教学，民法课程贯穿四年，公法地位不突出；其次，除罗马法和中国法制史外，其他课程都是应用法学，没有今天的法理学和法律思想史课程。这一时期，受蔡元培办学思想的影响，北大法学获得快速发展，办学规模、课程设置、师资力量逐步发展，法学研究活动极为活跃，在北大的学科地位日渐提高，是北大法学发展的黄金时期，成为近代中国法学教育的重要阵地。

（3）清华大学法科。清华大学最早叫清华学校，其设立初衷是为清末赴美留学生的出国培训之用。1925年清华学校设大学部，部下设17个系，其中包括政治学系。作为政治学的辅助课程，法律课程开始被设置，并开始有了初步的法学师资。1928年清华学校升格为国立清华大学，依据教育部《国立清华大学规程》，清华大学应设立法学院，法学院包括法律、政治、经济三个学系，但在实施中唯法律学系暂缓设置，直到1932年才设置法律学系，任命燕树棠为法律学系主任。由于经费的原因，法律学系开始运行后至1933年，法律学系新招的学生被并入政治学系，进而撤销了法律学系，教师也转归政治学系。至此，清华大学法学院只有政治学和经济学两系。尽管如此，清华大学法学院在政治学系的制度框架下，却有一支高水准的法学师资队伍，如燕树堂（国际私法）、王化成（国际公法）、钱端升（比较宪法学）、程树德（法制史）等，学生当中有王铁崖、楼邦彦、梅汝璈、杨鸿烈等。

抗日战争胜利后，1946年，从西南联大复校的清华大学法学院，重新设立法律学系。新中国成立后，清华大学法律学系并入北京大学。1952年，清华大学法学院并入新筹建的北京政法学院，即现在的中国政法大学。

2. 私立大学、教会大学法科

私立大学相对于官办大学，是指由私人或团体创办的大学，其中由传教团体创办的教会大学也属私立大学范畴。清晚期和民国政府对私立大学持肯定的态度。进入民国以后私立大学发展迅猛，它们或设有法科或本身就是专门的法律院校。教会大学有震旦大学、燕京大学、东吴大学等。教会大学对中国近代法律教育的产生具有巨大的推动作用。

（1）震旦大学与燕京大学。震旦大学是法国的天主教徒马相伯1903年在上海创办的，开始叫震旦学院，1911年设立法科，学制3年，1932年改名震旦大学，1935年设法学院。1949年后其法科被撤销并入现在的华东政法大学。

燕京大学是1919年，由英美基督教会创办的。开始没有设法学院，1930年应国民政府《大学组织法》的要求把应用社会科学院改为法学院，院内设法律系。据《私立燕京大学一览1930—1931》记载，其法学教育的目的和方法是"造就法学人材及司法实务人材，以应国家之需要，内以完成司法独立，外以准备法权收回，所用讲授方法，学理与实用并重，先就现行各种重要法律之内容加以有系统之讲述，并讨论其得失利弊，使学者对本国法律有深切之认识，然后进而研究中外法律源流、比较法学及法哲学，期于解决现代立法、司法各种问题有所贡献焉。"教师均为国内名家和外国专家。法学学制4年，法学专业课程包括民法总论、刑法总论、宪法、罗马法、债法总论、法院编制法、民法亲属法继承篇法学专题研究、监狱学、刑罚学等33门。著名法史学家瞿同祖就是燕京大学所培养。

（2）东吴大学法学院。东吴大学法学院是唯一一所独立设置的法学院，与其他教会大学相比，办学特色鲜明。东吴大学法学院于1915年创办于上海。由于由美国法律人创办，故其学制和课程设置参照美国法学院模式，授课内容以英美法为主，强调比较法的训练，注重模拟法庭和判例教学。教师多来自英美，中国教师中也大多留学过英美，比如吴经熊、王宠惠。随着中国大陆法系体系的建立，加上政府的干预，办学模式逐渐脱离美国法学院模式而转向大陆制，但东吴大学法学院注重英美法和比较法训练的传统，在相当程度上予以保留。东吴大学法学院是现在华东政法大学的前身，为中国近现代培养了大量优秀的法律人才。

20世纪40年代，海牙国际法院曾评选出全球50位杰出法学家，中国有王宠惠、杨兆龙两人入选，皆是东吴大学法学院教授。从1930年到1990年，海牙国际法院一共有过6位中国籍法官，从顾维钧开始，一直到1997年的联合国前南国际刑事法庭法官李浩培，都是东吴大学法学院的教授或毕业生。抗日战胜利后的东京大审判采用的是英美法程序，中国赴远东军事法庭的法官、检察官、顾问等几乎全部来自该校，包括向哲浚（检察官）、倪征燠（首席顾问）、桂裕、鄂森（检察官顾问）、裘邵恒（首任检察官秘书）、高文彬（翻译、检察官秘书）、方福枢、杨寿林（法官秘书）、刘继盛、郑鲁达（翻译）。

（3）朝阳大学。朝阳大学成立于1912年，是清末变法修律后沈家本设修律馆，培植法律人才，开创法学研究之风，在北京成立法学会的结果。法学会成立后，按照其章程创建朝阳大学，汪有龄为首任校长，校名取"一代青年如旭日东升的朝气"之意。

朝阳大学作为法学单科大学，宗大陆法系，注重法典学习，教师多为来自日本的法学家，中国教师也多留学过日本，多为大陆法名家，朝阳大学具有浓厚的"东洋化"色彩。课程体系以大陆法为基础组织，学制四年。教学方法自然也是大陆法系的法学训练方法。朝阳大学以其鲜明的办学特色培养了许多优秀的法律人才，朝阳大学的师生多为司法界的要员，以至司法界有"无朝不成院"之说。朝阳大学与东吴大学法学院都享有私立大学法科的良好声誉，所谓"北有朝阳，南有东吴"。

朝阳大学是一所有着民主传统的学校，产生过很多进步学生、教授。1949年8月，朝阳大学改名为中国政法大学，成为一所红色政法学校，谢觉哉任校长。其教育方针是"学习马列主义毛泽东思想的基本理论知识，新民主主义的政策及中华人民共和国的法律知识与司法工作，以确立学员为人民服务的新人生观及为人民民主专政服务的新法律观，并使之掌握切合于新中国实际需要的业务知识与技能。"1950年，中国政法大学与华北大学合并，成立中国人民大学，吴玉章任校长。因此朝阳大学是现在中国人民大学法学院的一个主要源头，同时后者又是继承新民主主义革命时期政法教育传统的结果。朝阳大学的历史本身就是一部近代中国法律的变迁史。

需要指出的是，朝阳大学和现在的中国政法大学没有渊源关系。

第 2 章

新中国成立后法学与法学教育的发展

查士丁尼在《法学总论》开篇言明，法学是关于正义和非正义的科学。

法学教育主要是以传授法律知识、培养法律思维、培养合格法律专业人才为内容的教育活动。法学教育的使命就在于提升人们对正义的认知水平，拓宽社会的正义之路，培养社会正义的守护者，搭建社会正义的阶梯。这一目标是诊断、评判当下中国法学教育的基准。

法学教育从问世之初就陷入一种两难境地，即法学教育应当成为培养未来律师、法官、检察官等法律职业者的职业教育学院（professional school），还是应成为一种培养国民素质的通识性教育（general high education）或培养学者和法学专家而教授法学理论和系统法律知识的研究学院（research school）。由此可以看出法学教育内在的二重性，即职业培训性和学术研究性的二重性。法学教育也在二重性的基础上形成了不同的法学教育理论、目标、模式、内容和方法。

法律人才是中国法治建设的第一资源。从某种意义上说，今天的法学教育决定明天中国的法制建设。一般来说，法学教育的目的是让学生获得从事法律职业应当具备的知识和能力，法学教育的基本要求是宽泛的知识结构和开阔的视野；法学教育的基本目标是训练学生的法律思维，培养学生的社会正义感和处理具体法律问题的基本技能。法学教育的任务是为法律部门培养人才，向全社会培养所需的高层次、高素质的法律人才。

中国的法学教育以学历教育为主，分为 5 个学历层次，包括中专、大专、本科、硕士和博士。举办法学教育的机构除全日制普通高校外，还包括全日制短期大学、普通高等学校附设夜大学、普通高等学校附设的函授部（或成人教育学院）、广播电视大学、职工业余大学和管理干部学院。此外，学生还可以通过自学考试的方式获得法学专科和本科的学历。

自新中国成立以来，随着法制建设的不断发展完善，中国法学教育的发展经历了初创、艰难曲折和恢复与发展、依法治国、新时代法学及法学教育新发展的历程。

2.1 改革开放前的中国法学教育（1949—1978 年）

2.1.1 搭建新中国法学教育基本框架的时期（1949—1956 年）

2.1.1.1 新中国成立后的法制建设

1954 年 9 月 20 日，第一届全国人民代表大会通过《中华人民共和国宪法》（"五四宪法")。这部宪法以"根本法""总章程"的定位,以人民民主原则和社会主义原则为支点,以促进生产资料私有制的社会主义改造,保障我国社会从新民主主义到社会主义的转变为基本任务,构建了代表中国历史新纪元的宪法框架。

1956年9月,中共八大明确提出了健全法制的任务,强调必须做到"有法可依""有法必依。"这期间主要制定了《中华人民共和国宪法》《中华人民共和国全国人民代表大会组织法》《中华人民共和国国务院组织法》《中华人民共和国人民检察院组织法》等一系列的重要法律法规。据统计,从1949年到1957年,仅中央一级颁布的法律法规就有900多部,初步建立起人民民主专政的法律制度体系。

2.1.1.2 新中国成立后的法学教育

1. 院系调整

法律人才是中国法治建设的第一资源。中国政府在全面废除旧法的基础上,对法学教育制度进行了重大调整。

按照中共中央《关于废除国民党的六法全书与确定解放区的司法原则的指示》中关于转变法律思想观念、培养新型司法干部的基本精神,1949年9月,中共中央在北京成立中国政法大学(后来分别并入中国人民大学和中央政法干校),下设三部:第一部负责培训解放区县科级以上的司法干部,时间为4个月;第二部负责改造一批已经具有专科以上学历的旧司法人员、公安人员、知识分子,充实人民司法工作,时间为8个月;第三部负责培训高中毕业的青年学生,时间为3年。

新中国在设立中国政法大学、中央政法干校等特殊法学教育机构的同时,还借鉴了苏联的经验,创办了新中国成立之后的第一所大学——中国人民大学(由原华北大学、革命大学和中国政法大学合并而成),并进行了院系调整工作。1950年中国人民大学正式设立法律系(新中国成立以后的第一个正规高等法学教育机构),下设国家与法权理论、国家法、刑法、民法四个教研室,设立法学专业,分本科(4年)和研究生(2～3年)两个层次。

在成立中国人民大学的同时,中共中央还对新中国成立以前的63所高等院校设置的法律、政治、社会等122个系组,3个专修科和12个研究所进行了初步调整和改革。改私立学校为公立学校,合并和停办了部分院系。到1951年年底,设有政法系科的高等学校减为36所,在校生4225人,只占普通高等学校在校生总数的2.8%。1952年全国设有法律系的综合性大学有11所,新组建了北京政法学院和华东政法学院。1953年调整后,新组建西南政法学院和中南政法学院,设有法律系的综合性大学仅剩4所,即中国人民大学、武汉大学、东北人民大学(即吉林大学前身)和西北大学。

为了培养新型法律人才和培训在职司法干部,1952年中共中央确定了"以老干部、青年知识分子、工人店员积极分子、农民积极分子、转业军人、法庭干部为以后司法人员来源"的方针,许多未受法学教育的人员源源不断涌入法律职业领域,并成为了法律职业的主流。各政法学院于1954年后逐步开始招收本科生,教学内容有了较大的改变,以全新的"政法教育"代替了传统意义上的法学教育。当时政法学院培养人才的目标是:适应政法工作发展的需要,有计划按比例地培养忠于社会主义建设事业,热爱祖国,体格健全,具有坚定的阶级立场和社会主义政法观点,掌握先进政法科学,熟悉专门政法业务的工作干部和法律专门人才。

2. 教师培养与教材建设

中国人民大学法律系的一个重要职能就是为全国高校法律系培养师资和从事法学研究的专家：一方面，苏联专家为人民大学法律系举办师资培训班；另一方面，从人民大学法律系两年制研究生班毕业的学生被分配到其他学校的法律系任教。

1951年，中华人民共和国教育部（以下简称教育部）制定的《法学院法律系课程草案》中规定："讲授课程有法令者根据法令，无法令者根据政策……如无具体材料则以马克思列宁主义、毛泽东思想为指导原则，并以苏联法学教材及著述为讲授的主要参考资料。"教育部1953年制定的法学专业课程主要包括苏联国家法与法权史、苏联国家法、苏联民法、苏联刑法、土地法与集体农庄法、人民民主国家法、中国与苏联法院组织法、中国与苏联民事诉讼法、中国与苏联劳动法、中国与苏联行政法、中国与苏联财政法等。从1952年到1956年，翻译、出版的苏联法学教材就达165种。

到1956年年底，中国法学教育已经初具规模，搭建了新中国法学教育的基本框架，为新中国社会主义法学教育奠定了良好的基础。据统计，1956年政法院系共计招收学生2516人，占全国高等学校招生总人数的1.9%，教师人数达到802人，比1949年的教师人数增加了48%。正如前北京政法学院院长曹海波评论的那样："总的来说，这一时期政法教育取得的成就是很大的，编印了教材，培养了师资，输送了人才。"截至1954年年底，全国法学专业在校教师407人，本科生3091人，专科生926人。

2.1.2 法学教育的挫折期（1957—1976年）

"文化大革命"的十年中，除1975年1月通过的《中华人民共和国宪法》（"七五宪法"）外，未制定任何法律。司法依据使用的，除个别从"文化大革命"前沿用下来的法规外，主要是"文化大革命"中制定的政策性文件。

这一时期，新中国法学教育经过短暂的大力发展之后，从1957年开始，中国法学教育遭到灭顶之灾，几乎所有的政法院校均被停办或者解散，教育成果在这个时期几乎丧失殆尽。

1958年9月19日，中共中央、国务院发布《关于教育工作的指示》，提出以15年左右的时间来普及高等教育。由此，1958年开展了席卷全国的"教育大革命"，中国高等政法院系又进行了一次大规模调整。原由高等教育部和司法部分工领导管理的高等政法院系，除北京大学、中国人民大学、吉林大学的法律系仍由高等教育部领导外，其余的均下放给所在省、市领导，大部分院校被调整、合并。1963年7月12日，中共中央批准《关于加强高等政法教育和调整政法院系问题的请示报告》，提出要调整政法院系设置，适当稳定招生人数，集中力量办好几所政法院系。全国政法院系有短暂的发展。到1964年夏，全国高等政法院系调整为"四院四系"：北京政法学院、华东政法学院、西南政法学院、西北政法学院，以及北京大学法律系、中国人民大学法律系、吉林大学法律系和湖北大学法律系。1966年，所有高等政法院系均停止招生，一大批政法院系先后遭到撤销，教师被遣散，图书资料、教学资料大量散失，教学设备遭到彻底毁坏。据统计，1971—1976年，全国总共招收法学学生329人，只占全国在校生总数的0.1%。这一时期，大部分法律专业课程被撤销，只保留了法学基础理论、宪法、法制史等几门课程。在课程设置中，坚持"以阶级斗争为纲"，突出政治和时事政策学习。

2.2 改革开放后的中国法学教育（1978—2012年）

2.2.1 法学教育的恢复时期（1978—1992年）

2.2.1.1 法律的制定

1978年12月，党的十一届三中全会决定把党和国家工作的重心从"以阶级斗争为纲"转移到"以经济建设为中心"上来，发出了"加强社会主义法制"的号召，提出了"有法可依、有法必依、执法必严、违法必究"的十六字法制工作方针。从此，中国法治建设步入了恢复重建时期。

当时"文化大革命"从形式上已经结束，但中国仍处于"无法可依"的状态，国家法律几乎空白。1978年12月13日，中央工作会议闭幕会指出："现在的问题是法律很不完备，很多法律还没有制定出来。往往把领导人说的话当做'法'，不赞成领导人说的话就叫做'违法'，领导人的话改变了，'法'也就跟着改变。所以，应该集中力量制定刑法、民法、诉讼法和其他各种必要的法律，例如工厂法、人民公社法、森林法、草原法、环境保护法、劳动法、外国人投资法等等，经过一定的民主程序讨论通过，并且加强检察机关和司法机关，做到有法可依，有法必依，执法必严，违法必究。"

1979年7月1日，第五届全国人民代表大会第二次会议一天之内通过了7部法律，即《中华人民共和国刑法》《中华人民共和国刑事诉讼法》《中华人民共和国地方各级人民代表大会和地方各级人民政府组织法》《中华人民共和国全国人民代表大会和地方各级人民代表大会选举法》《中华人民共和国人民法院组织法》《中华人民共和国人民检察院组织法》《中华人民共和国中外合资经营企业法》，被法学界称为中国法治史上著名的"一日七法"。

由于种种历史原因，从20世纪50年代后期开始，"五四宪法"的作用逐渐削弱，以致在"文化大革命"中被束之高阁、弃之不用。宪法权威的丧失导致了民主法制的衰败。1975年制定的《中华人民共和国宪法》是在国家处于非常状态下制定的，是一部有严重错误和缺点的宪法。1978年宪法虽然恢复和坚持了"五四宪法"的一些好的规定，删除了"七五宪法"中一些错误的规定，但由于政治上、理论上很多是非问题尚未澄清，致使其保留了"七五宪法"的一些错误提法和规定。虽然1979年和1980年全国人民代表大会两次修改宪法，但是未能从根本上解决"七八宪法"的问题、缺点和错误。1982年12月4日，第五届全国人民代表大会第五次会议通过了全面修订后的《中华人民共和国宪法》（"八二宪法"）。三十多年来的发展历程充分证明，现行宪法及其修正案有力地坚持了中国共产党的领导，有力地保障了人民当家作主，有力地促进了改革开放和社会主义现代化建设，有力地推动了社会主义法治国家建设进程，有力地维护了国家统一、民族团结、社会稳定。中国宪法确立的一系列制度、原则和规则，确定的一系列大政方针，具有显著的优势、坚实的基础、强大的生命力。"八二宪法"确立的一系列制度、原则和规则，确定的一系列大政方针，有力地促进和保障了改革开放和社会主义现代化建设，推动了社会主义法治国家建设进程。

2.2.1.2 法学教育的恢复

经过"文化大革命"的摧残之后，中国法学教育几乎陷于全面瘫痪状态之中。随着党的十一届三中全会的召开和改革开放政策的确立，我国彻底抛弃了"以阶级斗争为纲"的错误路线，开始对法学教育进行了长达十余年的恢复和重建工作。

1. 院系

据统计，1977年恢复高考时，中国高等学校的法学专业只剩下2个本科和1个专科，即北京大学法律系、吉林大学法律系和湖北财经专科学校法律系，当年共招生200余人。1978年，全国"一院五系"（西南政法学院和北京大学法律系、中国人民大学法律系、吉林大学法律系、武汉大学法律系、湖北财经学院法律系）恢复重建。

到1990年，全国已有70多所全日制普通高等学校设置了法律系或者法律专业。全国除西藏自治区以外，各省、市、自治区至少有一个法学院或者法律系。全国还有20多所职业大学设置了法律专科或者大专班。

这一时期，为了满足不同层次法律人才的需求，中国在大力恢复和发展高等学校法学教育的同时，还对政法干校以及中等法律学校进行了扶持。不仅通过函授、夜大、业余大学、广播电视大学、自学考试、职业大学等多种形式进行社会性法律教育，而且在党校、中学和小学也开展了法制教育课程。

2. 法学专业、课程与教材

在这一期间，一些高等学院法学类专业设立了国际法、经济法专业，个别院系还设有环境法、国际经济法专业。北京大学法律系对法学专业的课程内容进行更新，将"国家与法的理论"法学基础课程更名为"法学基础理论"。

1982年，司法部组织一批法学教师编写了一整套法学教材，为当时法学教育的恢复起到了推动作用。从1985年起，国家教育委员会组织了一批综合性大学的知名教师，共同编写了一批高水平的法学教材，如《法学基础理论》《中国法制史》《中国法律思想史》《中国宪法学》《中国民法学》《中国刑法学》《中国民事诉讼法》《中国刑事诉讼法》《国际法》《国际私法》《外国法制史》《西方法律思想史》等。

2.2.2 法学教育的改革时期（1992—2008年）

2.2.2.1 法律的制定

1992年党的十四大确定中国经济体制改革目标是建立社会主义市场经济。十四届三中全会通过了《关于建立社会主义市场经济体制若干问题的决定》，提出新阶段的立法任务是"遵循宪法规定的原则，加快经济立法，进一步完善民商法律、刑事法律、有关国家机构和行政管理方面的法律，本世纪末初步建立适应社会主义市场经济的法律体系"，立法的重点是"要搞好立法规划，抓紧制订关于规范市场主体、维护市场秩序、加强宏观调控、完善社会保障、促进对外开放等方面的法律。要适时修改和废止与建立社会主义市场经济体制不相适应的法律和法规"。

2002年党的十六大又对新时期的法制建设和立法工作提出了新的任务和更高的要求

"适应社会主义市场经济发展、社会全面进步和加入世贸组织的新形势,加强立法工作,提高立法质量,到2010年形成中国特色社会主义法律体系"。

2.2.2.2 法学教育的改革

这一时期的法学教育改革主要体现在全国开办法学专业的学校数量猛增。设立的专业较多,但有的专业是相互包含的,如国际法专业与国际经济法专业;有的是相互冲突的,如行政法专业与环境法专业。法学教材不统一,以自编教材居多。1998年教育部高等教育司为规范各门核心课程教学的基本规格,提高教学质量,根据《普通高等学校本科专业目录》的调整和确定的法学专业核心课程,制定颁布了《全国高等学校法学专业核心课程教学基本要求》。明确了法理学、中国法制史、宪法、行政法与行政诉讼法、刑法、刑事诉讼法、民法、知识产权法、商法、经济法、民事诉讼法、国际法、国际私法、国际经济法等14门核心课程。

据统计1995年,全国在校法学专业本科生52469人、专科生40149人;1996年,包括法学硕士、博士研究生在内,全国法学专业学生已达10万余人。

2.2.3 依法治国新阶段(1998—2012年)

2.2.3.1 中国特色社会主义法律体系初步形成

1997年召开的党的十五大划时代地提出"进一步扩大社会主义民主,健全社会主义法制,依法治国,建设社会主义法治国家",开启了依法治国新阶段,使中国法制建设发生了质的变革。把依法治国作为党领导人民治理国家的基本方略。提出"加强立法工作,提高立法质量,到2010年形成有中国特色社会主义法律体系"的目标。

这一时期,围绕建立和完善社会主义市场经济体制的目标,制定了一系列重要法律。在市场主体方面,先后制定了《中华人民共和国公司法》《中华人民共和国合伙企业法》《中华人民共和国个人独资企业法》。在维护市场经济秩序方面,制定了《中华人民共和国反不正当竞争法》《中华人民共和国产品质量法》《中华人民共和国投标招标法》《中华人民共和国会计法》《中华人民共和国审计法》《中华人民共和国价格法》《中华人民共和国税收征收管理法》等。在金融方面,先后制定了《中华人民共和国中国人民银行法》《中华人民共和国商业银行法》《中华人民共和国证券法》《中华人民共和国保险法》《中华人民共和国票据法》《中华人民共和国信托法》等。为了加强农业,根据党在农村的方针、政策,先后制定或修改了《中华人民共和国农业法》《中华人民共和国农村土地承包法》《中华人民共和国农业技术推广法》《中华人民共和国种子法》《中华人民共和国水土保持法》《中华人民共和国防洪法》《中华人民共和国乡镇企业法》等。还制定或修改了有关保护和合理开发利用自然资源、振兴和发展基础产业等方面的法律。到2010年年底,我国已制定1部宪法、236部法律、690多件行政法规、8500多件地方性法规,涵盖社会关系各个方面的法律部门已经齐全,各法律部门中基本的、主要的法律已经制定,相应的行政法规和地方性法规比较完备,法律体系内部总体做到科学、和谐、统一。国家经济建设、政治建设、文化建设、社会建设以及生态文明建设的各个方面均实现有法可依。

2011年3月10日,在第十一届全国人民代表大会第四次会议上,全国人大常委会工作报告宣布:"一个立足中国国情和实际、适应改革开放和社会主义现代化建设需要、集中体现党和人民意志的,以宪法为统帅,以宪法相关法、民商法等多个法律部门的法律为主干,由法律、行政法规、地方性法规等多个层次的法律规范构成的中国特色社会主义法律体系已经形成。"

2.2.3.2 新阶段的法学教育

1. 法学院系

随着社会主义市场经济建设的不断推进,中国法学教育为了满足社会对法律人才在质和量两个方面的需求,开始对教育制度进行大幅度改革。1993年1月,国务院批转国家教委的《关于加快改革和积极发展普通高等教育的意见》指出,"高等教育改革和发展的主要任务是:坚持社会主义办学方向,改革高等教育办学和管理体制,转变政府管理部门职能,扩大学校办学自主权,改革学校内部管理体制和运行机制,深化教育和教学改革,探索高等教育发展的新路子。"

1995年全国法学教育工作会议指出,为了加决法学教育现代化,必须把法学教育的高层次教育办好,以社会需要为导向,立足政法,面向社会,培养德智体全面发展,有正确的政治方向,具有广泛知识结构和文化素质,具有系统的法律理论和专业知识,能从事法律、行政管理、经济管理、工商管理、国际贸易等各项工作的高层次复合型、应用型、外向型的通用人才。

1999年6月,中共中央和国务院发布《中共中央、国务院关于深化教育改革全面推进素质教育的决定》,使法学教育有了很大发展,设有法学专业的院校最多时达到306家。

2008年中国开设法学专业的有607所机构,其中445所(约70%)都是在1998年以来新办的。根据教育部高等学校法学学科教学指导委员会主任张文显的数据,到2008年年底,设立法学本科专业的高等院校已达630所,在校法学本科生超过30万人。

2. 律师资格考试、司法考试与法律职业资格考试

2002年之前,律师、法官、检察官和公证员通过律师资格考试取得职业证书。2002年,最高人民法院、最高人民检察院司法部联合发布了《国家司法考试实施办法》(试行)(简称《实施办法》),规定初任法官、初任检察官和取得律师资格必须通过国家司法考试。

国家司法考试是国家统一组织从事特定法律职业的资格考试,是中国司法制度的重要组成部分。《实施办法》明确指出,国家司法考试是国家统一组织的从事特定法律职业的资格考试,每年举行一次,实行全国统一命题、统一评卷,具体考试时间在举行考试3个月前向社会公布。考试的内容包括理论法学、应用法学、现行法律规定、法律实务和法律职业道德。

自2002年首次司法考试开始,到2017年司法部共组织实施了16次司法考试。全国有619万余人次报名,513万余人参加考试,96万余人通过司法考试取得法律职业资格,同时还有2万余人待申请法律职业资格。2018年4月,司法部公布《国家统一法律职业资格考试实施办法》,在司法考试制度确定的法官、检察官、律师、公证员四类法律职业人员基础上,将初次担任法律类仲裁员,以及行政机关中初次从事行政处罚决定审核、行政复议、行政裁决、法律顾问的公务员,纳入法律职业资格准入范围。此外,对报名参加法律职业资格考试的专业学历条件作了一般性规定,即"具备全日制普通高等学校法学类本科学历并获得学士及以上学位;全日制普通高等学校非法学类本科及以上学历,并获得

法律硕士、法学硕士及以上学位；全日制普通高等学校非法学类本科及以上学历并获得相应学位且从事法律工作满三年。"这样的规定，提高了法律职业资格考试的报名专业学历门槛，有利于从源头上保证法律职业人员的专业素养和专业能力。

3. 法学专业目录

为了适应我国社会主义市场经济体制和改革开放的需要，适应现代社会、经济、科技、文化及教育的发展趋势，改变高等学校存在的本科专业划分过细、专业范围过窄的状况，自1997年4月开始，教育部对1993年确定的普通高等学校本科专业目录进行了修订，并于1998年7月颁布新的《普通高等学校本科专业目录》，将原有的7个专业即法学、经济法、国际法、国际经济法、劳动改造学、商法和刑事司法等全部取消，只设置法学一个专业，法学下面不再单独设立更细的专业。后又将公安单独分为1个专业，在专业目录中另属一类。教育部高等学校法学学科教学指导委员会在法学专业设的14门核心课程基础上又增加环境法与人权法2门课程。

4. 法学教材与人才培养

这一时期，涌现出一批由国家级出版社出版的法学教材与法学专著，特别是在马克思主义理论研究与建设工程实施过程中组织编写的2门法学教材，即《法理学》和《宪法学》。

在教学内容上，坚持马克思主义法学普遍原理与中国特色相结合，强调马克思主义法学中国化，强调中国法治建设经验的总结与升华，提倡和加强对中国国情的研究，强调中国法治建设必须立足中国国情，并且明确提出反对全盘西化和反对"三权分立"等西方法学理论。

为了加强实践教学，多所高等学校政法院系设立"法律诊所"课程，提高了法学学生的实践能力。

这一时期，我国的法学教育规模以前所未有的速度发展壮大。据2009年3月4日发布的《中国法治发展报告》披露，2008年，中国共有法学类专业院校系610多个，在校法科学生达到40万人。为解决中西部地区基层政法机关法律专业人才紧缺问题，开展了政法院校招录培养体制改革试点工作，在全国14个省（自治区、直辖市）的25所政法院校招录5000多名学生。

2.3 中国特色社会主义新时代法学及法学教育的新发展（2012年至今）

2.3.1 新时代的法律制度

2018年3月11日，第十三届全国人民代表大会通过《中华人民共和国宪法修正案》，确立科学发展观、习近平新时代中国特色社会主义思想在国家政治和社会生活中的指导地位。宪法修正案将宪法序言第七自然段中"在马克思列宁主义、毛泽东思想、邓小平理论和'三个代表'重要思想指引下"修改为"在马克思列宁主义、毛泽东思想、邓小平理论、'三个代表'重要思想、科学发展观、习近平新时代中国特色社会主义思想指引下"。同时，在"自力更生，艰苦奋斗"前增写"贯彻新发展理念"。

调整充实中国特色社会主义事业总体布局和第二个一百年奋斗目标的内容。宪法修正案将宪法序言第七自然段中"推进物质文明、政治文明和精神文明协调发展，把我国建设成为富强、民主、文明的社会主义国家"修改为"推动物质文明、政治文明、精神文明、社会文明、生态文明协调发展，把我国建设成为富强民主文明和谐美丽的社会主义现代化强国，实现中华民族伟大复兴"。

完善依法治国和宪法实施举措。宪法修正案将宪法序言第七自然段中"健全社会主义法制"修改为"健全社会主义法治"。

增加有关监察委员会的各项规定。❶

2.3.2 新时代的法学教育

在很长一段时间里，由于各种原因，法学教育存在诸如法学的政治性和意识形态性没有得到应有重视，马克思主义法学理论在法学教育中的指导地位尚不突出；学科建设采取目录管理导致各学科之间、传统学科和新兴学科之间、目录内学科和目录外学科之间存在"以邻为壑""条块分割"的现象；法学教育规模过大，专业设置过多过滥，卓越法律人才培养效果不明显，法学教育精英性和大众性的关系未能获得有效协调；法学教育以书本为主、以学说为主、以理论为主，法律实践教学远远落后于法学理论教育，法治能力培养效果欠佳等问题。为了解决上述问题，在法治成为治国理政基本方略的大背景下，法学教育进行了一系列改革。

2.3.2.1 卓越法律人才教育培养计划

2011年，教育部、中央政法委员会出台《关于实施卓越法律人才教育培养计划的若干意见》。以全面实施素质教育为主题，以提高法律人才培养质量为核心，深化高等法学教育改革，充分发挥法学教育的基础性、先导性作用，为加快建设社会主义法治国家提供强有力的人才保证和智力支撑。

2018年，为深入贯彻习近平新时代中国特色社会主义思想和党的十九大精神，贯彻落实习近平总书记在中国政法大学考察时的重要讲话精神，教育部、中央政法委发布《关于坚持德法兼修　实施卓越法治人才教育培养计划2.0的意见》。其总体思路是坚持以马克思主义法学思想和中国特色社会主义法治理论为指导，围绕建设社会主义法治国家需要，坚持立德树人、德法兼修，践行明法笃行、知行合一，主动适应法治国家、法治政府、法治社会建设新任务、新要求，找准人才培养和行业需求的结合点，深化高等法学教育教学改革，强化法学实践教育，完善协同育人机制，构建法治人才培养共同体，做强一流法学专业，培育一流法治人才，为全面推进新时代法治中国建设提供有力的人才智力保障。

其总体目标是，经过10年左右的努力，形成科学先进、具有中国特色的法学教育理念，形成开放多样、符合中国国情的法律人才培养体制，培养造就一批信念执著、品德优良、知识丰富、本领过硬的高素质法律人才。

---

❶ 以上参见王晨：《关于〈中华人民共和国宪法修正案（草案）〉的说明》。

2.3.2.2 "双千计划"

2013年7月,教育部、中央政法委、最高人民法院、最高人民检察院、公安部、司法部联合启动实施"双千计划"。高等学校与法律实务部门人员互聘的"双千计划",其主要任务是于2013—2017年,选聘1000名左右有较高理论水平和丰富实践经验的法律实务部门专家到高校法学院系兼职或挂职任教,承担法学专业课程教学任务;选聘1000名左右高校法学专业骨干教师到法律实务部门兼职或挂职,参与法律实务工作。全国共交流2000人,故称"双千计划"。

实施"双千计划"是全面落实依法治国基本方略、加快建设社会主义法治国家的战略举措,是创新教学团队发展模式、深化高等法学教育领域综合改革、提高法律人才培养质量的重要举措,各地各高校要把"双千计划"作为卓越法律人才教育培养计划实施的聚焦点、着力点,增强落实的自觉性和主动性。

党的十九大报告宣告中国特色社会主义进入新时代。法治建设在新时代中国特色社会主义事业中居于重要地位。"新时代"是党的十九大报告对中国特色社会主义发展阶段的总体判断。因此,新时代中国法学教育既需要坚持中国特色、中国国情,又需要在面对世界法学思潮,法律制度交融、冲击的背景下树立中国自信,形成立足中国立场和面向世界的胸怀。

第 3 章

法学学科分类及法学专业核心课程

学科主要是根据学问或知识的性质和内容划分而形成的知识逻辑体系,而专业主要是根据社会实际需求形成的学业类别体系。尽管两者存在前述差异,但学科与专业同样都要服务于社会需求,两者之间存在密切的联系,学科类别是划分专业的重要依据,学科内容是专业学习、研究的重要方面。

中国学科划分的依据是教育部学位管理与研究生教育司(国务院学位委员会办公室)印发的《学位授予和人才培养学科目录》,其中法学学科为 13 个学科门类中的一种,并分为法学、政治学、社会学、民族学、马克思主义理论和公安学 6 个一级学科。

中国普通高校本科专业划分依据的是教育部高等教育司印发的《普通高等学校本科专业目录(2012 年)》(简称《专业目录》),该《专业目录》是高等教育工作的基本指导性文件之一。它规定专业划分、名称及所属门类,是设置和调整专业、实施人才培养、安排招生、授予学位、指导就业、进行教育统计和人才需求预测等工作的重要依据。同时,该《专业目录》也指出,该《专用目录》的学科门类与国务院学位委员会、教育部 2011 年印发的《学位授予和人才培养学科目录(2011 年)》的学科门类基本一致,分设包括法学在内的 12 个学科门类,法学门类下设法学、政治学、社会学、民族学、马克思主义理论和公安学 6 个专业类,32 种专业。

综上所述,法学学科是法学专业划分的重要依据,也是法学专业学习的重要内容。本章将首先介绍法学学科门类、法学一级学科、法学二级学科和重要三级学科。在此基础上,对教育部规定的法学专业核心课程及其内容进行简要介绍。

3.1 法学学科分类

为规范和加强学科专业的设置与管理,进一步发挥学科专业目录在学位授予、人才培养和学科建设中的指导作用,国务院学位委员会、教育部 2009 年印发了《学位授予和人才培养学科目录设置与管理办法》(简称《办法》),根据《办法》第 3 条的规定,学科目录分为学科门类、一级学科(本科教育中称为"专业类",下同)和二级学科(本科专业目录中为"专业",下同)三级;学科门类和一级学科是国家进行学位授权审核与学科管理、学位授予单位开展学位授予与人才培养工作的基本依据,二级学科是学位授予单位实施人才培养的参考依据。根据《办法》，《学位授予和人才培养学科目录（2011年）》中也规定了法学学科的分类，包括法学学科门类、法学一级学科。

3.1.1 法学学科门类

学科门类是对具有一定关联的学科的归类。根据《学位授予和人才培养学科目录（2011年）》规定，我国共分为包括法学在内的13个学科门类，其他学科门类为哲学、经济学、教育学、文学、历史学、理学、工学、农学、医学、军事学、管理学、艺术学。

需要注意的是，《学位授予和人才培养学科目录（2011年）》所指的法学学科门类中的"法学"与通常意义上理解的"法学"有所不同。通常意义上或一般人所理解的法学，仅限于研究法、法的现象以及与法相关问题的专门知识理论体系。而《学位授予和人才培养学科目录（2011年）》中法学学科门类之下不仅包括通常意义上的法学，还包括政治学等其他5个一级学科。尽管法学与其他5个一级学科同属于法学学科门类，但其研究方向存在较大差异。如政治学是以研究公共权力的形式及运作规律的一门独立的社会科学学科，主要包括国家、政府和政治的理论与实践等内容，这与前述一般意义上所理解的法学及法学一级学科意义上的法学学科存在明显的差异。本书中的法学学科及法学专业指的是法学学科门类之下的法学学科和法学类专业。

3.1.2 法学一级学科

一级学科是具有共同理论基础或研究领域相对一致的学科集合。根据前述要求，《学位授予和人才培养学科目录（2011年）》在法学学科门类之下设置了法学、政治学、社会学、民族学、马克思主义理论和公安学6个一级学科。

法学学科是世界高等教育中人文社科类最早设置的学科之一，是研究法、法的现象及与法相关问题的专门学科，具有独立的研究对象。在法学学科的发展过程中，随着研究的深入和拓展，法学一级学科之下已形成了法学理论、法律史、宪法学与行政法学、民商法学（含劳动法学、社会保障法学）、刑法学、诉讼法学、经济法学、环境与资源保护法学、国际法学（含国际公法、国际私法、国际经济法）、军事法学等二级学科。

3.1.3 法学二级学科

3.1.3.1 法学二级学科简介

法学二级学科分类与法律部门划分不同，法学学科分类主要是从法律研究角度对不同法学研究范畴的界定，法律部门则主要是按照法律调整对象和调整方法的不同对一国现行有效的法律规范性文件进行的划分，法律部门划分的目的是形成一国具有内在逻辑联系的法律体系。尽管法学学科分类与法律部门划分存在前述区别，但法学仍然是以一国现行立法作为主要研究对象，法律规范的制定和法律部门划分的主要依据则是法学对不同分科性质的认识，因此两者之间具有密切的联系，实践中也多以法律部门作为法学学科分类的重要依据。

2011年10月，国务院新闻办公室发表了《〈中国特色社会主义法律体系〉白皮书》（简称《白皮书》）。《白皮书》指出，中国特色社会主义法律体系是由宪法相关法、民法商法、行政法、经济法、社会法、刑法、诉讼与非诉讼程序法等多个法律部门组成的有机统一整体。《白皮书》对法律部门的划分是我国法学学科划分的重要依据。

中国法学教育是以法学学科为基础的,目前的法学学科划分主要体现为法学教育中的法学学科分类。《学位授予和人才培养学科目录（2011年）》中没有进一步设置二级学科,根据《普通高等学校本科专业目录（2012年）》的规定,法学本科专业在法学学科门类之下设置"法学类",在"法学类"之下设置"法学"专业。因此,就本科专业教育而言,仅有"法学"二级学科。但就研究生专业教育而言,教育部进行了具体的法学二级学科划分。教育部1997年颁布的《授予博士、硕士学位和培养研究生的学科、专业目录》,是国务院学位委员会学科评议组审核授予学位的学科、专业范围划分的依据；同时,学位授予单位按本目录中各学科、专业所归属的学科门类,授予相应的学位。《授予博士、硕士学位和培养研究生的学科、专业目录》对《学位授予和人才培养学科目录（2011年）》中除艺术学学科门类之外的其他12个学科门类的二级学科做了规定。根据《授予博士、硕士学位和培养研究生的学科、专业目录》规定,法学二级学科包括法学理论、法律史、宪法学与行政法学、民商法学（含:劳动法学、社会保障法学）、刑法学、诉讼法学、经济法学、环境与资源保护法学、国际法学（含:国际公法、国际私法、国际经济法）、军事法学10个二级学科,其中括号内的内容是对二级学科所包含内容的强调或补充,其学位授权和研究生培养除医学门类中有关学科按括号中的内容进行外,其他学科均按二级学科进行。

从法学教育的法学学科分类与《〈中国特色社会主义法律体系〉白皮书》对法律部门的划分来看,在部门法方面两者基本一致,包括宪法、民法、行政法、诉讼法、经济法、行政法等,但法学学科分类一方面基于其法学教育和研究特性还包括法学理论、法律史的分类,另一方面基于社会发展的需求增加了环境与资源保护法学和国际法学两种分类。

3.1.3.2　法学特设专业与法学二级学科

《普通高等学校本科专业目录（2012年）》的学科门类与国务院学位委员会、教育部2011年印发的《学位授予和人才培养学科目录（2011年）》的学科门类基本一致,两者都有法学学科门类,与法学一级学科对应的本科专业是"法学类"。但《普通高等学校本科专业目录（2012年）》中除在"法学类"一级学科下设置对应二级法学学科的"法学"本科基本专业外,还在特设专业一类中,在"法学类"一级学科之下设置了"知识产权"和"监狱学"两种特设专业。

3.1.3.3　法律二级学科具体内容

1. 法学理论

法学理论学科或专业在法学教育中也被称为"法理学",法理学属于与应用法学相对应的理论法学,其研究内容相对于具体法学更为抽象,关注的是对法律一般理论的概括和总结。有学者指出,法理学在法学体系中占有特殊地位,它是法学的一般理论、基础理论和方法论,一般理论是指其研究对象为法律整体现象,包括古今中外一切法；基础理论是指其论题是一般法中的普遍问题和根本问题；方法论是指重视对法学方法的研究并建立科学的方法论体系。

在法学研究和法学教育实践中,并没有对法律理论精确的范围进行界定,不同学者、不同高校对法学理论学科范围的具体界定都不尽相同,其中由我国教育行政主管部门确定的国家重点学科对该学科的研究内容具有典型意义。吉林大学法学理论学科于 2002 年被教育部批准为国家重点学科,2007 年经过教育部检查验收再次被批准为国家重点学科。该学科以法理学、西方法哲学、法律社会学、法律文化学、法律经济学、比较法学、法律全球化为主要研究方向。

2. 法律史

法律史学科同法律理论学科一样属于基础学科,法律史是以马列主义理论为指导,结合法学和历史学的研究方法,研究中外历史上各个时期的法律以及法律现象产生、演变与发展的过程,并探讨其特征、规律的科学,其研究范畴包括中国法制史、外国法制史、中国法律思想史、西方法律思想史、比较法律文化等。

3. 宪法学与行政法学

宪法学与行政法学主要以规范公权力的宪法与行政法为研究对象,属于公法范畴,在整个法学体系中占有重要地位。

宪法学是以国家根本大法——宪法及其相关法为研究对象的学科,主要研究宪法的基本理论和基本原则、公民的基本权利和义务、国家的根本制度和根本任务等,研究范畴既包括中国宪法,也包括西方宪法;既按国别进行研究,也进行比较研究。

行政法学以行政法为研究对象,行政法是关于行政权的授予、行政权的行使以及对行政权的监督的法律规范,调整的是行政机关与行政管理相对人之间因行政管理活动发生的关系,遵循职权法定、程序法定、公正公开、有效监督等原则,既保障行政机关依法行使职权,又注重保障公民、法人和其他组织的权利。

4. 民商法学

民商法学主要调整平等主体之间的关系,属于私法范畴,是法学学科分类中的重要分支学科,相对于其他学科处于更为基础的地位。民商法学特别是民法学中的概念和制度为其他学科的基础或为其他学科所吸收借鉴,如民法中的自然人、法人等主体制度是其他学科主体制度的研究基础,民法中的法律行为制度和合同制度被行政法学中行政合同制度所借鉴。

民法学以民法为研究对象,民法是调整平等主体之间人身关系和财产关系的法律规范。财产关系是民事主体在生产、分配、交换和消费过程形成的具有经济内容的社会关系,包括确定权利归属和利用规则的物权法律制度和促进财产流转的债权法律制度。人身关系包括身份关系和人格关系,身份关系是指因为血缘和婚姻而形成的社会关系,人格关系是指围绕人格要素的保护所形成的社会关系。

商法学以商法为研究对象,商法是指调整商事主体和商事行为的法律规范,与民法不同,商法强调商事主体从事商事活动的营利性。商法学学科学习内容包括商法总论和商法分论,前者包括商法概念、商法历史发展、商法基本原则、商事主体、商事行为、商事登记、商业名称、营业、商业账簿等,后者包括公司法、证券法、破产法、保险法、票据法、海商法等。

此外依据《授予博士、硕士学位和培养研究生的学科、专业目录》的规定,劳动法学和社会保障法学也被纳入民商法学学科。

5. 刑法学

刑法学是研究刑法的法学学科，是各国法学研究中的基本学科。刑法是关于犯罪和刑罚的法律规范的总称。刑法调整的社会关系非常广泛，刑罚是最严厉的法律调整手段，刑法通过规定犯罪和刑罚对严重危害社会利益的社会关系进行规范。

中国古代法律民刑不分，多以刑罚作为规制手段，因此古代刑律十分发达，当时律学主要就是研究刑律，相当于现代的刑法学。我国1997年制定了《中华人民共和国刑法》并多次修订，根据《中华人民共和国刑法》，刑法学的主要研究内容可以分为刑法总论和刑法分论，刑法总论主要对刑法基本原则、犯罪及刑罚一般规则进行研究，刑法分论则主要是对各种具体罪名进行研究。

6. 诉讼法学

实体法规定当事人享有的权利和应履行的义务，诉讼法则通过程序制度的设置、保障和促进实体法所追求的社会公平正义价值得以实现。诉讼法学是以诉讼法律制度和原理为主要研究对象的法学分支学科。诉讼法学根据立法分为民事诉讼法学、刑事诉讼法学和行政诉讼法学三个分支。

诉讼法学除对上述三门诉讼法学进行研究之外，还对与之相关的司法制度和解决纠纷的非诉讼程序进行研究，非诉纠纷解决机制的研究包括仲裁法、人民调解和多元纠纷解决机制等。

7. 经济法学

经济法是调整国家从社会整体利益出发，对经济活动实行干预、管理或者调控所产生的社会经济关系的法律规范。经济法为国家对市场经济进行适度干预和宏观调控提供法律手段和制度框架，防止市场经济的自发性和盲目性所导致的弊端。

经济法学研究内容包括宏观调控法和市场规制法，前者主要包括财政法、税法、金融法、外贸管制法和行业管理法等，后者包括反垄断法、反不正当竞争法、消费者权益保护法、产品质量法等。

8. 环境与资源保护法学

相比其他二级学科，环境与资源保护法学是随着人类社会应对不断恶化的环境污染和资源衰竭而出现的新兴学科，也是法律与污染防治、环境治理、资源合理开发利用等领域密切联系的交叉学科。环境与资源保护法学研究人类环境与资源保护中的法制理论与实践问题，以探寻环境与资源保护法制建设的规律。

环境资源保护法学以环境资源保护法为研究对象，环境资源保护法是关于保护环境、污染防治、合理开发利用自然资源的法律规范的总称。中国的环境资源保护法包括自然资源法和环境保护法两大部门，自然资源法是指调整自然资源规划、开发、利用、治理和保护的法律规范，环境保护法是保护环境、防治污染的法律规范的总称。在中国，自然资源法包括土地、森林、草原、矿山、水等单行自然资源法；环境保护法包括了环境保护、环境影响评价、水污染防治、海洋环境保护、大气污染防治、环境噪声污染防治、固体废物污染环境防治、放射性污染防治等法律。

9. 国际法学

国际法学是对涉及国家之间的各种法律进行研究而形成的学科类别，是法学二级学科之一。根据现代国际关系的内容来划分，国际关系可以划分为国际政治关系、国际经济关系和国际民商事关系。与此相对应，规范前述关系的法律分别为国际法（或国际公法）、国际经济法和国际私法。国际法学学科所称的"国际法"是广义的国际法，包括前述的国际公法、国际经济法和国际私法，狭义的国际法仅指国际公法。

10. 军事法学

军事法学是研究军事法律现象及其发展规律的法学二级学科，是新兴的军事学与法学的交叉学科。1987年，原国家教委将军事法学确定为法学二级学科。

中国军事法学经过发展，已经形成了比较合理的学科专业分类，包括军事法理、军事行政法、军事经济法、军事刑法、军事司法、国际军事法、武装冲突法等，并按照专业分类开设研究生培养方向。

3.2 法学专业核心课程

3.2.1 法学专业核心课程设置

《普通高等学校本科专业目录（2012）》由教育部于2012年9月正式颁布实施，为便于此文件的实施，教育部高等教育司编辑出版了配套的《普通高等学校本科专业目录和专业介绍（2012）》，该书在专业介绍中，对各专业的培养目标、培养要求、主干学科、核心课程等做了介绍。根据该书的介绍，法学专业核心课程包括16门，即法理学、中国法制史、宪法、行政法与行政诉讼法、刑法、刑事诉讼法、民法、民事诉讼法、经济法、商法、知识产权法、国际法、国际私法、国际经济法、环境资源法、劳动与社会保障法。

2018年1月，教育部发布中国高等教育领域首个教学质量国家标准，涵盖了普通高校本科专业目录中全部92个本科专业类、587个专业，涉及全国高校56000多个专业点。其中《法学类专业教学质量国家标准》改变了《普通高等学校本科专业目录和专业介绍（2012）》确定的法学专业核心课程体系，采取了分类设置的方法，将法学专业核心课程采取"10＋X"分类设置模式。"10"指法学专业学生必须完成的10门专业必修课，包括法理学、宪法学、中国法律史、刑法、民法、刑事诉讼法、民事诉讼法、行政法与行政诉讼法、国际法、法律职业伦理。"X"指各院校根据办学特色开设的其他专业必修课，包括经济法、知识产权法、商法、国际私法、国际经济法、环境资源法、劳动与社会保障法、证据法、财税法。"X"选择设置的门数原则上不低于5门。

根据《普通高等学校本科专业目录（2012）》和确定的法学核心课程，为规范核心课程教学的基本规格，提高教学质量，教育部1998年制定颁布了《全国高等院校法学专业核心课程教学基本要求》，对法学核心课程的基本知识点、基础理论、基本应用和教学基本要求做了规定。

2003年4月，教育部印发了《教育部关于启动高等学校教学质量与教学改革工程精品课程建设工作的通知》，正式启动精品课程建设工作。2003年至今，教育部一直开展精品课程建设工作，其中法学部分核心课程也被教育部认定为国家级精品课程，该课程的建设具有重要的示范意义。

3.2.2 各法学专业核心课程的基本内容

根据《法学类专业教学质量国家标准》,法学专业核心课程按照"10＋X"分类设置模式,10门必修课加9门课程的自选必修课(5门以上)。

3.2.2.1 法理学

法理学作为法学的基础理论、一般理论和方法论,在法学本科教育中具有基础性地位和奠基性作用。法理学教学内容主要包括法学研究与教育,法学的历史,法理学概述,法学方法论;法的概念,法的渊源、形式和效力,法的要素,法律体系,权利与义务,法律行为,法律关系,法律责任,法律程序;法的起源,法的历史类型,法律发展,法制现代化;法的运行概论,立法,守法,执法,司法,法律监督,法律职业,法律方法,法治与法治国家;法的作用,法的价值,法与利益,法与人权,法与秩序,法与自由,法与正义,法与效率;法与经济,法与政治,法与文化,法与道德,法与科学技术,法与生态文明。

3.2.2.2 宪法学

宪法学是法学基础课程和专业核心课程,该课程主要结合中国宪法,对宪法的基本理论、宪法的历史、公民基本权利和义务、国家基本的政治经济文化制度以及国家机构等内容进行介绍。主要内容包括宪法的基本范畴,宪法基本理论,宪法的产生和发展,国家性质与国家形式,公民的基本权利和义务总论,公民的基本权利和义务分论,选举制度,国家机构等。

3.2.2.3 中国法律史

中国法律史是法学专业基础课,其系统研究我国历史上法律制度的产生、发展及其演变规律。中国法律史的主要内容包括中国古代法律的起源,夏商法律制度,西周法律制度,春秋战国法律制度的变革,秦代法律制度,汉代法律制度,三国魏晋南北朝法律制度,隋唐法律制度,宋代法律制度,辽西夏金法律制度,元代法律制度,明代法律制度,清代法律制度,清末法律制度的变革,中华民国法律制度,革命根据地新民主主义法律制度。

3.2.2.4 刑法

刑法是法学专业核心课程,在整个法学专业教育中占有重要地位,以刑法为研究对象,是研究犯罪和刑罚及其罪刑关系的课程。课程内容大的方面包括刑法总论和刑法分论。刑法总论主要包括刑法概述,刑法的基本原则,刑法立法,刑法解释,刑法的效力,犯罪概念与犯罪构成,犯罪构成要件,故意犯罪的停止形态,共同犯罪,一罪与数罪,正当行为,刑事责任,刑罚概述,刑罚的体系和种类,刑罚裁量,刑罚裁量制度,刑罚执行制度,刑罚消灭制度等。刑法分论包括刑法各论概述,危害国家安全罪,危害公共安全罪,破坏社会主义市场经济秩序罪,侵犯公民人身权利、民主权利罪,侵犯财产罪,妨害社会管理秩序罪,危害国防利益罪,贪污贿赂罪,渎职罪,军人违反职责罪等。

3.2.2.5 民法

民法是法学专业基础性课程和核心课程,在法律专业教育中具有基础性地位和奠基性作用,是学习其他部门法的必修课程。课程内容大的方面包括民法总论和民法分论,民法总论具体包括民法概述，民法基本原则，民事法律关系，自然人，法人，非法人组织，民事权利，民事法律行为，代理，民事责任，诉讼时效，期日与期间。民法分论包括人格权法（包括人格权概述、一般人格权和具体人格权），物权法（包括物权法概述、物权变动、物权的保护、所有权、用益物权、担保物权、占有），债法总论（包括债的概述、债的发生、债的分类、债的担保），合同法（包括合同与合同法概述、合同的成立、合同的内容和形式、合同的效力、合同的履行、合同的保全、合同的终止、违约责任以及各种有名合同），亲属法（包括亲属法与亲属关系、亲属身份的发生与消灭、亲属身份关系、亲属财产关系），继承法（包括继承与继承权、遗产继承、遗产赠与、遗产处置），侵权责任法（包括侵权责任法与侵权行为、侵权责任归责原则和构成要件、侵权责任的其他问题、一般侵权责任类型和特殊侵权责任类型、侵权责任形态、侵权损害赔偿）。

3.2.2.6　刑事诉讼法

刑事诉讼法是法学专业基础核心课程之一。有效平衡国家在惩罚、控制犯罪过程中公权力的行使与保障犯罪嫌疑人基本权利的关系，最大限度地确保有罪者受到正当处罚、无罪者免受公权力的不当侵害，是刑事诉讼法学的目的。该课程在法律本科专业高年级开设，其先修课程为法理学、刑法、民法等实体法课程。该课程内容主要有刑事诉讼法概述，刑事诉讼法的历史发展，刑事诉讼法学的基本范畴，刑事诉讼基本原则，专门机关与诉讼参与人，管辖，回避，辩护，代理，拘传等刑事强制措施，期间、送达、诉讼中止、终止，刑事证据与证明，立案，侦查，提起公诉，第一审程序，第二审程序，复核、核准程序，执行，自诉，附带民事诉讼，审判监督程序，未成年人刑事案件诉讼程序等特别程序。

3.2.2.7　民事诉讼法

民事诉讼法是一门兼具理论性和实用性的法学学科，民事诉讼法学课程，是教育部确定的法学专业本科阶段必须开设的核心课程之一，主要学习民事诉讼法的基本理论、基本制度和具体程序规则等内容。该课程在法律本科专业高年级开设，其先修课程为民法、商法等实体法课程。民事诉讼法学教学内容主要包括民事诉讼概述，民事诉讼法的基本原则，民事审判的基本制度；民事裁判权的范围，管辖；当事人，共同诉讼，第三人，诉讼代理人、代表人及辅助人；诉权，诉；民事诉讼中的证据与证明；期间与送达，保全，先予执行，对妨害民事诉讼的强制措施，诉讼费用；普通程序，简易程序，法院调解，公益诉讼，家事诉讼，第二审程序，再审程序，第三人撤销之诉，涉外民事诉讼程序；判决、裁定与决定；非讼程序概论，选民资格案件的审理程序等特别程序，督促程序，公示催告程序；人民调解、仲裁、公证与民事诉讼的对接；民事执行程序，民事执行措施，执行救济等。

3.2.2.8　行政法与行政诉讼法学

行政法与行政诉讼法学是法学专业核心课程之一，行政法与行政诉讼法主要规范行政机构设置、行政权力行使及公权力对私权侵害时的救济机制等内容，随着中国行政立法的不断完善和依法行政要求的不断强化，行政法与行政诉讼法学的地位益发重要。课程内容主要有行政法概述，行政法基本原则，行政法律关系，行政主体，行政行为，抽象行政行为，行政许可与行政确认，行政检查与行政奖助，行政处罚与行政强制，行政征收、行政补偿、行政裁决，行政指导等其他行政活动，行政法制监督，行政程序与政府信息公开，行政复议，国家赔偿，行政诉讼。

3.2.2.9 国际法

国际法是调整国家之间关系的法律原则和规则，国际法学是研究国际法的学科，是法学专业的核心课程。在当前国际交往日益密切的情形下，加强国家法学的研究和学习，对于利用国际法维护中国合法权益具有重要作用。该课程的主要内容包括导论（包括国际法的概念、渊源、发展，国际法与国内法的关系，国际法的基本原则等），国际法上的国家和个人，国际法上的领土，国际人权法，海洋法，航空法和外层空间法，外交和领事关系法，条约法，国际组织法，国际争端解决，战争、武装冲突和国际人道主义法。

3.2.2.10 法律职业伦理

高素质的法律人才不仅需要具备扎实的法学功底和应用能力，更需要具备良好的职业道德与伦理。在中国现行法学教育中，法律职业伦理是一门新兴学科，《普通高等学校本科专业目录和专业介绍（2012）》确定的法学专业核心课程中并没有法律职业伦理这一课程，但教育部2018年印发的《法学类专业教学质量国家标准》改变了这种课程体系，将法律职业伦理作为法学专业学生必须完成的10门专业必修课之一，但目前还没有统一的教学规范要求。教育部高等教育司在2019年的十项工作要点中，指出要组织研制"法律职业伦理课程教学基本要求"，开展任课教师培训，指导各高校开好法律职业伦理课。

从目前已有的法律职业伦理教材来看，其主要内容包括对法律职业伦理的一般原理进行阐述，如对法律职业、法律职业伦理和法律职业道德、法律职业伦理基本规范等进行概述；其次是针对不同类型的法律职业人员结合其法律职业特点对其职业伦理分别介绍，法律职业人员包括法官、检察官、律师及其他法律职业人员（包括公证员、仲裁员）。

3.2.2.11 经济法

经济法是规范国家干预经济的基本法律制度，与民法、商法共同构成中国市场经济发展的重要法律保障。经济法学是法学专业核心课程，市场经济的发展，既要发挥市场配置的基础性作用，也要在市场失灵时发挥国家干预的调节功能，如何从法律上配置市场和发挥国家在市场经济发展过程中的作用是经济法学研究的重要内容。经济法学教学内容主要包括经济法的调整对象，经济法的概念，经济法的基本原则，经济法与经济体制改革的关系，经济法的实施；经济法产生和发展的过程；宏观调控法律制度，微观规制法律制度，国有经济参与法律制度，涉外管制法律制度和市场监管法律制度等。

3.2.2.12 知识产权法

21世纪是知识经济的时代，知识日益成为最重要的生产要素，知识产权规范和保障人类智力活动成果，是鼓励和保障创新的重要法律规范，是知识经济时代最重要的法律制度。知识产权法学是法学专业核心课程，以中国知识产权立法司法实践为基础，对知识产权法的基本知识、概念、原理进行学习和研究。知识产权法学教学内容主要包括知识产权总论，著作权（包括著作权法律制度概述、著作权客体、著作权主体、著作权内容、著作权取得和期限、邻接权、著作权限制、著作权利用、著作权管理、著作权法律保护），专利权（包括专利制度概述、专利权主体、专利的种类、专利权的产生、专利权的内容及专利合同、专利权的保护），商标权（包括商标与商标法概述、商标权的保护要件、商标权的取得、商标权的终止、商标注册的无效、商标权的利用、商标权的保护），其他知识产权（包括植物新品种权、集成电路布图设计权、商业秘密权、地理标志权、商号权、域名权、反不正当竞争）等。

3.2.2.13 商法

商法是市场经济的基本法，是现代私法的重要组成部分。以商法为研究对象的商法学是法学本科专业必修核心课程之一，是使学生掌握中国现代社会主义市场经济法律基本制度的基础性课程。课程内容大的方面包括商法总论和商法分论。商法总论主要介绍商法概述，商事主体，商事行为，商事登记，商业名称，营业，商事代理，商事账簿，商事公告等。商法分论内容包括个人独资企业法与合伙企业法，公司法，证券法，赔偿法，票据法，保险法等。

3.2.2.14 国际私法

国际私法以解决国际民商事关系中的法律冲突为核心，国际私法学是法学专业核心课程之一，主要学习和研究国际民商事法律关系的法律适用冲突与调整。在全球化的今天，国家之外的法人、自然人以及非法人组织参与国际民商事活动越来越频繁，学习和研究国际私法对于公平合理解决跨国民商事纠纷具有重要意义。课程主要内容包括国际私法的基本概念，法律选择的指导思想，法律选择的主要机制，若干重要涉外民商事领域的基本冲突规则，解决国际民商事争议的基本制度等。

3.2.2.15 国际经济法

国际经济法是调整国际经济关系的法律规范的总称，以国际经济法为学习和研究对象的国际经济法学是法学专业核心课程之一，具有较强的专业性和实践性。学习国际经济法学，了解国际经济法律制度，对于促进国际经济发展，保障国家及其他当事人合法权益具有重要意义。该课程主要内容包括国际经济法的基本理论，国际贸易法，国际投资法，国际货币金融法，国际税法，国际经济组织法和国际经济争端处理法等领域。

3.2.2.16 环境资源法

随着经济社会发展和科技进步，人类活动的副产品——环境污染、资源衰竭日益成为制约人类社会进一步发展的重要因素。环境资源法通过规定保护环境、合理规划资源开发利用的法律规范，协调经济社会发展与环境保护和资源开发利用之间的关系，确保人类社会可持续发展。环境资源法学的主要内容包括环境资源法的基本概念、基本理论、基本原则、基本权利、监督管理体制、基本法律制度，环境污染防治法，自然资源法，生态保护建设法，环境资源行政责任，环境资源民事责任，环境资源刑事责任，国际环境法。

3.2.2.17 劳动与社会保障法

劳动法是调整劳动关系以及与劳动关系密切联系的其他社会关系的法律规范。社会保障法是指调整有关社会保险、社会救济、社会优抚和社会福利方面的法律。劳动与社会保障法学是法学专业核心课程之一，在现代劳动者权利意识日益高涨，用人单位形态日益复杂，劳资关系矛盾突出的情形下，加强劳动与社会保障法学的学习与研究，对于解决劳资争议，保障劳动者及用人单位的合法权益，推动社会和谐发展具有重要意义。该课程包括劳动法与社会保障法两部分内容，劳动法主要学习劳动法概述，劳动法的产生与发展，劳动者的权利与义务，劳动法中的法律关系，就业促进制度，劳动合同，集体合同，工作时间与休息时间基准制度，工资基准制度，劳动安全卫生基准制度，特殊劳动保护制度，劳动保障监察制度等。社会保障法主要学习社会保障法概述，社会保障法的调整对象与原则，社会保险制度，社会救助法律制度，社会福利和社会优抚制度等。

3.2.2.18 证据法

证据法是国家制定或认可的关于诉讼中如何收集、审查和判断证据以认定案件事实的法律规范。中国没有独立的证据法典，有关证据的法律规范主要分散规定在刑事诉讼法、民事诉讼法和行政诉讼法中。证据是了解事实的基础，在此基础上判明是非，定分止争。由于证据在司法中的极端重要性，证据法逐渐成为一门独立的学科。证据法课程以证据法的基本原则、证据的种类和分类、证据规则、证明、证明对象、证明责任、证明标准、证明过程、司法认知等为核心内容，是实践性非常强的一门课程。

3.2.2.19 财税法

财税法是进入法学核心课程最晚的一门课程。财税法不是一部法律，是财政法与税法的总称。财政法是调整国家财政收支关系的法律规范的总称。税法即税收法律制度，是调整税收关系的法律规范的总称。财税法课程的主要内容包括财税法基础理论、财政法律制度、税收法律制度，侧重于增值税法、消费税法、营业税法、企业所得税法、个人所得税法、房地产税法、车船税法和税收征管法等重要法律制度。

第 4 章

法学学习方法

自党的十八大以来,形成了一系列新思想、新观点和新论断,成为统一全党共识、凝聚中华民族奋进力量、夺取中国特色社会主义新胜利、实现中华民族伟大复兴中国梦的强大思想武器。

2015年,是全面深化改革的关键之年,也是全面推进依法治国的开局之年。"四个全面"战略思想应运而生。在全面依法治国的思想指导下,中国法治建设实现了跨越式发展,创造了举世瞩目的辉煌成就。法学学科和法学教育也取得了长足的发展。法学学科体系进一步完备,党内法规学、国家安全法学、网络法学、科技法学、空间法学等一批社会急需的新兴交叉学科蓬勃发展,法理学、宪法学、民法学、刑法学等传统学科也以研究和解决中国问题、凸显中国特色为导向实现转型升级。全面推进依法治国是一项长期而重大的历史任务,要坚持中国特色社会主义法治道路,坚持以马克思主义法学思想和中国特色社会主义法治理论为指导,立德树人,德法兼修,培养大批高素质法治人才。[1] 根据2020年1月17—18日于北京召开的中央政法会议的内容,可以看出中国法学教育的目标,是要培养一批有志于维护国家安全、建设中国法治的领军人才。

对于法治人才的培养离不开法学教育的发展。党的十八大以后,法学教育的改革一直在进行,教学方式不断创新和突破的目的在于帮助学生更好地掌握法学知识,提高学生的实践能力。注重学生能力的培养是法学教育的重点内容。社会的不断发展对法学生的要求也不断地提高,是否具备处理法律问题的能力,早已不是仅仅通过背法条的方式就能检验的。司法考试向法律职业资格考试的转变也反映出了这样的问题,报考条件提升为本科学历以上,并就读法学类专业或获得法律硕士、法学硕士及以上学位或从事法律工作满三年,强调了对法学教育的重视,也反映出对法学生专业化水平的要求。而普通高等院校法学专业开设课程涉及宪法、法理学、民法(包括总论、物权法、合同法、债法等)、刑法总论及分论、行政法及行政诉讼法、民事诉讼法、刑事诉讼法、国际法学等众多部门法,涉及十几个不同的具体方向,如何学习才能较好地掌握法学专业知识,成为具有专业化水平和能力的法学生,离不开对法学学习方法的把握。本章重点对法学的学习方法进行介绍和论述,旨在帮助即将或者正在学习法学的学生在法学学习的道路上走得更远。

---

[1] "习近平在中国政法大学考察时强调 立德树人 德法兼修 抓好法治人才培养 励志勤学 刻苦磨炼 促进青年成长进步",载《北京人大》2017年第5期。

4.1 法学课堂学习

高等教育应该更加注重学生开放性思维的开发，培养学生对学术的质疑精神和创新精神。对于学生来说，传统的"灌入式"学习方法早已不足以应对本科阶段的学习，尤其是法学这样内容丰富且深入的学科，仅通过传统课堂时间能够接收到的知识十分有限。"自主式"学习应是法学生展开法学学习时始终坚持的学习原则。

4.1.1 明确不同阶段的课堂学习重点

"罗马不是一天建成的"这句话想必大家都耳熟能详，法学的学习也是如此，分为前期、中期、后期三个学习阶段，正确的学习步骤应当是由浅入深。对于处于法学学习前期阶段的学生而言，要从基础开始，只有在基础打牢的前提下，进行更高层的知识房屋建造才有意义；对于处于中期阶段的学生而言，法律知识的系统掌握以及热点案例的分析与评述、专业考试的准备与复习是重点；到了法学学习的后期阶段，重点考察的是法学生是否具有法律思维方式、是否掌握解决法律问题的能力，以及判断其法律价值观和法治精神的践行情况。

4.1.1.1 夯实基础知识

对于基础知识的准确把握是深入法学学习的前提。法学学习的第一步是对基础概念、基础理论的掌握。通过老师的课堂讲授和教科书的学习，目的是掌握一整套法律概念、原则、制度和理论的体系，明确各个不同法律概念的具体内容。尽管法学学习离不开法条，但法学的学习从来不是对法条的机械背诵，法学所考查的也并非是每个学习者的记忆力，法学的学习是一种体系化的学习，其目的在于应用。

不同部门法涉及的概念、理论不同，重点内容自然也不同。将法学课程按照不同科目进行划分，并安排在不同学期进行讲授，也正是遵循了由浅入深的原则，从基础内容入手。对于学生而言，法学学习前期阶段的重要方法是从法学知识点本身出发，弄清所学的具体知识点的概念、涉及的制度、依据的法律理论、要解决社会生活中的问题、制定相关法律条文的意义等，要注重从法学理论上去理解基础概念和具体知识点，而非简单、独立地背诵，知其然不知其所以然是学习法学知识的大忌。认知定义是掌握法学概念的第一步，事物的概念包括内涵与外延，其中：内涵揭示了事物的特征，反映了此事物与其他事物的区别，是事物质的规定性；外延反映了事物的范围，是量的规定性。定义直接表达了内涵，间接地表达了外延，因此理解概念首先要认知定义。在理解概念之后，接下来的重点是对课堂内容的理解和消化，老师的课堂讲授往往围绕着具体课程的重点和难点进行，跟着老师的节奏去学习法学知识在这个阶段很重要，知识只有在先被理解之后才能被消化，变成自己掌握的内容。

4.1.1.2 体系化学习

如果说对于基础知识的准确把握是法学学习前期阶段的重点，那么到了法学学习的中期阶段，体系化的学习则是不可少的一环。只有通过体系化的学习，将所学的基础知识联系起来，才能拥有举一反三的能力和将之应用于实践的能力。

任何知识都不是孤立存在的，法学知识更是如此。法学之所以严谨正是在于它的内在逻辑性较强、外在体系化明显，法律条文的出台都是建立在法学基础理论之上的。在掌握了基础概念、理论之后，要思考具体法律条文的立法目的、要保护或制裁的对象、构成要件、适用范围、法律效果，以及立法者参考的是哪些立法条文、哪项司法解释规则、哪个判例规则，还有对于这个条文的理解和适用，最高法院做过的解释，最高法院公报刊登过的典型案例等通过将学到的基础概念同司法实践涉及的具体法条相结合，联系起来整体把握。从抽象的理论知识到具体案例的解读，是一个从抽象到具体的学习过程，对法条和具体案例的学习，是对第一阶段所掌握知识的加深。通过体系化的学习才能窥知所学内容的全貌，同时体系化学习也是避免知识混淆的重要方法，将具体知识点按照体系进行记忆，避免张冠李戴。

4.1.1.3 提高思考能力

在进行法学学习之初，如果单纯去思考，思考就成了空想，从空想到妄想，只有一步之遥。思考应该基于一定的概念、理论和事实。在经过前期和中期学习后，法学学习的重心转为对思考能力的培养。法学知识并非一成不变，层出不穷的社会纠纷带来的新的法律问题也层出不穷，很多问题的解决并不能从书上得到答案。因此以理论知识为基础的思考能力的培养至关重要。对于法律问题的思考是理性的思考。

1. 权利与义务的思维模式

法律区别于道德和宗教，它更强调在享有权利的同时应承担相应的义务，那么在对法律问题进行思考时就需要对权利和义务是否平衡进行思考。

2. 权力与责任的思维方式

法律思维是对享有权力的主体在行使权力的过程中应承担责任大小的思考。

3. 合法与非法的思维方式

法律并不是万能的，遇到问题时首先应判断一个行为是否受法律关系调整，是否应受到法律的约束。确定具体行为属于法律调整范围，再进一步对照法律规定判断行为的合法性或非法性。

4. 实体与程序的思维模式

在学习的过程中，强调实体法先行，我们的课程安排往往也是按照从实体法到程序法的顺序。程序法的学习需要以实体法为基础，在思考具体法律问题时不仅要考虑实体问题也要考虑程序问题，而非只知实体不知程序。

5. 激励与惩罚的思维模式

面对具体的法律条文时要思考立法者的目的是什么，从立法目的出发去理解法律在具体案件中发挥的作用。

4.1.2 形成良好的学习习惯

1. 养成做笔记的好习惯

对于课堂学习来说，正确的学习方法是多看多听多思考，养成做笔记的好习惯。

理解是第一位的，在课堂学习过程中，要注重对知识点的理解，听课的过程是一个加深理解的过程。在未理解之前，书本上的东西仍旧停留于书本而非转化为个人所有。在理解基础上的记忆才是有效的。

记笔记的过程实际是对知识的一个梳理过程，将零散细碎的知识点进行整合的过程。课前的笔记应重点在于疑问的记录，带着问题去学习。课上的笔记记录分为三部分：一是对知识结构的记录，老师的讲解结构是什么、框架是什么，这些均对知识点的梳理有帮助；二是对更新内容的记录，法学知识的内容更新很快，书本的内容难免存在一定的滞后性，需要对所学内容的最新立法情况、司法情况进行记录，以便于体系化学习；三是对老师所提问题的记录，这往往涉及课堂授课的重点和难点，对于相应问题及答案的记录便于加深对知识内容的认知和把握。通过笔记便于在课后对所学知识进行巩固，避免遗忘，同时可以查缺补漏。

2. 主动思考并阐述

法学思维模式的形成在于日常的不断思考，流利的表达源于日常的训练。而课堂是一个可以进行集中思考的地方，也是一个语言表达的舞台。法学的学习应是主动的，对法学问题的思考也应是主动的。法学在社会中存在，是研究社会的学科，必须用发展的、批判的眼光去看问题，对法学知识的掌握也是如此。灵活思考在法学的学习过程中十分重要，学生应该多疑问、多收集信息、多思考，运行理论知识进行价值判断。思考的过程远远比仅仅墨守成规地学习固定结论更为重要，一个结论的形成必然存在合理和不合理之处，学习中要勇于否定权威，提出自己的思考结果。

在学习过程中，要展开理性的讨论。法学的学习离不开讨论和表达，无论法学专业学生未来走向律师还是法官岗位，都离不开语言的表达。语言表达的过程是对自己思考的阐述，也是对自己观点的表达。要做到流利地表达出自身所想，需要通过不断的训练。参与课堂讨论的过程，也是听取别人观点并思考的过程，不要因为意见分歧而随意地把对方当作敌人；也不要因为在讨论中处于优势与劣势而产生激动情绪。法学是实践的学问，要求结论的妥当性，领教理论，反省自身。

3. 培养阅读和写作习惯

中国政法大学王涌教授认为，法学从来都不是孤立的学科，许多法学专业学生不读哲学，不读历史，不读文学，所学仅限于法学一隅，则触及不到法学的灵魂；如果没有基本的人文修养，对正义和公平缺乏基本的感知能力，则可能让眼花缭乱的法律技巧为自己内心的麻木甚至邪恶辩护。仅仅依靠教科书学习法学知识远远不够，需要养成阅读的习惯。学无定法，无所谓是先读《论法的精神》还是《法学阶梯》，从兴趣开始，能打动内心的书籍便是最重要的。在培养自己看文学著作、法学著作习惯的过程中，对西方经典的阅读十分必要，不可坐井观天，要有世界眼光；对我国历史的阅读也十分必要，要立足于实际，看清历史方向，把握时代精神。

写作是一项极为重要的能力，写作能力不足的根本原因在于基本技能不足，以及在写作中必须储存在记忆中的东西不够，还有缺乏必要的训练。对于初学者而言，写作最重要的技巧是简洁，切勿冗长。文章的活力始于简洁，特别是法学专业学生的文章，句子不应冗长，段落不应有赘句。应培养学生的写作逻辑思维，使文章结构清晰，词句严谨，经得起推敲。写作需要不断的训练，而这是依靠教材无法得到的，只能依靠自己。

4. 保持英文文献阅读的习惯

中国的法律体系对大陆法系国家借鉴很多，很多法律原则、法律理论是在借鉴西方法律体系的基础上而形成的，因此在法学学习过程中常常会出现源自西方文化的法律理论。仅仅依靠翻译的中文文献来学习，有时难以帮助法学生真正理解某些法学理论的具体内涵。此外，对英文文献的阅读也是提高法学写作水平的有效方式，中外的法学大家往往都有阅读英文文献的习惯；同时，在进行法学理论研究时，也离不开对英文文献的阅读。

4.2 法学实践学习

4.2.1 实践学习方法

法学是实践之科学，是社会之科学。法学有强烈的实践性目的，理论联系实际的必要性更加突显。但也有人对此存在错误的认识，或者割裂两者，或者过分强调任何一方面而忽视另一方面，这些情况都容易发生。不去实践或急于去实践都是不可取的。实践是理论知识转化为职业技能的关键性环节，法学的实践活动种类多样，包括模拟法庭、法律辩论、法律援助、法律诊所、专项比赛等。

1. 前期实践学习方法

（1）参加学术类讲座。积极参加学术类讲座是法学初学者重要的学习方法。高校会开展各种各样的学术讲座。积极参加学术类讲座，要提前充分了解讲座涉及的部门法、讲座的主题内容、演讲者、演讲者的讲授风格等，做好充足的准备工作后再正式进入讲座会场，而不是盲目地去参加讲座，毫无重点地听讲座内容。准备工作可以帮助学生减少弯路，并能较快地跟上演讲者的思路，对讲座内容有较好的吸收。在听讲座的过程中需要对讲座内容的框架、演讲者的观点、涉及的法学问题进行笔记的记录。可以采用"康奈尔速记法"，将笔记页面的 1/3 用来记录关键词和框架，避免浪费太多时间影响听课的效果，剩余的 2/3 用来补充关键词的内容以及问题的答案。

（2）品鉴欣赏影视作品。对于法学初学者来说，要尽可能地了解法律，法学类的文艺作品在这个阶段也是一个很好的学习来源。有很多经典的文学及影视作品，如《十二怒汉》《纽伦堡审判》等，都可以作为这一阶段的学习素材。但是观看不是目的，重要的是思考。艺术来源于生活又高于生活，文艺作品所体现出的矛盾和冲突常常在现实案件中也有反映，要将文艺作品反映的法学问题同现实生活相结合，并探求解决方式。

（3）观看庭审。观看庭审对于诉讼程序的掌握具有较好效果。通过各地法院的官网观看庭审直播或者到法院现场旁听，对于初学者来说都是较好的实践学习活动。

2. 中期实践学习方法

（1）及时掌握最新的立法和司法动态，关注并思考热点的司法案件。对法律文件的更新要及时地掌握，法律条文或文件的出台往往基于一定社会问题和冲突的产生。通过对比学习，去发现变更前及变更后的异同，思考变更的原因和依据。随着法治的不断发展，人们对社会问题关注度增加，重要或典型的司法案件常常会成为人们关注的热点。作为法学学生，更要及时关注发生的具有一定影响力的案件，充分利用互联网等媒介，去了解具体司法案件的始末、争议的焦点、案件的进展等，同时可以阅读相关领域专业学者做出的解读，深化自己对具体问题的思考和理解。

(2) 积极参与辩论赛等比赛活动。参加比赛的过程是对法学知识用于实践的一个锻炼过程，也是一个帮助法学生转变思维方式的过程。就技能训练来说，参加法学类比赛活动需要查找大量的文献资料，去佐证论点的正确性和合理性，对辩题或案情的讨论都在不断地强化对知识的认识，这本身是一个学习及逻辑思考的过程。辩论类比赛是语言表达及应变能力训练的较好机会，不要作旁观者而作参与者，才能不断地提高语言表达能力及应变能力。在辩论赛中往往没有所谓的正确答案，重点在于辩论的过程，要准确地把握辩题，找出争议的焦点，围绕焦点展开辩论，提出自己的观点，有理有据地证明自己的观点。

(3) 重点参与模拟法庭、模拟仲裁庭。模拟法庭作为一种具有典型代表性的法学实践活动占有重要地位。各法学院校目前都设有模拟法庭、模拟仲裁庭，也设置了模拟商事仲裁等课程，帮助法学专业学生提高实践能力。每年还会有各种国内及国际的比赛机会，如国际刑事法院模拟法庭大赛等。在此类的实践活动中，法学专业学生通过扮演不同的法律角色，切身参与到庭审诉讼过程，运用平时所学的课堂理论知识来分析和解决模拟案件审理过程中的难题。从对程序法的掌握角度而言，模拟法庭、模拟仲裁庭需要法学专业学生亲自参与整个审判过程，更能帮助学生实现由理论向实践的转化。模拟法庭的参与者们在定期的开庭审理实践中，通过选择和分析案件类型、确定角色、收集和准备证据、制作庭审流程材料和法律文书、讨论剧本、排练庭审过程、整理卷宗等工作，对法庭审判程序可以有更深刻的理解，分析和判断案件的能力也可以得到前所未有的增强。更重要的是，通过这一实践教学活动，法学专业学生对中国法律界的现状和司法实务会有更加充分细致的认识。从思维转变的角度来看，模拟法庭、模拟仲裁庭中各种不同角色的设计，对法学专业学生而言是一种转变思维方式的过程，即使面对同样的法学知识，法官的思维方式和律师的思维方式也截然不同。法官的法律思维目的是公正裁判，律师的目的是依法保护委托人的合法权益，而法学院教师教给法学专业学生的是探求法理，在课堂上分析案例或者撰写论文研究案例，研讨判决是否正确及其理由的思维模式，这种思维模式之间的转变与体会只能通过实践实现。

3. 后期实践学习方法

进入高年级后，面临着就业问题，法学专业学生的实践机会和实践平台会进一步增多，通过实习来强化对法学知识的掌握也是一种较好的实践方法。法学专业学生们可以通过到法院、检察院、律所、银行、公司等不同地方，真正感受社会实践中的法学。离开学校，到社会的特定岗位实习，对法学专业学生也提出了更高的要求。作为学生应当具备更强的能力，包括分析和解决法律问题的能力、搜集和处理线索信息的能力、交流和团队合作的能力以及掌握法律知识体系的能力。这些能力并非要求法学专业学生在实习就完全具备，而是在实习过程中不断地提高直至逐步掌握，即要求法学专业学生在培养实践能力的同时又能获得一定的法律职业技能。

在这个过程中，需要注意的实践学习方法包括：

(1) 需要正视法学实习，培养学生的动手能力，理智地看待实习过程。由于我国教育体制下长期对实践的忽视，不少法学专业学生认为实习可有可无，有的法学专业学生甚至将专业实习的时间用来复习法律职业资格考试、研究生考试等，最后随意盖上单位公章敷衍了事。必须使其对法律实践有充分的认知，全身心地投入到实践学习过程中。

（2）提高实习过程中的自主性。不同于课堂学习，实习要求学生具备较高的自觉性。实习的过程往往会要求法学专业学生独自完成部分工作任务，需要大量的资料搜集，自主完成案件分析。甚至有些岗位将时间分配给法学专业学生，要求学生在有限的时间内完成特定的任务，这些任务的完成有赖于学生的自觉性，临时抱佛脚的学习远不够支持法学专业学生独当一面。

（3）提高效率。正式进入实习岗位后，工作效率十分重要。节奏就是效率，要形成自己的节奏，心无旁骛地投入工作，提高工作效率。

（4）重视同人交流的能力。实习使得法学专业学生能够接触到真实案件的当事人。在了解案件的事实并在事实基础上运用法学知识进行判断的过程中，需要法学专业学生在实习过程中注重同案件当事人的沟通与交流。目前诉讼团队办案模式在律所中较为常见，因此团队协作能力也是法学专业学生需要具备的能力之一。在实习的过程中应学会聆听，逐步掌握团队协作处理法律问题的能力。

（5）坚持实践活动从法律规定出发。现行法律条文是实践过程中处理案件问题的依据，而在理论学习的过程中，法学专业学生会接触到各种不同的法学理论及各国不同法律程序的规定，但在实践过程中要以事实为基础，以现行法律条文为依据，而非想当然地将各国不同的法学理论套搬于现实案件中。

4.2.2　调研学习方法

调研学习是对法学专业学生科研能力的一种培养，其强调法学专业学生结合所学知识和现实情况，通过调研对发现的社会现实问题进行分析和解决。常见的调研包括 7 个环节。

（1）确定研究对象，选择研究主题。进行调研的前提和基础是确定调研的对象及主题。选题的角度是法学专业学生对社会热点及敏感话题感知能力的一种体现，选题的出发点在于对解决社会问题的价值大小。

（2）制订调研方案，明确调研指引。制订科学、合理、具有可操作的调研方案是开展调研的前提。调研方案在一般情况下需要考虑调研背景、调研主题、调研目的、调研内容及对象、调研方法与实施计划、调研信息的整理分析、调研日程和时间安排、调研预算等几个方面的内容。需要在开展调研活动前做出详细的调研计划，以免发生执行中的矛盾和脱节，最终影响调研结果和成效。

（3）设计调研工具，开展试填工作。一般情况下调研分为定量研究和定性研究，定量研究的工具主要包括调查问卷、调查量表、资料统计分析等。定性研究一般包括参与观察法、深入访谈法、文献资料分析等内容。

（4）组建调研队伍，进行调研培训。应明确调研小组成员，组建搭配得当、多元参与的调研团队，也可以邀请律师等法律工作者参与调研工作，提高效率。

（5）实施调研过程，收集原始资料。此环节既包括文献资料的搜集，也包括问卷及访谈资料的收集过程。

（6）整理调研数据，分析调研资料。对于量化的包括以问卷、量表等方式收集的资料，可以通过专业的软件 SPSS、问卷星、Excel 等完成汇总分析。对于质性的包括访谈、观察等方法收集的资料，需要进行合理的分类、整理和分析，得出调研启示及结论。数据分析包括资料审核、资料编码、资料录入、资料汇总、制作图标等步骤。

（7）撰写调研报告，总结调研结论。此环节包括确定主题、拟定提纲并厘清调查报告的整体框架、选择数据并分析材料、正式撰写。调研报告的结构一般包括标题、导言、正文、结尾和附录，最重要的就是对调研主题假设的验证以及对具体现象的启示和建议。

在了解了整个调研活动的流程后，需要在调研学习中提升自身法学学习能力，顺利完成调研学习，需要掌握的学习方法有如下方面：

1. 提高文献搜索和查阅能力

进行法学调研时，必不可少的能力就是文献搜索的能力。在确定调研题目、调研究对象、研究主题时，需要对涉及的法律问题以及社会现象进行充分的了解，拟定进行调研的具体方向。在充分利用书籍、互联网等工具查阅相关文献的过程中，需要法学专业学生具备较强的文献搜索能力。对拟定的调研方向进行全面的资料查询，确定研究主题和研究对象的正确性、可行性，以及研究的必要性。需要对研究主题和研究对象所涉及的近 5～10 年的文献资料进行汇总整理，明确文献资料所涉及的具体研究内容、具体关注点、研究结论的可行性，做出数据汇总表进行分析汇总，从而确定本调研项目所需要进行的重点内容，确保突出调研的必要性和创新性，避免重复或无意义的调研。

法学专业学生常用的中文文献搜索数据库包括知网、威科先行、最高人民法院官网、最高人民检察院官网、诉讼数据库、北大法宝等；常见的英文数据库及搜索平台包括联合国官网、联合国贸易和发展会议 UNCTAD 数据库等。同时，还要注重对政府官网数据的应用，在进行法学调研时，对最新数据及最新政策的掌握十分必要，而政府网站是这类资料查询的权威之处。要充分了解并掌握具体法学文献数据库的使用方法，不断地提升自身的文献搜索和查阅能力。

2. 提高数据的分析能力

调研活动的开展，通常要借助于互联网平台，常见的问卷调研常常借助于问卷星、Excel 等工具完成。随着科技的发展，对于法学专业学生计算机网络使用能力的要求也越来越高。基础办公软件的应用以及基本数据分析图表制作的技能等应当是法学生在学习过程中和调研活动中逐渐掌握的本领。

在设计问卷调查过程中，要在符合调研主体且具有针对性的前提下，尽可能细化、全面地考虑可能需要涉及的问题角度，然后提出有针对性的问题进行问卷调研，完成所有问卷后所收集上来的数据并非都具有针对性，也并不一定均能反映出问题。若要满足所要调研的需要，需要对上述收集到的数据进行一个汇总并筛选。因此，数据分析的能力至关重要，需要对问卷所得到的数据进行系统的数据分析，然后选出其中和调研内容一致并能反映出社会问题或突出现象的数据来作为调研报告的支撑。同时为了方便、直观地体现出调研的结果，需要对汇总及筛选后的数据进行梳理，通过柱状图、饼形图、条形图等方式，制作清晰的图表对数据的变化以及浮动情况进行体现，体现调研的价值性。

此外，对于通过访谈等方式所得到的信息和数据，同样也应当采用分析和筛选的方式来得到和调研主题以及调研研究对象相吻合的信息,并对访谈所涉及内容体现的法学理论问题、法学社会问题进行一个全面的分析,从而得到有用的调研内容,体现调研的价值。

3. 注重法学理论知识同社会实际相结合

对于法学调研来说,调研的目的就是为了发现法律在社会运行过程中的实际运用情况,以及社会中产生的新矛盾和冲突是否属于法学的调整范围,以便得出如何通过法律手段解决相应的、由法律关系调整的社会问题的结论。

在这个过程中,调研仅仅是发现问题的手段,而并非目的。真正的重点在于需要将所学习的法学理论知识同社会实践相结合,去思考问题,提出解决问题的可行性建议。法学调研的目的和核心内容在于针对了解到的社会现实,运用法学理论及法学知识提出相应的解决社会问题的方案,或对可能出现的问题进行制度设计以避免纠纷出现。

通过调研可以发现反映一定社会现状、社会问题的数据和信息。经过分析整理后,要深入思考所发现问题可能出现的原因,并结合所学的法学知识去思考,将两者融为一体,之后提出有建设性的、有针对性的通过法律手段去解决问题的建议或启示。我们所要研究的是法学问题而并非社会学问题,既不能只注重社会实践以及社会调查的结果,而忽视法学理论的应用;也不能单纯地照搬法学理论,套于社会实践而否定或忽视社会矛盾、冲突以及现象的存在。这样才能帮助法学专业学生通过法学调研学习加深对法学知识的理解和认识,同时也才能深入学习法学实践所涉及的内容,提高处理法律问题的能力,拓展法律视野。

第 5 章

法 学 专 业 思 维

无规矩不成方圆。法律是用来调整社会生活中各种主体的权利（权力）与义务的一种行为规范。为了防止发生纠纷，法律往往会事先对各种法律关系主体、客体和内容进行规定，或者允许主体自行约定各方的权利义务。当主体之间由于各种原因发生纠纷后，法律还会规定各种纠纷解决方式及其程序。由于法律的制定者对未来的预见能力有限，为了应对法律滞后可能无法跟上社会发展步伐的情况，法律还会提出一些内涵不清晰的概念，如诚实信用、公序良俗等，以便法官发挥主观能动性，通过对这些概念内涵的解释，确保无须频繁修改法律就能跟上社会发展的步伐，满足对社会行为调整的需要。

基于法律的以上特征，作为一名以法律为研究对象的法学专业学生，必须掌握本专业应具备的专业能力和思维能力。

5.1 法学学生应具备的思维能力

无论做什么事情都必须思维先行，因此思维是任何一个人、从事任何一个职业都必须具备的能力。所有人在思考时无疑都必须利用逻辑学提供的工具，如概念、命题和推理，遵循逻辑学揭示的思维基本规律，如同一律、矛盾律和排中律。但法学专业学生除了需要具备逻辑学所要求的思维能力外，还需掌握法学这个学科特有的思维方式，即法律思维。所谓的法律思维是指不以个人的主观感情为依据，而是以法律认可的价值取向或现行法律规定为依据，思考和处理问题的思维方式。

具体而言，法律思维具体表现以下几个方面。

5.1.1 规则思维

所谓的规则就是指法律规则，即规定人们权利、权力、义务及相应法律后果的各种规定。规则因具有明确性、稳定性、可预测性、价值引导性等特点，人们可以据此预测自己行为的后果，以提高行为效率、降低交易成本，定纷止争。因此，规则思维就是在处理任何事情时，必须考察是否有法律对此做出规定，如果有，就必须遵守规则、尊重规则、依据规则、运用规则对所遇到的问题进行分析、评判并得出处理结论；如无特别强有力的正当理由（如现行规则会导致严重不公的）并且非经正当程序不得背离、放弃现有规则。

比如，在2019年的高考录取中，北京大学在"国家专项计划"中向河南省投放了8个理科招生名额。河南省第一志愿报考考生有8人，其中第7名考生分数为542分，排名第8的考生分数为538分，超过一本线36分，服从调剂，被北大提档。但北大仅取了前6名，对于后2名却以考生可能完成不了学业为由不予录取。但根据录取规则，河南省"国家专项计划"录取工作按照顺序志愿投档的方式，后2名考生达到了同批录取控制分数线且符合录取条件。北大不予录取显然没有遵守既定规则，不符合规则思维。后经媒体披露后，北大重新补录了这2名考生。

5.1.2　权利保障思维

权利是法律规定的，主体可以通过作为或不作为方式获得某种利益。鉴于法律所赋予的权利仅是一种潜在的利益，因此权利保障思维就是要确保权利主体能实实在在地享有自己的利益。具体表现在以下方面：

一是当权利被侵犯时必须有救济手段，无救济即无权利，因此法律必须在规定权利的同时还规定各种保障权利实现的手段。目前对权利救济的方式主要有自力救济如协商、社会救济如调解、公力救济如诉讼三类。

二是必须同等保障所有主体的权利，除非法律有明文规定，不能因为有一方主体经济能力弱，就不保障经济能力强的一方的利益；不能因为有一方政治地位高、社会影响力大就不保护政治地位低、社会影响力小的一方的利益。

比如，2018年12月15日，某公司委托法务，以员工李某与其他4名同事泄露商业机密索要离职赔偿为由向警方报案，5人被警方以涉嫌泄露商业机密罪拘留。李某在被拘留251天后，检方以证据不够不予起诉为由将其释放，并给予国家赔偿。在本案中，某公司与员工李某，两者的经济实力有显然有着天壤之别，那某公司能否举报李某呢？既然法律赋予了某公司对侵害自己利益的行为享有举报权，也没有要求举报必须成功，那某公司当然享有对李某的举报权。尽管后来检察机关以证据不足不予追究，但并不表明某公司作为一个实力雄厚的公司，不能对一个小职员行使举报权，所有人的权利都需要平等保障。

5.1.3　权力制约思维

权力是一个主体根据自己的意愿对另一个主体加以控制的力量。正是因为权力具有让他人服从权力拥有者的意志，且无须被支配者的同意的特点，因此权力具有扩张性和排他性，一直到遇到阻力或者约束不能前进为止。权力制约思维是指法律必须明确规定权力的享有主体、范围、行使程序以及对权力的外部监督。由此可见，一切权力来自于法律，"法"比"权"大。在权力问题上，"法无规定即禁止"。法律在规定特定主体的权力范围时，都会根据权力制衡原理进行合理分配，比如，宪法规定立法权归全国人民代表大会，行政权归行政机关，司法权归法院。对于各种权利，主体内部还要进行划分。如《中华人民共和国立法法》第七条规定，全国人民代表大会和全国人民代表大会常务委员会行使国家立法权。全国人民代表大会制定和修改刑事的、民事的、国家机构的和其他基本法律。全国人民代表大会常务委员会制定和修改除应当由全国人民代表大会制定的法律以外的其他法律；在全国人民代表大会闭会期间，对全国人民代表大会制定的法律进行部分补充和修改，但是不得同该法律的基本原则相抵触。

只有法律明确规定或者授权的主体才能享有行政权力，享有权力的主体不得私自将自己享有的权利转授他人。比如，对于在路上乱停的车辆，根据《中华人民共和国道路交通安全法》的规定，交警自然享有执法权，对认定为乱停的车主进行罚款。若交警把该权利交给交通协管员则不可以。因此，交通协管员对于乱停的车辆只能贴一张"道路停车记录告知单"，而不能贴"违法停车告知单"，后者只有交警才能贴。前者仅是一个证据，最终是否构成违法停车，是否需要处罚仍需交警来认定，故不违反法律。

5.1.4 程序思维

程序是指进行某项活动需要经过的步骤、顺序和过程。生活离不开程序，比如大学新生报到，首先到院系报到，然后到财务缴费，再到宿舍入住，就是一个程序。为某一行为规定一系列必须遵循的步骤、顺序和过程的规范就是程序规则。法律中到处都是程序规范，比如立法程序、行政执法程序、诉讼程序、公司成立程序等。之所以要规定程序规则，是需要通过程序来保障权利、制约权力，使结果正当化，吸收当事人的不满，并在某些情况下形成和发展实体规则。程序思维是指在进行某些行为时必须严格按照法律规定的程序进行，不能为了其他目的，如效率而随意省略程序或者改变程序。当然程序思维也不是没有弊端的，最直接的弊端就是效率低下，这也是很多人不愿意遵守程序的原因之一。法律既然宁愿低效也要规定特定程序，显然是有其他更为重要的价值要追求，故不得随意否定法律规定的程序。

比如对于行政处罚，《中华人民共和国行政处罚法》就统一规定了简易程序、一般程序和听证程序。有些具体的法律可能还有更为详细的程序规定。假设司机确实违章停车，但人仍在车上，交警过来后能否直接罚款呢？答案是不行。《中华人民共和国道路交通安全法》第93条规定，对违反道路交通安全法律、法规关于机动车停放、临时停车规定的，可以指出违法行为，并予以口头警告，令其立即驶离。机动车驾驶人不在现场或者虽在现场但拒绝立即驶离，妨碍其他车辆、行人通行的，处二十元以上二百元以下罚款。由此可见，对于此种违法停车口头警告是罚款的前置程序，没有经过前一程序，不能直接进入罚款程序。

5.1.5 责任思维

此处的责任是指法律规定的没有履行法律规定或约定的义务而应当承担的不利后果。前者如《中华人民共和国侵权责任法》规定侵害民事权益，应当依照本法承担侵权责任。后者如《中华人民共和国合同法》规定，当事人一方不履行合同义务或者履行合同义务不符合约定的，应当承担继续履行、采取补救措施或者赔偿损失等违约责任。责任思维就是指任何人在进行某一行为之前，应当预见、分析如果不履行或不正确履行相关职责或义务，应当承担哪些不利后果。

比如根据《中华人民共和国法官法》的规定，法官的职责是：①依法参加合议庭审判或者独任审判刑事、民事、行政诉讼以及国家赔偿等案件；②依法办理引渡、司法协助等案件；③法律规定的其他职责。同时，该法也规定，法官有下列行为之一的，应当给予处分；构成犯罪的，依法追究刑事责任：①贪污受贿、徇私舞弊、枉法裁判的；②隐瞒、伪造、变造、故意损毁证据、案件材料的；③泄露国家秘密、审判工作秘密、商业秘密或者个人隐私的；④故意违反法律法规办理案件的；⑤因重大过失导致裁判结果错误并造成严重后果的；⑥拖延办案，贻误工作的；⑦利用职权为自己或者他人谋取私利的；⑧接受当事人及其代理人利益输送，或者违反有关规定会见当事人及其代理人的；⑨违反有关规定从事或者参与营利性活动，在企业或者其他营利性组织中兼任职务的；⑩有其他违纪违法行为的。

5.1.6 公平公正思维

法律以追求公平公正为己任，因此立法者在立法之时就会考虑如何实现公平公正。公平公正大致可以分为三类，即实体公平公正、程序公平公正和形式公平公正。

实体公平公正是指结果公平公正，也称分配公平公正。需要注意的是，结果公平公正并不是指每个人之间没有差距，而是指这种差距是否合法、合情合理、合乎人们的需要。以权利分配为例，有的权利是人人有份，如生命权、健康权、名誉权等；有的则是按能力分配，能力强的人多得或得到好的，能力差的人少得或者得到差的，如考大学，有的人上好大学，有的人上一般大学；有的则是按身份分配，具有特定身份的人可以享有，没有该身份的人就没有，如高速公路军车免费通行，救护车可以优先通行等；有的是按需求分配，如最低工资，只要参加工作，不论其工作能力如何，必须向其支付最低工资。义务也是如此，并不是每个人的义务都一样。中国的个人所得税采用的就是累进税率，收入越高交纳的税就越多。

程序公平公正是指要求法律的制定过程和具体适用过程具有正当性。如不能自己为自己制定规定；法官不能是自己的法官；不能为了实现实体公平，就非法搜集证据或无限期审理等。

形式公平公正是指在法律适用时应做到同等情况同等对待，不能情况不同处理，不能针对相同的案件却做出不同的处理。

随着社会的发展，有可能出现法律没有规定的新情况，或者立法虽有规定但已过时而无法适用，等待立法又来不及的情况。此时就需要法律工作者根据公平公正的原则来处理。比如冷冻受精卵能否继承，代孕、人类基因编辑是否可以，应否允许安乐死等；以及一方举证明显存在困难时，能否仍根据法律的规定要求该方当事人举证等。

5.2 法学学生应具备的专业能力

法律的功能主要体现在两个方面：一是作为社会各主体的行为规范，指导他们在实际生活中如何行为；二是当社会主体之间发生纠纷后，指导主体如何解决纠纷，并最终将社会关系恢复至正常状态；当缺乏行为规范时，通过裁判为社会树立行为规范。从这两个功能出发，法学专业的学生应当具备以下能力：

1. *准确理解法律的能力*

准确理解法律是从事法律职业的前提。虽然法律都是用本国语言表达出来的，看似只要识字就可以读懂法律，实则不然。一方面是因为法律是用很抽象的语言来规范各主体的行为，虽然用的是自然语言，但很多概念与生活中的概念属于形同意不同，不能按日常生活的含义来理解。如"人"，日常生活中的"人"仅指自然人，法律中的"人"除了指自然人外，还包括法人、非法人组织。有些概念不论是在日常生活中还是法律中，都属于内涵不清晰的范畴，较难理解，如"诚实信用""公序良俗""数额巨大""情节严重"等。法学理论必须对这些概念进行阐释，否则不具有可操作性。让法律不好理解的更重要原因是法律采用了很多日常生活中不怎么使用的专业术语，如"善意取得""诉讼时效""不安抗辩权""过错""执行异议之诉"等。对这些术语不经专门学习无从理解。另一方面是因为法律有自己独特的价值取向和理论基础，要理解法律必须掌握好法律背后的理论，包括立法目的、立法背景、法律解释技术（如文义解释、体系解释、目的解释等）、法律冲突处理原则（如特别法由于一般法、新法优于旧法）等，方能准确理解法律。

比如《物权法》第三十二条规定，物权受到侵害的，权利人可以通过和解、调解、仲裁、诉讼等途径解决。除了所列举的纠纷解决方式外，该条中的"等"还包括哪些纠纷解决方式呢？比如能不能通过决斗、抓阄来解决呢？这就涉及如何理解该法条的问题。

2. 很强的自学能力

我国社会主义法律体系已经建成。从层级上看，由宪法、法律、行政法规和地方法规、部门规章等构成了一个金字塔体系。从法律部门看，包括刑法、行政法、民法、诉讼法、国际法等。每个部门法里的法律都是多如牛毛。但法学专业学生在本科阶段的学习时间却有限，只有短短的4年，即使再读一个研究生，也就延长3年而已，不可能要求老师把所有的法律都讲授一遍，故只能讲授一些最基础的法律，如民法、民诉、刑法、刑诉、国际法等，对于一些调整范围比较小的法律，如煤炭法、电子签名法、道路交通安全法等就不会讲授。即使是专门开课的法律，老师也无法将每个法条都讲到，只能讲授这些法律中最基础的概念和原理，但在实际生活中频频需要使用到大学没有讲授过的法律。因此，法学专业的学生必须具备很强的自学能力，利用已经掌握的基础法律概念和法律原理再去自学其他法律。况且，法律处于不断地修、改、废之中，新法在不断地制定出来，法学专业是一个"活到老学到老"的专业，对于新知识不可能永远都有老师教，只能不断地自学。

3. 善用证据的能力

法律是用来调整各主体行为的，但各主体的行为在特定的时空中存在的时间是有限的，日后一旦发生纠纷，在时间不能倒流的情况下，若想再现该事实就只能借助证据。从预防纠纷的角度看，需要知道保留哪些证据，如何保留证据，利用哪些形式来保留证据。从解决纠纷的角度看，在纠纷发生后再去寻找证据，同样需要知道寻找哪些证据，如何调查、搜集证据以确保证据符合法律的要求。比如公路的交叉口发现一具男尸，交警部门接到报警后首先要解决的问题就是死者是谁，是怎么死的？对此只能通过证据来再现事实。发布尸体认领公告后，有人前来认领说是自己的父亲。能否立即就认定死者是认领人的父亲呢？此时就需要证据来证明，如进行DNA鉴定。然后需要知道的是谁导致了该人死亡，通过调取路口的监控录像，发现系一辆小轿车闯红灯致该人死亡。那是不是就可以认定是车主开车撞死的死者呢？显然不能，因为有可能是车主把车借给了别人或者是他人偷了该车。那就需要找到该车车主再进行调查。如果车主不能提供证据证明自己的车被盗或借给了他人，才能认定系车主所为。若死者的近亲属随后要求车主承担赔偿责任，同样需要证据来证明自己的损失具体有多大。

4. 精准把法律与事实连接起来的能力

法律中的条文都是抽象的，但各主体的行为都是具体的，只有将特定主体的具体行为事实与特定的法条联系起来，法律才能发挥作用。但要将两者联系起来却不是一件易事，必须掌握一定的技巧，具备一定的能力才可以。假设车主张三正常开车将素不相识闯红灯的行人李四撞死，能否追究张三的法律责任呢？如果追究的话，该利用哪些法律中的哪些法律规范来追究张三的法律责任呢？

把抽象法条和具体行为联系起来的基本方法就是三段论，即以法律规范为大前提，以具体行为为小前提，最后得出结论。大前提又包括假定和法律后果两部分。假定是指法律规范的适用条件和情况，即在什么时间、空间、对什么人以及在什么情况下有约束力。法律后果是指法律对符合假定之行为给予的有利或不利的利益，包括肯定性法律后果如奖励、许可等和否定性后果如制裁、撤销等。一旦某一具体行为能被涵摄到法律的假定中，那么就可以得出法律后果。前提是先要根据行为事实找到应当适用的法律规范，才能确定其假定和法律后果。就设例而言，首先要寻找调整该种情形的法律应当是哪个民事法律，是《中华人民共和国物权法》《中华人民共和国合同法》还是《中华人民共和国侵权责任法》？显然是《中华人民共和国侵权责任法》调整这种行为。不过该法中包括很多法律规范，具体又是哪个法律规范调整此种行为呢？如第六条规定，"行为人因过错侵害他人民事权益，应当承担侵权责任。"第四十八条规定，"机动车发生交通事故造成损害的，依照道路交通安全法的有关规定承担赔偿责任。"由于第48条系特别条款应当优先适用，因此需要继续寻找道路交通安全法中的规范。《中华人民共和国道路交通安全法实施条例》第三十九条规定，"人行横道信号灯表示：（一）绿灯亮时，准许行人通过人行横道；（二）红灯亮时，禁止行人进入人行横道，但是已经进入人行横道的，可以继续通过或者在道路中心线处停留等候。"《中华人民共和国道路交通安全法》第七十六条规定，"机动车发生交通事故造成人身伤亡、财产损失的，由保险公司在机动车第三者责任强制保险责任限额范围内予以赔偿；不足的部分，按照下列规定承担赔偿责任：（一）机动车之间发生交通事故的，由有过错的一方承担赔偿责任；双方都有过错的，按照各自过错的比例分担责任；（二）机动车与非机动车驾驶人、行人之间发生交通事故，非机动车驾驶人、行人没有过错的，由机动车一方承担赔偿责任；有证据证明非机动车驾驶人、行人有过错的，根据过错程度适当减轻机动车一方的赔偿责任；机动车一方没有过错的，承担不超过百分之十的赔偿责任。"

本案中显然应当适用"有证据证明非机动车驾驶人、行人有过错的，根据过错程度适当减轻机动车一方的赔偿责任"的规定。那张三没有过错，是否就不用赔偿呢？李四有无过错呢？

由于法条已经明确规定，有证据证明非机动车驾驶人、行人有过错的，根据过错程度适当"减轻"机动车一方的赔偿责任，而不是免除责任，因此张三虽没有过错但不影响其承担责任，只影响其承担责任的大小。

学理认为过错包括故意和过失。过失是指应当预见到自己的行为会发生损害他人或自己的结果，但因为疏忽大意没有预见到或者虽然预见到了但轻信能够避免最后导致损害结果发生的心态。在法律有明确禁止规定而行为人没有遵守时，可以认定其有过错。对李四过错的认定可以形式化如下：

大前提：过失是指虽已预见到自己的行为会发生损害结果但轻信能够避免最后导致损害结果发生的心态。

小前提：李四应当预见到闯红灯会发生损害结果但轻信能够避免最后导致损害结果发生。

结论：李四有过失。

《中华人民共和国侵权责任法》第二条规定，侵害民事权益，应当依照本法承担侵权责任。本法所称民事权益，包括生命权、健康权、姓名权、名誉权、荣誉权、肖像权、隐私权、婚姻自主权、监护权、所有权、用益物权、担保物权、著作权、专利权、商标专用权、发现权、股权、继承权等人身、财产权益。李四的生命权显然属于应受保护的民事权益。因此，张三应当承担侵权责任。上述连接过程可以形式化表示如下：

大前提：行为人侵害他人民事权益，应当承担侵权责任。

小前提：张三侵害他人民事权益。

结论：张三应当承担侵权责任。

由于《中华人民共和国侵权责任法》第十五条进一步规定，承担侵权责任的方式主要有：①停止侵害；②排除妨碍；③消除危险；④返还财产；⑤恢复原状；⑥赔偿损失；⑦赔礼道歉；⑧消除影响、恢复名誉。以上承担侵权责任的方式，可以单独适用，也可以合并适用。张三具体需要承担何种责任，还需要继续连接下去。具体的责任承担可以继续形式化为：

大前提：致人死亡的，应当承担赔偿损失，赔礼道歉的责任。

小前提：张三致人死亡。

结论：张三应当赔偿损失，赔礼道歉的责任。

对于张三需要承担多大的赔偿责任，需要继续与法律规范连接。

大前提：机动车一方没有过错的，承担不超过10%的赔偿责任。

小前提：张三没有过错。

结论：承担不超过10%的赔偿责任。

在把李四的损失全部计算出来后，先由保险公司在机动车第三者责任强制保险责任限额范围内予以赔偿。剩余部分再乘以10%就是张三的赔偿数额。由此可见，要把法律和事实连接起来不是一蹴而就的，需要根据事实先寻找法律，然后再根据法律来认定事实，不断地在法律和事实之间来回往返，直至二者完全匹配为止，再一步一步向前推进，直至最终确定责任类型和大小。

5. 良好的语言表达能力

法律离不开表达，有的时候需书面表达，有的时候需要口头表达，二者缺一不可。前者有起诉状、答辩状、判决书、法律意见书、合同等。后者有法庭辩论、调解、谈判、演讲、授课等。只有凭借良好的表达才能够把内心想法有效地表述于外，供他人理解并进而说服他人。良好的表达能力可以细分为以下方面：①表达要到位，即要选择恰当的措辞，把内心所想准确、全面地表达于外；②逻辑性要强，当表达的内容很多时，一定要厘清内容之间的内在逻辑关系，明确哪些内容要先说，哪些内容后说；③文采要好，枯燥单调的表达方式、没有变化的措辞容易让人心生厌倦，因此表达方式应当灵活多变，让读者或听众久听也兴趣盎然；④要会可视化表达，对于非常不好理解的内容，如抽象的理论、复杂的案例或程序问题，最好能够借助各种视频、表格、图形、流程图等进行直观表达；⑤如果是口头表达，发音应标准，语速要适中，音调宜抑扬顿挫，不管是说普通话还是外语，只有发音标准才能为他人理解；语速太快听不清楚；语速太慢则让人着急；没有变化的音调容易催人入睡。

6. 有效的沟通能力

由于法律是调整人与人之间行为的规范，因此法律职业必定是一个与人打交道的职业。比如行政机关与相对人，法官与当事人、律师、检察官，律师与当事人，双方律师，律师与证人之间等都需要进行沟通。因此，法学专业学生必须掌握一定的沟通技巧，具备良好的沟通能力。有效的沟通必须遵循以下基本规则：

（1）必须根据对方的具体情况，如学历、专业、生活经历等确定交流时应采用的措辞、术语等。比如律师与当事人沟通时，如果当事人文化水平不高，就尽可能不要使用法言法语；若是与法官、公司法务等沟通时，则应当尽可能使用法言法语。

（2）要会倾听。不管是在法庭、谈判桌上还是接待当事人的过程中，都需要学会倾听，要让对方充分地陈述，不要随意打断当事人的表述。在倾听时要根据当时的情况以"嗯""好""是的""确实"等作为回应，以表示你在认真倾听，或者表示你明白对方的意思，或者表示你鼓励对方继续说下去。

（3）要会询问。询问的时候要循序渐进，要询问与主题相关的事实，如对案件解决具有法律意义但当事人又没有提及的事实。询问的措辞要委婉、柔和，切不可伤害对方的自尊和感情。当沟通出现下列情况时，需要警觉并调整谈话策略：出现辩论或争吵的迹象；离题太远；对方已出现厌倦、精神不集中的迹象等。

（4）注意肢体语言。实际上，大部分沟通都离不开肢体语言，如竖大拇指、挥舞拳头等。不同的身体姿势向外传递不同的信息，一旦不注意，容易向外传递并非本意的信息，产生误解。比如坐着与人沟通时，不能跷二郎腿；演讲时，不能整个背和屁股对着观众等。

（5）对对方的观点、立场、遭遇等要善于表示同情和理解，但这并不是要求完全放弃自己的立场，转而对对方言听计从，仅是让对方感觉到你能站在他的立场上考虑问题、分析问题。

（6）如果接受了当事人的委托处理其法律事务，要及时向当事人通报办理过程，让当事人知晓法律事务是如何一步步办理的，要让当事人切实感到你的尽心尽力，而不是到最后仅告诉当事人一个结果。

7. 高效的阅读能力

在处理法律事务的过程中，经常会遇到需要大量阅读法律资料的时候，如刑事诉讼中公诉方提供的卷宗可能有几十卷甚至上百卷，一个复杂的民事纠纷可能涉及的法律关系有多个，每个法律关系涉及的书证有几十页乃至上百页。此时不管是检察官、律师、还是法官都可能需要进行大量的阅读，因此大容量阅读是法律工作者的家常便饭。高效的阅读能力具体是指：

(1) 阅读速度快。阅读量很大，若速度太慢，阅读的时间就会多。但有时时间有限，不允许慢慢读。

(2) 阅读质量高，即能够迅速地、精准地掌握法律文件中的核心内容，理顺各主体之间的法律关系，明确各自的权利义务。如果仅有速度，阅读完后并不能把握其中的要点是什么，则毫无意义。要做到高效的阅读，需要一边阅读，一边记录，同时用各种图表归纳、总结其中的各种法律关系。

8. 精准的专业检索能力

现代社会是一个拥有海量信息的社会，每天都有无数的信息上传到互联网上。就法律而言，有宪法、法律、行政法规、地方法规、各种司法解释、部门规章、技术标准，再加上每年形成的大量法律文书、学术性论文、专著等，该领域的信息量无法估量。为了能从海量的信息中找到需要的信息，便有了很多的检索工具，如百度网站等。但互联网上的公共信息一方面可能不全面，另一方面可能良莠不齐，对于法律工作者而言，通过百度来搜索相关法律信息不是上策。为了满足法律行业的需要，不断有专业的法律数据库被开发出来，如最高人民法院开发的专门发布人民法院裁判文书的"裁判文书网"；非官方开发的案例数据库有"openlaw"、威科先行等；查询法律法规的数据库如"法律图书馆"；既能查询法律法规、又能查询案例的"北大法宝"；查询论文的如"中国知网""国家哲学社会科学文献中心"等。作为一个法学专业的学生，必须了解本领域常用的数据库以及各数据库的主要内容、优缺点、检索方式等。尤其是要掌握如何从手边的案件出发，快速准确地检索到相关法律法规、学术观点、已有判决、指导性案例等内容，为自己处理案件提供依据和参考。

9. 现代化的办公能力

在互联网时代，办公技术进步飞速，一日千里。法律工作者也要跟上时代的步伐，会利用各种现代化的办公设备进行办公，如常用的 Word、Excel、腾讯会议、电子邮件、QQ、微信、钉钉等办公软件，以网上立案、阅卷、开庭等。

第6章

司法制度与法律职业

司法制度是一国政治体制的重要组成部分,国家在对司法权的配置中形成了以司法机关为核心的各有关机关之间的职能划分、组织体系及相互关系,这种有机联系的整体,就是我们通常所称的司法制度。一国的司法制度是与国家的根本政治制度、基本政治制度和经济社会发展水平相适应的,每个国家有每个国家的特色和优势。中国的司法制度包括侦查制度、检察制度、审判制度、监狱制度、司法行政管理制度、人民调解制度、律师制度、公证制度等。司法制度是国家司法主权的具体体现,也是法律职业赖以存在的母体。在这些司法制度框架下,为实施法律,为实现法律的公平、正义的职业就是法律职业。法律职业是一个古老的职业,也是任何一种社会制度下都不可或缺的职业。法律职业是公平和正义的事业,是一个荣耀的职业。

6.1 司法制度

6.1.1 司法制度概述

"司法"一词在不同的语境下有不同的含义,在中国的政权体系中,司法是一个混沌的概念,是在中国革命和建设过程中形成的一个约定俗成的概念,它既不同于学理上广义的司法,也不同于狭义的司法,它包含公安、检察、法院、司法行政四个机关实施的法律行为。这可以理解为中国人民民主专政体系下的司法。而在学理上,司法有广义与狭义之分,广义的司法指拥有司法权的国家机关依照法定职权和程序,运用法律处理案件的专门活动。而狭义的司法,特指法院的审判活动。"司法制度"一词中的司法,使用的是学理上广义的司法概念。所谓司法制度,就是一国关于司法权的配置,司法机关的组织形式、机构设置、司法程序等法律规范和体制安排。司法制度包括司法制度法律渊源、司法基本制度、司法行政制度。

6.1.1.1 司法制度法律渊源

司法制度的法律渊源是规定司法制度及司法机关的组织、司法权的设置、司法程序等的法律规范。其包括宪法和宪法性文件中有关司法制度的规定;司法机关组织法,包括法院组织法、检察院组织法等;综合性的司法行业性法律,包括警察法、律师法、公证法、监狱法、看守所法等;诉讼法和适用法律制度的程序法,主要包括刑事诉讼法、民事诉讼法、行政诉讼法、行政程序法、调解法等；有关司法制度和司法程序的立法和司法解释；国际条约和国际公约中有关司法制度的条款，如司法协助条款。在中国除了以上法律渊源以外，还包括党中央和政法工作机构关于司法制度和程序的政策和文件。

6.1.1.2 司法基本制度

司法基本制度包括侦查制度，即有关立案、侦查、强制措施等的制度规定；检察制度，即检察机关自侦、公诉、检察监督等的制度规定；审判制度，即关于法院的审判职权和程序、审判管辖与审级制度等的制度规定。

6.1.1.3 司法行政制度

司法行政制度包括司法执行制度，即对已经发生法律效力的法律文书的执行制度；律师制度，即有关律师的性质、任务、权利和义务以及律师活动原则、组织机构、管理体制、法律责任、业务范围等制度规范；仲裁制度，即有关民商事、劳动仲裁的组织、管辖、程序等的制度规范；公证制度，即有关公证的性质、业务范围、效力、程序及相关管理制度；调解制度，即有关调解的组织、程序、效力等制度规范。

"法律的生命在于实施"，所有的法律都只有在司法适用中才能发挥它的价值。一国的司法制度，既是司法主权的体现，也是有关司法权力的基本政治制度，更是法律适用的基本程序规范。各国的历史传统与法律体系不同，司法制度的具体规定也各有不同，但是最基本的司法要素都是一致的，只不过在组织形式、程序规定等具体规定上有所不同。

6.1.2 中国的司法制度

6.1.2.1 中国的司法机关及有关的行业管理机构

1. 公安机关

公安机关是我国人民民主专政政权中具有武装性质的治安行政和刑事执法机关。治安行政和刑事执法是公安机关的两大核心任务，在行政执法活动中维护社会治安秩序，在刑事诉讼中实施刑事侦查、执行等刑事执法活动。公安机关是人民民主专政的重要工具，人民警察是武装性质的国家治安行政力量和刑事司法力量，承担依法预防、制止和惩治违法犯罪活动，保护人民，服务经济社会发展，维护国家安全，维护社会治安秩序的职责。公安机关与人民法院、人民检察院共同组成了我国最基本的司法专门机关，但是公安机关的性质和地位与人民法院和人民检察院有所不同。根据《中华人民共和国宪法》规定，各级人民法院和人民检察院由同级人民代表大会产生并对其（及人大常委会）负责和报告工作，行使的是审判权和检察权；而公安机关是各级人民政府的组成部门，属于典型的行政机关。

公安机关设置在各级人民政府之中，中央人民政府即国务院下设公安部，是全国公安机关的领导机关，负责领导和指挥全国的公安工作，并根据协议与国际刑警组织和国外、境外有关机构的互相协助，打击跨国、跨境犯罪活动。省、自治区、直辖市人民政府设公安厅（局）；地区、省或者自治区辖市、自治州、盟人民政府设公安处（局）；县、自治县、县级市、旗人民政府设公安局，市辖区人民政府设公安分局。设区的市公安局根据工作需要设置公安分局。市、县、自治县公安局根据工作需要设置公安派出所。公安派出所是基层公安机关的派出机构，履行基层公安机关的部分职权，其参与侦破刑事案件，收集的证据可以作为诉讼证据使用。

公安机关的上下级之间是领导与被领导的关系，上级公安机关可以直接领导和指挥下级公安机关的案件侦查工作，也可以调动下级机关参与上级公安机关侦查的案件。不同地区和系统的公安机关，实行互相配合，协同办案的原则。

2. 检察机关

《中华人民共和国宪法》和《中华人民共和国人民检察院组织法》规定，人民检察院是国家的法律监督机关，人民检察院通过行使检察权追诉犯罪，维护国家安全和社会秩序，维护个人和组织的合法权益，维护国家利益和社会公共利益，保障法律正确实施，维护社会公平正义，维护国家法制统一、尊严和权威，保障中国特色社会主义建设的顺利进行。关于检察权的性质，在我国尚存在较大争议，有司法权和行政权以及独立于司法权和行政权的检察权之说。从法律规定上来看，检察权的权能主要包括依照法律规定对有关刑事案件行使侦查权；对刑事案件进行审查、批准或者决定是否逮捕犯罪嫌疑人；对刑事案件进行审查，决定是否提起公诉，对决定提起公诉的案件支持公诉；依照法律规定提起公益诉讼；对诉讼活动实行法律监督；对判决、裁定等生效法律文书的执行工作实行法律监督；对监狱、看守所的执法活动实行法律监督。

根据《中华人民共和国人民检察院组织法》的规定，人民检察院的组织体系包括最高人民检察院、地方各级人民检察院和专门检察院。最高人民检察院是国家最高检察机关，是全国检察院的领导机关。依据《中华人民共和国宪法》规定，最高人民检察院由全国人民代表大会产生，对全国人民代表大会及其常务委员会负责并报告工作。最高人民检察院的主要任务是领导地方各级人民检察院和专门检察院依法履行法律监督职能，保证国家法律的统一和正确实施。最高人民检察院通过向全国人民代表大会及其常务委员会提出议案、制定司法解释、领导和监督地方各级人民检察院和专门检察院、确定检察工作方针、部署检察工作任务、依法对刑事诉讼的各个环节进行监督、受理公民控告、申诉和检举、依法立案侦查贪污贿赂等职务犯罪等工作，实现法律赋予的任务。

地方各级人民检察院包括省、自治区、直辖市人民检察院；省、自治区、直辖市人民检察院分院，自治州、省辖市人民检察院；县、自治县、市和市辖区人民检察院。省级人民检察院和设区的市级人民检察院根据检察工作需要，经最高人民检察院和省级有关部门同意，并提请本级人民代表大会常务委员会批准，可以在辖区内特定区域设立人民检察院，作为派出机构。人民检察院根据检察工作需要，可以在监狱、看守所等场所设立检察室，行使派出它的人民检察院的部分职权，也可以对上述场所进行巡回检察。

专门检察院是在最高人民检察院领导下，在特定的组织系统或行业内设立的检察机关，包括军事检察院和铁路运输检察院。

军事检察院设置有三个层级，中国人民解放军军事检察院是军队内部最高等级的检察机关，行使与地方省一级人民检察院相当的职权；大军区（军兵种）一级单位设置相当于地方市级人民检察院的军事检察院；军级（省军区）单位设置相当于地方基层人民检察院的军事检察院。

铁路运输检察院是原属于铁道部管理的专门检察机关，在中央统一部署下，2009—2012年，铁路检察院管理体制进行了重大改革，至2012年7月，全国17个铁路运输检察分院、59个基层铁路运输检察院全部分别移交所在省区市人民检察院。目前，铁路检察院分为铁路检察分院和基层铁路检察院两级，两级铁路检察院均为所在地省级检察院派出机构，由所在省级检察院直接管理。铁路检察分院领导设置在本省（区、市）区域内的基层铁路检察院，同时领导属于本铁路局域范围但设置在外省（区、市）区域内的基层铁路检察院的业务工作。

人民检察院上下级之间是领导关系。最高人民检察院领导地方各级人民检察院和专门检察院的工作，上级人民检察院领导下级人民检察院的工作。同时，各级人民检察院分别对同级人民代表大会及其常务委员会负责并报告工作。最高人民检察院检察长由全国人民代表大会选举和罢免；地方各级人民检察院，即省、市、县人民检察院检察长，分别由相应的人民代表大会选举和罢免，但须报上一级人民检察院检察长提请该级人大常委会批准；省级人民检察院分院（包括铁路检察分院）和派出检察院检察长（包括基层铁路检察院），由其主管检察院检察长提请本级人大常委会任免；军事检察院检察长的任免适用特别程序，中国人民解放军军事检察院的检察长，由最高人民检察院检察长提请全国人大常委会任免，大军区以下的各级军事检察院检察长，经上级军事检察院检察长同意，按军队干部任免权限和程序任免。

各级人民检察院设立检察委员会。检察委员会履行的职能有：总结检察工作经验；讨论决定重大、疑难、复杂案件；讨论决定其他有关检察工作的重大问题。最高人民检察院对属于检察工作中具体应用法律的问题进行解释、发布指导性案例，应当由检察委员会讨论通过。

3. 人民法院

根据《中华人民共和国宪法》和《中华人民共和国人民法院组织法》的规定，人民法院是国家的审判机关，代表国家独立行使审判权。人民法院通过审判刑事案件、民事案件、行政案件以及法律规定的其他案件，惩罚犯罪，保障无罪的人不受刑事追究，解决民事、行政纠纷，保护个人和组织的合法权益，监督行政机关依法行使职权，维护国家安全和社会秩序，维护社会公平正义，维护国家法制统一、尊严和权威，保障中国特色社会主义建设的顺利进行。人民法院依照法律规定独立行使审判权，不受行政机关、社会团体和个人的干涉。

中国的人民法院由最高人民法院、地方各级人民法院和专门法院三部分构成。

最高人民法院对全国人民代表大会及其常务委员会负责并报告工作。地方各级人民法院对本级人民代表大会及其常务委员会负责并报告工作。

最高人民法院是国家的最高审判机关。最高人民法院的主要职能是制定和落实公共政策、统一司法适用，因此它的主要工作并不是审判（虽然它也有很少的审判任务），而是通过制定司法解释、发布案例指导和具体案件的审判等工作来实现对地方各级人民法院和专门法院的审判工作进行监督和指导，对审判中的法律适用做出明确解释。

地方各级人民法院包括高级人民法院、中级人民法院和基层人民法院。高级人民法院包括省、自治区、直辖市高级人民法院；中级人民法院包括在省、自治区内按地区（盟）设立的中级人民法院，在直辖市内设立的中级人民法院，省、自治区辖市的中级人民法院，以及自治州中级人民法院；基层人民法院包括县（旗）人民法院，自治县人民法院，

（县级）市人民法院和市辖区人民法院。

专门法院是在上述普通法院之外设立的专门性法院。中国目前设立的专门法院包括军事法院和海事法院、知识产权法院、金融法院等。军事法院设置有三级，中国人民解放军军事法院是军队内部最高等级的审判机关，行使与地方高级人民法院相当的审判权，对它的判决、裁定不服的上诉和抗诉应当向最高人民法院提起；大军区（军兵种）级单位设置相当于地方中级人民法院的军事法院；军级（省军区）单位设置相当于地方基层人民法院的军事法院。

与铁路运输检察院一样，目前铁路运输法院的体制改革已经完成，全国铁路运输法院已经全部由铁道部移交地方。铁路运输法院有两个审级，在铁路局所在地设置铁路运输中级法院（简称铁中院），对它的判决、裁定不服的上诉和抗诉应当向所在地高级人民法院提起；在铁路分局所在地设立基层铁路运输法院，对它的判决、裁定不服的上诉和抗诉应当向相应的铁路运输中级法院提起。

人民法院上下级之间是监督关系，而不是领导关系。最高人民法院监督地方各级人民法院和专门法院的审判工作，上级人民法院监督下级人民法院的审判工作。人民法院的监督关系具体表现在以下方面：第一，通过二审程序审查下级人民法院未发生法律效力的一审裁判，如有错误则按法定程序予以纠正；第二，通过审判监督程序纠正下级人民法院已经发生法律效力的确有错误的裁判；第三，最高人民法院和高级人民法院通过死刑复核程序对下级人民法院的死刑案件实行监督；第四，最高人民法院通过依法解释法律等方法，指导、监督各级人民法院的审判工作；第五，通过检查工作、总结经验，发现问题，对下级人民法院的审判工作实施监督和指导。下级法院相互之间，也存在一定的配合协助关系，如代为委托调查，代为送达法律文书等。

各级人民法院设立审判委员会，实行民主集中制。各级人民法院设审判委员会。审判委员会由院长、副院长和若干资深法官组成，成员应当为单数。审判委员会履行下列职能：总结审判工作经验；讨论决定重大、疑难、复杂案件的法律适用；讨论决定本院已经发生法律效力的判决、裁定、调解书是否应当再审；讨论决定其他有关审判工作的重大问题。最高人民法院对属于审判工作中具体应用法律的问题进行解释，应当由审判委员会全体会议讨论通过；发布指导性案例，可以由审判委员会专业委员会会议讨论通过。

4. 司法行政机关

司法行政机关是中国国家政权体系的重要组成部分，是国家行政体系的组成。从学理上讲，司法行政机关是典型的行政机关，并不能归类于司法机关。但在我国话语体系内，司法行政机关也通常被称为"司法机关"，并且它所负责管理的事务中也确实有一些与司法相关的业务。中国的司法行政机关主要承担监狱管理；社区矫正；行政戒毒场所管理；指导、监督律师，法律援助，司法鉴定，公证，仲裁和基层法律服务管理工作。在中央设置司法部，省、自治区、直辖市人民政府设置省级司法厅局，县级以上人民政府设置司法局，乡镇、街道设置司法所作为基层司法行政服务机构。

根据党的十九届三中全会审议通过的《中共中央关于深化党和国家机构改革的决定》《深化党和国家机构改革方案》和第十三届全国人民代表大会第一次会议批准的《国务院机构改革方案》，为贯彻落实全面依法治国基本方略，统筹行政立法、行政执法、法律事务管理和普法宣传,推动政府工作纳入法治轨道,《国务院机构改革方案》提出,将司法部和国务院法制办公室的职责整合,重新组建司法部,作为国务院组成部门。其主要职责是,负责有关法律和行政法规草案起草,负责立法协调和备案审查、解释,综合协调行政执法,指导行政复议应诉,负责普法宣传,负责监狱、戒毒、社区矫正管理,负责律师公证和司法鉴定仲裁管理,承担国家司法协助等。

5. 监狱与看守所

监狱是国家的刑罚执行机关。在我国,监狱的管理工作由省级以上司法行政机关负责,司法部、省级以上司法行政部门分别设置监狱管理局。依照刑法和刑事诉讼法的规定,被判处死刑缓期二年执行、无期徒刑、有期徒刑的罪犯,在监狱内执行刑罚。监狱对罪犯实行惩罚和改造相结合、教育和劳动相结合的原则,将罪犯改造成为守法公民。

看守所是国家的刑事羁押机关,由县级以上公安机关管理。依法被刑事拘留、逮捕的犯罪嫌疑人、被告人,应当在看守所内羁押。依法被最高人民法院核准死刑立即执行的罪犯,在执行前应当在看守所内羁押。对被判处有期徒刑,在交付执行前剩余刑期在三个月以下的罪犯由看守所代为执行刑罚,对被判处拘役的罪犯在看守所内执行刑罚。看守所的任务是对被羁押的犯罪嫌疑人、被告人实行警戒看守,管理教育;保障侦查机关、检察机关、审判机关、辩护人等诉讼参与人依法进行诉讼活动;保障犯罪嫌疑人、被告人的诉讼权利和其他合法权益;将罪犯交付执行刑罚;对依法由看守所执行刑罚的罪犯执行刑罚。看守所由县级以上人民政府根据需要设置。设区的市级人民政府可以根据羁押数量、分押分管的需要,设置若干个看守所。看守所的设置或者撤销,由县级以上人民政府公安机关提出意见,经同级人民政府审核,报省级人民政府批准,报公安部备案。

6. 律师事务所与律师协会

律师事务所是律师的执业机构,律师必须在律师事务所执业。律师不能单独以律师的名义与委托人签订法律服务协议,所有服务协议均以律师事务所为主体对外签订,律师事务所指派某位律师承担该项工作。这是因为律师的法律服务工作涉及服务对象的个人隐私、商业秘密、个人或者经济主体的重大事项,如错误或者过失履职会给委托人造成巨大的损失或伤害。以律师事务所为主体签订协议,既是对律师执业行为的约束和监管,也是对委托人权益的保障。

在我国,设立律师事务所应当具备下列条件:有自己的名称、住所和章程;有符合律师法规定的律师;设立人应当是具有一定的执业经历,且3年内未受过停止执业处罚的律师;有符合国务院司法行政部门规定数额的资产。在我国,律师事务所分为合伙律师事务所和个人律师事务所,我国不允许设立公司制律师事务所。设立合伙律师事务所,应当有3名以上合伙人,设立人应当是具有3年以上执业经历的律师。合伙律师事务所可以采用普通合伙或者特殊的普通合伙形式设立。合伙律师事务所的合伙人按照合伙形式对该律师事务所的债务依法承担责任。设立个人律师事务所,除应当符合《中华人民共和国律师法》第十四条规定的条件外,设立人还应当是具有5年以上执业经历的律师。设立人对律师事务所的债务承担无限责任。律师事务所在组织上受司法行政机关和律师协会的监督和管理。

律师协会是依法设立的社会团体法人,是律师的自律性组织,依法对律师实施行业管理。全国设立中华全国律师协会，省、自治区、直辖市设立省、自治区、直辖市律师协会，设区的市、自治州（盟）根据需要可以设立市（州、盟）律师协会。省、自治区、直辖市律师协会根据需要可以设立分会。律师协会的宗旨是：团结和教育会员维护宪法和法律的尊严，忠实于律师事业，恪守律师职业道德和执业纪律；维护会员的合法权益；提高会员的执业素质；加强行业自律，促进律师事业的健康发展，为依法治国，建设社会主义法治国家，促进社会的文明和进步而奋斗。律师协会接受司法行政部门的监督、指导。下一级律师协会接受上一级律师协会的指导。依照《中华人民共和国律师法》规定取得律师执业证书的律师，为律师协会的个人会员。律师事务所为律师协会的团体会员。下一级律师协会为上一级律师协会的团体会员。律师协会履行下列职责：支持会员依法执业，维护会员的合法权益；制定并监督实施律师执业规范；负责律师职业道德和执业纪律的教育、检查和监督；总结、交流律师工作经验，提高会员的执业水准；组织律师业务培训；处理对会员的投诉；制定并监督实施会员奖惩办法；组织会员开展对外交流；调处会员在执业活动中发生的纠纷；参与立法活动，向有关部门提出法制建设及律师制度建设的建议；宣传律师工作，出版律师刊物；举办律师福利事业；组织与实施全国律师资格考试的具体工作；法律规定的其他职责；司法行政部门及上级律师协会委托行使的其他职责。

7. 法律服务所

由于历史原因，新中国的法律服务工作起步较晚，律师在很长一段时间数量严重不足。尤其是改革开放后，各种经济主体的市场交易行为日益频繁，大量经济纠纷较之改革开放前呈现爆炸性增长，人们对法律服务的需求随即以几何倍数上升，刚刚起步的律师行业规模远远不能满足社会的需求，这种情况在广大农村地区尤其严重。20世纪80年代初期，在广东、福建、辽宁等地出现了基层法律服务所，主要面向广大农民群众，开展调解生产经营性纠纷，并从事代书、解答法律咨询等简单的法律服务工作。后经司法部、中央书记处以会议和文件等形式再三肯定和推广后，法律服务所在全国迅速发展起来，并普及到大中城市的街道和厂矿企业。1987年5月，司法部在北京召开第一次全国乡镇法律服务工作会议，会议讨论并通过了《关于乡镇法律服务所的暂行规定》。按照这一规定，乡镇法律服务所是由乡镇政府根据本地区经济和社会发展的需要，并经县（市、区）司法局批准而建立；行政上隶属乡镇政府领导，业务上接受上级司法行政机关的监督和指导；人员构成一般是由乡镇司法助理员兼任主任，其他人员也需经乡镇政府和县（市、区）司法局考核后聘用；业务范围主要是立足本乡、本镇开展法律服务工作，并协助司法助理员指导人民调解工作，开展法制宣传工作；业务培训由县（市、区）司法局负责，纳入培训工作计划，工资和经费不能自行解决的，由乡镇统收统支或全额管理差额补贴。

关于基层法律服务所的性质，1991年2月中共中央、国务院在《关于加强社会治安综合治理的决定》中明确表述："公安派出所、人民法庭、法律服务所都是政法部门的基层组织，要加强建设。"司法部于1991年3月在给新疆维吾尔自治区司法厅的批复中指出，"乡镇法律服务所不属于社会法律咨询服务机构"，"乡镇法律服务所是为适应基层经济建设和民主法制建设需要而建立的基层法律服务机构，其主要任务是为基层人民政府、企事业单位和广大人民群众提供法律服务，以维护国家法律的正确实施，维护公民、法人的合法权益，不是营业性的法律咨询服务机构，而属于政法部门的基层组织。"2000年3

月，司法部颁发《基层法律服务所管理办法》和《基层法律服务工作者管理办法》，规定"基层法律服务所按照事业法人体制进行管理和运作"，与乡镇政府司法所"政事合一"；同年8月，《关于经济鉴证类社会中介机构与政府部门实行脱钩改制意见的通知》（国办发〔2000〕51号）和《关于律师事务所、社会法律咨询服务机构脱钩改制有关问题答复意见的函》（清办函〔2000〕9号）文件指出，法律服务所"不再属于行政挂靠机构或事业单位，实行自主择业、自收自支、自我管理、自我发展的自律性运行机制，成为符合法律中介服务行业规则的合伙制执业组织形式"。随即，全国基层法律服务所开始与基层司法所脱钩改制，服务所数量和从业人员、法律事务数量也开始急剧下降。

关于基层法律服务所的业务范围，司法部先后颁布的《关于乡镇法律服务所的暂行规定》《乡镇法律服务所业务工作细则》等规范，确认了基层法律服务所近似于律师的广泛业务范围。司法部统一颁发《乡镇法律工作者证》，作为法律服务工作者的资格认证或执业证书（但审查权实际交给了县级司法局）。国务院物价部门下发的《关于印发第二批〈国务院有关部门行政事业性收费管理目录〉的通知》中，将基层法律服务所业务收费列为准予收费的项目。2000年脱钩改制后，各省、自治区、直辖市普遍规定，基层法律服务收费属于中介服务收费，依法取得资质证书的基层法律服务机构应当遵循公开公平、自愿有偿、诚实信用的原则，提供质价相符的服务，并按相应标准收取费用。在担任公民请求支付劳动报酬、工伤赔偿，请求给付赡养费、抚养费、扶养费，请求发给抚恤金、救济金，请求给予社会保险待遇或最低生活保障待遇的民事诉讼、行政诉讼的代理人，以及担任涉及安全事故、环境污染、征地拆迁赔偿（补偿）等公共利益的群体性诉讼案件的代理人；担任公民请求国家赔偿案件的代理人等业务中实行政府指导价。其他基层法律服务收费实行市场调节价，具体收费标准由基层法律服务所与委托人协商确定。

6.1.2.2 中国的基本司法程序制度

程序制度是有关司法以及行政机关适用法律的程序规定及相关制度，这些程序有的有专门的程序法（如三大诉讼法），有的规定在实体与程序合一的法律中（如行政处罚法）。这些程序在具体部门法的学习中会有详尽介绍，本书只对中国基本的司法程序、行政执法程序做简单概述。

1. 侦查制度

侦查是指国家公安机关、人民检察院在办理案件过程中，依照法律规定进行的专门调查工作和有关的强制性措施。侦查的主要目的是查获犯罪嫌疑人并在必要时采取强制措施，同时收集案件证据。在我国，侦查必须由法律授权的专门机关严格遵循法定程序进行，其他任何机关、组织和个人都无权实施。侦查终结后，如需要追究刑事责任，案件将会移送人民检察院审查起诉。有关侦查制度的规范主要规定在《中华人民共和国刑事诉讼法》中。

2. 检察制度

检察是以公诉和法律监督为核心权能的制度，检察机关是实施检察权的主体。人民检察院对公安机关移送审查起诉的案件进行实体上和程序上的审查，认为犯罪事实清楚、证据确实充分的案件，向人民法院提起公诉。在刑事案件的审理中，人民检察院需要派员出庭支持公诉，即作为刑事诉讼控诉方在法庭上进行举证、质证、辩论等活动。除公诉以外，人民检察院还担负有法律监督的职能,该项职能主要是通过审查批准逮捕、审查起诉、二审抗诉、再审抗诉提起审判监督程序、执行监督等方式实施。此外,人民检察院还担负有代表国家、集体、公众利益提起公益诉讼的职能。检察制度主要规定在《中华人民共和国刑事诉讼法》《中华人民共和国人民检察院组织法》等法律中,《中华人民共和国民事诉讼法》《中华人民共和国行政诉讼法》中也有相关规定。

3. 审判制度

审判制度是一国司法主权的最重要体现,审判是社会纠纷解决的最后途径,也是公正的守护者。审判制度是人民法院行使司法裁判权的制度,包括刑事审判、民商事审判、行政审判三大最主要的审判制度。刑事审判是决定被告人是否需要承担刑事责任以及承担什么样刑事责任的活动;民商事审判是解决平等主体之间的民事、商事纠纷的活动;行政审判是对行使国家行政的机关和组织及其工作人员实施具体行政行为时,是否侵犯了公民、法人或其他组织的合法权益进行裁判的活动。审判制度主要规定在《中华人民共和国刑事诉讼法》《中华人民共和国民事诉讼法》《中华人民共和国行政诉讼法》以及《中华人民共和国人民法院组织法》中。

4. 执行制度

执行制度是对审判以及其他准司法裁判活动确定并且生效的裁决文书进行执行的制度。通常所理解的执行制度仅指强制执行制度,当事人自愿履行裁判文书的行为并不在执行制度的范畴内。人民法院的生效判决书、调解书,商事仲裁、劳动仲裁的裁决书,有强制执行效力的公证文书,行政处罚、行政强制等决定书,都可以依法强制执行。执行的主体主要是人民法院,但也包括监狱、看守所、公安机关、社区矫正机构等机关。执行制度主要规定在三大诉讼法中,《中华人民共和国行政处罚法》《中华人民共和国监狱法》《中华人民共和国社区矫正法》《中华人民共和国看守所条例》等法律法规中也有规定。

5. 行政程序制度

行政程序制度是规定行政主体实施行政行为的方式、过程、步骤、时限,调整行政主体与行政相对人在行政管理过程中发生的关系的制度。行政程序是行政机关(含授权行使行政职能的组织)在做出对公民、法人或其他组织的权利、义务产生影响的行为时所必须遵循的程序,包括行政命令、行政征收、行政许可、行政确认、行政监督检查、行政处罚、行政强制、行政给付、行政奖励、行政裁决、行政赔偿等。由于行政程序种类众多,我国并无统一的行政程序法,有关行政程序的制度规定在《中华人民共和国行政处罚法》《中华人民共和国行政许可法》《中华人民共和国行政强制法》《中华人民共和国行政复议法》《中华人民共和国国家赔偿法》等系统性法律法规,以及各行业管理的法律、法规中。

6. 调解制度

调解制度是指调解组织或其他具有调解职能的组织作为第三人,根据法律规定和社会公德,以说服教育的方式,协助当事人自愿达成协议,从而解决民商事纠纷和轻微刑事案件的一种非诉讼法律制度。我国的调解制度,已经形成了一个富有中国特色的体系,包括主要人民调解、司法调解、行政调解和仲裁调解四种形式。调解是中国土壤上生发出的非讼纠纷解决途径,《中共中央关于构建社会主义和谐社会若干重大问题的决定》(2006年中共十六届六中全会通过)中指出要"完善矛盾纠纷排查调处工作制度,建立党和政府主导的维护群众权益机制，实现人民调解、行政调解、司法调解有机结合，把矛盾化解在基层、解决在萌芽状态"。有关调解的制度主要在《中华人民共和国人民调解法》《中华人民共和国民事诉讼法》《中华人民共和国仲裁法》《中华人民共和国行政处罚法》等法律法规中进行规定。

7. 仲裁制度

仲裁制度是依据当事人的申请，由第三方在事实基础上，根据法律和仲裁规则做出裁决的一种法律制度。仲裁是一种准司法行为，较之诉讼、调解等纠纷解决途径，具有自愿性、灵活性、专业性、独立性、保密性、快捷性、国际性等优点。根据仲裁机构及解决纠纷类型的不同，仲裁可以分为劳动争议仲裁和民商事仲裁两大类。劳动争议仲裁是劳动争议诉讼的前置程序，发生劳动争议必须先仲裁，如对仲裁裁决不服的可以向人民法院提起诉讼。劳动争议仲裁制度主要规定在《中华人民共和国劳动争议调解仲裁法》中。民商事仲裁由民商事争议的双方当事人达成协议，自愿将争议提交选定的第三者，由其根据一定程序规则和公正原则做出裁决，由哪个仲裁机构进行仲裁完全尊重当事人双方的约定。民商事仲裁制度主要规定在《中华人民共和国仲裁法》中。

8. 公证制度

公证是公证主体根据自然人、法人或者其他组织的申请，依照法定程序对民事法律行为、有法律意义的事实和文书的真实性、合法性予以证明的活动。从世界范围来看，有关公证主体的确定有机构本位、公证人本位两种立法模式。其中，前者是指公证书的公证力由公证机构予以保障，公证人在机构中执业，公证机构承担第一责任；后者是指公证书的公证力由公证人予以保障，公证人独立执业并承担第一责任。中国的公证制度采取的是前者，即公证的主体是公证机构。有关公证的制度规定在《中华人民共和国公证法》中。

9. 律师制度

律师制度是规定关于律师性质、任务、权利和义务以及律师活动准则、组织机构、管理体制、法律责任、业务范围等的制度。律师应当维护当事人合法权益，维护法律正确实施，维护社会公平和正义。律师执业必须遵守宪法和法律，恪守律师职业道德和执业纪律。律师执业必须以事实为根据，以法律为准绳。律师执业应当接受国家、社会和当事人的监督。律师依法执业受法律保护，任何组织和个人不得侵害律师的合法权益。

律师可以从事下列业务：接受自然人、法人或者其他组织的委托，担任法律顾问；接受民事案件、行政案件当事人的委托，担任代理人，参加诉讼；接受刑事案件犯罪嫌疑人、被告人的委托或者依法接受法律援助机构的指派，担任辩护人；接受自诉案件自诉人、公诉案件被害人或者其近亲属的委托，担任代理人，参加诉讼；接受委托，代理各类诉讼案件的申诉；接受委托，参加调解、仲裁活动；接受委托，提供非诉讼法律服务；解答有关法律的询问、代写诉讼文书和有关法律事务的其他文书。

我国的律师制度主要规定在《中华人民共和国律师法》以及三大诉讼法中。

10. 国家赔偿制度

国家赔偿制度是对在国家机关和国家机关工作人员行使职权的活动中，有法定地侵犯公民、法人和其他组织合法权益的情形，造成损害的，依法给予国家赔偿的制度。国家赔偿包括行政赔偿和刑事赔偿，前者是对行政机关及其工作人员在行使行政职权时有法定侵权行为时进行的赔偿；后者是对行使侦查、检察、审判职权的机关以及看守所、监狱管理机关及其工作人员在行使职权时有法定侵犯人身权情形时进行的赔偿。国家赔偿制度主要规定在《中华人民共和国国家赔偿法》中。

6.2　法律职业

6.2.1　中国法律职业发展简况

职业化是社会分工的结果，越是走进现代，社会的职业化分工越细。法律职业化就是法律职业从混沌的社会分工中分化出来，走向专业化、职业化、具体化、类型化的过程。人类历史的早期不存在法律职业，那时人类的主要活动还是为生存而奔波。但自从私有化产生，有了国家以后，法律职业就应需求而产生了。在人类的职业化分工过程中，法律职业的出现比较早，本书前面对此已有介绍，法学专业学生在学习《西方法制思想史》《中国法制史》等课程的时候也会学习到。总体而言，人类法律职业的发展与其他职业一样，也是一个逐步细分的过程。

与我国中央集权制传统相适应，中国法律职业的专业化和专门化出现很晚，在非常长的历史时期里（至少到明清之前），现代意义上的大部分法律职业在我国并没有形成。行政官吏兼任司法官员的情况几乎贯穿我国整个古代史，检察官、法官、律师的出现也是在清末司法改革中才出现的。在这之前，并没有控审分离、司法独立等思想和制度安排，也就没有按照这些理念设计的专门法律职业。

但是需要明确的是，中国古代历史不存在现代的法律职业并不意味着落后，不同的法律体系是与各国不同的历史传统、经济社会状况相适应的。

6.2.2　法官

6.2.2.1　西方的法官

根据《牛津法律大词典》，法官是"对其职责是裁决纠纷和其他提交给法院决定的事情的人的总称。法官……总是那些在法律和司法上精通业务、富有经验的人"。按《布莱克法律词典》对法官的解释：法官是"经任命或选举而在法院审理和裁决法律事务的公共官员"。法官的工作与正义有关，其英文名称 judge 或 justice 本身就有裁判或者正义的意思，法官工作的地方法庭 court，直译就是院子，是裁判或者实现正义的地方。西方法庭里的标志就是正义女神像，她蒙着眼，手持天平和长剑，意味着在她面前看不到人们是穷是富，是权贵还是平民，只凭借人们的陈述来判断，来惩恶扬善。目前，人们并不知道法官这个职业究竟是什么时候产生的，是怎样产生的。但至少在公元前 4000 年，两河流域城邦时期，就已经出现了裁判和法官的原型。"最初祭司坐在那里主持正义，聆听诉讼人的申诉，调解他们的争执"。但这只是出现了裁判的职能，并没有出现法官这一个专司裁判的职业。在古希腊、日耳曼早期的城邦、部落时期，也并没有出现专门解决诉讼的法院和法官。人们的争议和纠纷除了通过习俗、血亲复仇等方式解决以外，或者依靠部落的首领主持在某种集会上解决；或者在某些城邦由公民直接行使审判权（在古希腊，由公民大会开会临时选举或者抽签决定法庭组成人员。苏格拉底就是被民众法庭判处死刑的。在雅典，享有初审权的500人的议事会成员是抽签产生的。陪审法庭是希腊的最高审判机构，它的成员也是抽签产生的，直接来自民众）。现在学者们推测，法官即是这样慢慢从部落首领、公众大会这类职能中独立、转变出来的，是统治者让渡权力的一种结果。当然，宗教在西方的法律和法官的产生中，有着不可或缺的决定性作用。如博登海默所说"宗教仪式渗透在立法和司法的形式之中，祭祀在司法中也起着极为重要的作用。国王作为最高法官，其职责和权力也被认为是宙斯亲自赐予的。"在大部分国家，统治者（如国王）是唯一的立法者，也是唯一的最高法官，所谓的法官是由统治者来任命的，没有统治者的任命，"不管他的理性效用是大是小，他也不会因此成为法官，他之所以成为法官，只因为国家任命了他"。中世纪以后，在启蒙思想的推动下，西方各国爆发了资产阶级革命，革命后各国开始逐渐建立起近现代意义的司法制度，法官制度也开始逐渐成熟。西方资产阶级革命后，各国普遍遵循"三权分立"的政治原则构建各自的国家和政权。司法权成为与立法、行政并立的权利，并且形成了权力分立与制衡的格局。

对于现代西方法官的选任，各国不尽相同，但有几个共同的地方：

1. 专业标准

法官的司法活动"常常处于自由与民主、规则与裁量、权力制约与司法独立等多种微妙的关系之中，这就对法官的决疑技术与平衡技巧提出了非常高的要求。除非经过严格专门训练的法律专家，常人是难以具备司法所要求的特殊技术理性的。"法官选任的首要标准就是司法技术性标准。这个技术标准往往被量化为法学学历、司法资格、司法经验等。比如英国的法官必须从英国4个律师公会的成员也就是出庭律师中任命，地方法院的法官必须有不少于7年的出庭律师经历，高等法院法官必须具有10年以上的出庭律师经历或者2年以上地方法院经历。在大陆法系的法国、德国，一般要求被任命的法官必须先通过法学院校教育再通过十分严格的从业资格考试。在西方国家，司法职业资格考试非常严格，通过率很低，有一些国家需要通过两次国家考试才能获得法官资格，在德国甚至考生一生只有两次机会参加第一次国家司法考试，如果两次都没通过就没有机会再考了。在日本、韩国，司法考试的通过率只有2%～3%，韩国甚至需要考三次。足见其专业标准之高。

2. 职业伦理与个人品行

法官作为一种特殊的职业，它有自己特别的职业伦理。法官的职业伦理是出于实现公正司法这个目标而形成的，它一般包括司法独立、公平公正、诚实正直、能力、勤勉、避免参与政治活动等。而这种职业伦理与要求往往是溯及既往的，即在未任法官之前，如有违反法官职业伦理的不端行为也将影响法官的选任。个人品行包括个人的道德修养、婚姻状况等，其在很多国家也会影响法官的选任。在英国，上议院司法委员会法官候选人一旦涉及"道德丑闻"（moral turpitude），那他将被排除在任命之外；同时，婚姻状况也影响上议院司法委员会法官的任命。

法官的选任方式有任命制与选举制两种。任命制是由行政机关的首脑或者立法机关任命；选举制是由选民直接或者间接选举产生。美国联邦法院法官的提名和任命都是总统的权力，但是提名之后，参议院要对法官候选人进行审查和投票表决，通过之后总统方可任命。非常典型地表现出行政、立法、司法三权的制衡。在德国，联邦法院法官是由法官选举委员会匿名投票选举产生的，选举委员会由州司法部长和联邦众议员选举出来的具有法律从业经验的成员组成。

通常在西方法官的地位非常尊崇，精英化程度很高，这点在英美法系国家表现得尤其突出。极高的选任标准，极少的从业人群，崇高的社会地位，优秀的法律素养和职业能力，优厚的待遇和职业保障。这在很大程度上也保障了司法独立。大陆法系的法官精英化稍逊于英美法系，有学者称之为职业型法官，即法官是国家公务员，主要从大学毕业生中选任初任法官，逐级晋升。

6.2.2.2 中国的法官

作为专司审判职能的"法官"，在中国产生比较早，早在夏朝的时候就有"士"与"理"的司法官，传说被尊称为"中国司法始祖"的皋陶就担任过"士"的职务。商朝时最高司法长官被称为"司寇"。由于夏商时期确证的文献较少，因此我们对当时的司法状况只有简单的了解。从西周以后，中国古代各朝历史记录比较全面，各朝各代都有非常健全和严密的司法体系，法官这一职业有很多种不同的称谓，如司寇、士师、廷尉、大理、推事、判官、司理、司法等。这些在《中国法制史》的学习中都会学到。总的来说，中国古代司法有两个特征：

（1）皇帝拥有最高审判权，他可以过问并决定任何一件案件的审理，同时在大多数朝代死刑的最终核准权都在皇帝手中。

（2）行政与司法不分。行政长官兼理司法，县令既是一县最高行政主官，也是一县最高司法主官。这种情况一直到明清时期稍有好转，省级以下，司法职能官员开始逐渐完善，省级设置"提刑按察使"、府设"推官"专司司法刑狱。

在中国，近现代意义上的法官是民国时期出现的。辛亥革命后，1912年孙中山在南京公布《中华民国临时约法》，第51条规定"法官独立审判，不受上级官厅之干涉"。同时，草拟了《中央裁判所官职令》草案，规定了法官的选任事项。北洋政府时期，近现代的司法体系逐步建立，设立大理院、高等审判厅、地方审判厅和初级审判厅，法官称为"推事"。中华民国政府建立后，于1935年颁布的《法院组织法》对法官独立行使审判权做出了规定，法院体制改为三级三审制，设立最高法院、高等法院、地方法院，法官仍称"推事"。

新中国成立后，中国即开始建立自上而下的人民法院。根据1951年的《中华人民共和国人民法院暂行组织条例》，各级人民法院是同级人民政府的组成部分，受同级人民政府委员会的领导和监督。全国法院共分三级：县级、省级和最高人民法院。人民法院的审判人员称为"审判员"（这个称谓一直沿用至今）。各级法院院长、副院长由同级人民政府委员会任免，其余审判员由本院任免或同级人民政府人事部门任免。1954年《中华人民共和国宪法》正式确立了中国的根本制度为人民代表大会制度，并规定了人民法院独立行使审判权，人民法院的组成人员由同级人民代表大会选举产生，受它监督，向它负责并报告工作。第一届全国人民代表大会一次会议通过了《中华人民共和国法院组织法》，规定了基本与当前相同的法院和法官体制。改革开放后，中国的法院和法官制度日趋完备，1995年通过了《中华人民共和国法官法》，标志着中国法官制度进入了新的阶段，正式将法院审判人员称为法官。党的十八大以来，我国进入了中国特色社会主义新时代，社会主义法治建设全面提速，司法体制改革正在朝着科学化、系统化、法治化迈进。

6.2.2.3 当前中国的法官制度

根据2019年第十三届全国人民代表大会常委会修订通过的《中华人民共和国法官法》，法官是依法行使国家审判权的审判人员，包括最高人民法院、地方各级人民法院和军事法院等专门人民法院的院长、副院长、审判委员会委员、庭长、副庭长和审判员。法官必须忠实执行宪法和法律，维护社会公平正义，全心全意为人民服务。法官审判案件应当以事实为根据，以法律为准绳，秉持客观、公正的立场。法官依法履行职责，受法律保护，不受行政机关、社会团体和个人的干涉。

法官的职责是：依法参加合议庭审判或者独任审判刑事、民事、行政诉讼以及国家赔偿等案件；依法办理引渡、司法协助等案件；法律规定的其他职责。法官在职权范围内对所办理的案件负责。

担任法官必须具备下列条件：具有中华人民共和国国籍；拥护中华人民共和国宪法，拥护中国共产党领导和社会主义制度；具有良好的政治、业务素质和道德品行；具有正常履行职责的身体条件；具备普通高等学校法学类本科学历并获得学士及以上学位，或者普通高等学校非法学类本科及以上学历并获得法律硕士、法学硕士及以上学位，或者普通高等学校非法学类本科及以上学历，获得其他相应学位，并具有法律专业知识；从事法律工作满五年。其中获得法律硕士、法学硕士学位或者获得法学博士学位的，从事法律工作的年限可以分别放宽至四年、三年；初任法官应当通过国家统一法律职业资格考试取得法律职业资格。适用前款规定的学历条件确有困难的地方，经最高人民法院审核确定，在一定期限内，可以将担任法官的学历条件放宽为高等学校本科毕业。

下列人员不得担任法官：因犯罪受过刑事处罚的；被开除公职的；被吊销律师、公证员执业证书或者被仲裁委员会除名的；有法律规定的其他情形的。

6.2.3 检察官

6.2.3.1 西方的检察官

在人类历史上，检察官作为代表国家行使诉权的专职人员的产生要远远晚于法官。在中世纪之前，无论民事诉讼还是刑事诉讼，西方各国普遍采取不告不理的私诉方式，也即被害人或其他公民提出告诉，法院进行审理的方式。在刑事案件中，很多现代检察官的职能都是由法官来履行的。现代意义上的公诉制度和检察官最早出现在法国。13世纪，路易九世推行大一统的司法改革，将各封建主的司法权统一置于国王设立的法院管辖。为加强王权对司法的控制，国王派遣代表进驻法院，以代表国王进行监督。国王设置了"国王的代理人"和"国王的律师"，以代表国王私人处理与诸侯发生的各类纠纷。腓力四世时期，国王的律师代理人演变成了国家官员，并出现了"检察机关"的用语。从路易十四世开始，这一专职的国家官员正式被命名为"总检察官"，在他之下，设各检察官与各级法院。自此，检察官制度为西方各国所普遍采用和设置。当然，由于各国法律传统不同，检察制度也有很大差异。但有几点是西方检察体制所相同的：

（1）在绝大多数西方国家，检察机关并不属于司法机关，而列于行政机关的范畴，检察权被认为是一种典型的行政权。如美国的检察官即是司法机关的成员，美国联邦检察长由美国联邦司法部长兼任；大陆法系的德国检察机关也是具有司法属性的行政机关，联邦总检察院由联邦总检察长领导，对联邦司法部长负责并接受其领导。

（2）各国检察官普遍实现了高度职业化，通过法律职业资格考试（或司法考试）通常都是基本要求。检察官与法官、律师一样都属于主要法律职业共同体的成员，需要经过资格考试和严格的遴选程序才能成为检察官。在英美法系国家，绝大多数检察官都是从资深律师中遴选的；在大陆法系国家，检察官主要是通过考试的方式遴选，一般这种考试分为两次或以上，分别是资格考试和任职考试，通过资格考试是参加任职考试的前提。

（3）各国检察官普遍拥有对侦查的指导甚至领导权。西方各国刑事司法以审判为中心的理念非常突出，由此检察官提前介入到侦查程序中，引导甚至领导侦查就成了普遍的制度安排。在大陆法系国家，检察官领导侦查是写在各国刑事诉讼法中的；而在英美法系国家，检察官同样对侦查起主导作用，美国最大的联邦侦查机构美国联邦调查局（Federal Bureau of Investigation，FBI）是由司法部管辖的，司法部长兼任联邦总检察长。

尽管都叫检察官，西方国家的检察官与我国的检察官还是有非常大的差别的，西方的检察官是行政体系的官员，检察机关行使的是行政权，我国的检察机关是司法机关，除了公诉权以外还行使法律监督权。我国的检察制度是在借鉴了列宁的检察权理论和苏俄的检察制度的基础上建立的。苏俄的检察体制有以下几个特点：

第一，垂直领导。总检察长领导全国各级检察机关和检察长，下级接受上级领导，不受地方领导，形成了垂直线性系统。

第二，检察机关具有最高监督权。检察机关对各个国家机关、国家公职人员，乃至于普通公民具有最高的法律监督权。由于其对所有主体的活动都有权监督，也被称为一般监督权。

列宁的检察权思想和苏俄的检察机制赋予了检察机关以法律监督的职能，是国家政权体系里面独立于行政、立法、司法的第四种权力，与西方各国完全不同。在当时两大阵营对立的历史格局下，这套体制被各社会主义国家普遍接受。

6.2.3.2　中国检察制度的发展简况

在中国古代社会，并不存在类似检察官这样的官职。一直到清末司法改革之前，都没有在权力体系中分离出专司刑事起诉的职权，刑事控告与审判都由司法裁判者一并承担。如古代的县令，既是一县最高行政长官，也是一县最高审判官员，同时他也负责刑事侦查和起诉。控审分离是西方启蒙思想的主要司法理论之一，中国并未受其影响。清末司法改革时，清政府考察团对日本检察制度做了全方位的考察，决定全面移植日本检察制度。1910年2月7日正式颁行了《法院编制法》，该法系统地对检察机构的性质、设置、职权及人员管理等重要内容进行了详细规定。同年，清政府举行了第一次全国性的司法官考试。辛亥革命后，北洋军阀时期，一度出现了关于检察制度存废的争论，但并未真正付诸实践。

新中国成立以后，废除了旧法统，全面建立了社会主义司法体系。在检察制度设计上，接受了列宁的检察理论，取法苏俄。1954年《中华人民共和国宪法》明确规定："中华人民共和国最高人民检察院对于国务院所属各部门、地方各级国家机关、国家机关工作人员和公民是否遵守法律，行使检察权。地方各级人民检察院和专门人民检察院，依照法律规定的范围行使检察权。"1982年《中华人民共和国宪法》在1954年《中华人民共和国宪法》的基础上，对检察机关的宪法地位做出了全面和明确的规定：规定了人民检察院是国家的法律监督机关；规定了人民检察院依照法律规定独立行使检察权，不受行政机关、社会团体和个人的干涉；最高人民检察院对全国人民代表大会和全国人民代表大会常务委员会负责。地方各级人民检察院对产生它的国家权力机关和上级人民检察院负责。1982年《中华人民共和国宪法》确立的检察体制，一直沿用至今，并无大的变化。

6.2.3.3 当前中国的检察官制度

根据《中华人民共和国宪法》《中华人民共和国检察官法》，检察官是依法行使国家检察权的检察人员，包括最高人民检察院、地方各级人民检察院和军事检察院等专门人民检察院的检察长、副检察长、检察委员会委员和检察员。检察官履行职责，应当以事实为根据，以法律为准绳，秉持客观公正的立场。检察官办理刑事案件，应当严格坚持罪刑法定原则，尊重和保障人权，既要追诉犯罪，也要保障无罪的人不受刑事追究。检察官依法履行职责，受法律保护，不受行政机关、社会团体和个人的干涉。

检察官的职责：对法律规定由人民检察院直接受理的刑事案件进行侦查；对刑事案件进行审查逮捕、审查起诉，代表国家进行公诉；开展公益诉讼工作；开展对刑事、民事、行政诉讼活动的监督工作；法律规定的其他职责。检察官对其职权范围内就案件做出的决定负责。

担任检察官必须具备下列条件：具有中华人民共和国国籍；拥护中华人民共和国宪法，拥护中国共产党领导和社会主义制度；具有良好的政治、业务素质和道德品行；具有正常履行职责的身体条件；具备普通高等学校法学类本科学历并获得学士及以上学位，或者普通高等学校非法学类本科及以上学历并获得法律硕士、法学硕士及以上学位，或者普通高等学校非法学类本科及以上学历，获得其他相应学位，并具有法律专业知识；从事法律工作满五年。其中获得法律硕士、法学硕士学位，或者获得法学博士学位的，从事法律工作的年限可以分别放宽至四年、三年；初任检察官应当通过国家统一法律职业资格考试取得法律职业资格。适用前款第五项规定的学历条件确有困难的地方，经最高人民检察院审核确定，在一定期限内，可以将担任检察官的学历条件放宽为高等学校本科毕业。

下列人员不得担任检察官：①因犯罪受过刑事处罚的；②被开除公职的；③被吊销律师、公证员执业证书或者被仲裁委员会除名的；④有法律规定的其他情形的。

6.2.4 律师

6.2.4.1 律师的产生及其在西方的发展

律师是"受当事人委托或法院指定，协助当事人进行诉讼或处理其他法律事务的专业人员"。律师这一法律职业，是西方法律文化的产物，最早的律师出现在古希腊和古罗马。古希腊雅典法规定了辩论式诉讼，法律允许当事人聘请"辩护士"代表自己进行辩论。古罗马的《十二铜表法》是在对雅典的法律进行了考察之后制定的，其中规定了出庭辩论问题。罗马法规定，如果被告不能或者不愿意立即出庭，他可以提供一名称为"保护人"或

"辩护人"的人作其保证人代为出庭。律师这个名称来自于公元前200年到公元600年的罗马,当时皇帝以诏令承认了诉讼代理,把"辩护士"变成了一种国家职务,用考试制度选拔辩护士作为"律师"并给付报酬,规定只有法学家才能担任律师。中世纪,审问制代替了辩论制,律师的活动受到很大限制,甚至由于教会法渗入世俗法院后,只有僧侣才有资格进行诉讼代理活动。随着启蒙思想以及资产阶级革命的兴起,近现代辩论式诉讼开始在西方各国设立,律师制度开始逐渐完善,朝着现代律师制度迈进。

西方律师制度的大发展是在第二次世界大战之后,伴随着经济从战争状态中走出来,律师的业务范围也在不断扩大,发展出大量的非诉和其他业务。大量的企业、团体聘请律师担任法律顾问,律师的数量呈现几何级数增长,其业务领域也开始进一步细分。在西方国家,人们从出生到死亡,无法离开律师,律师成为了人们"又爱又恨"的职业。

6.2.4.2 中国律师发展简况

在中国传统文化中,"无讼"是儒家的理想境界,所谓"听讼,吾犹人也,必也使无讼乎"。在这种文化影响下,厌讼、贱讼成为一种社会风气。那些帮助老百姓诉讼的人,往往被"正统"文化所鄙视。但是普通百姓毕竟不通法律,也没有书写状纸、应对公堂的经验和能力,对法律服务的需求是客观存在的。于是在中国也产生了类似现代律师的以法律服务为业的群体。在中国,有史可考的最早的"律师"是春秋时期的邓析,他因教人诉讼,并收取代理费用,被批评为"不法先王,不事礼义,而好治怪说……""以非为是,以是为非"(《吕氏春秋·离谓》),最后竟因此"罪行"而被当权者杀害。在中国古代,"律师"真正为官方所认可并成为一种正当职业,是在宋代。与汉唐不同,宋代民间善讼之风兴起,南宋为甚。与之相对应,一种专门教人打官司的学问与职业应运而生,这就是"讼学"与"讼师"。宋代讼学大体产生于北宋仁宗时期,南宋时,江南的"讼学"更为盛行。这是中国古代法律职业群体最早的雏形,当然,他们还是受到社会的普遍歧视,被称为"讼棍",不见容于士大夫阶层。近代意义上的律师制度出现于清末自1902年起在沈家本、伍廷芳主持下的修律。1906年《大清刑事民事诉讼法草案》中首次规定了律师制度,并规定了律师执业资格制度,"凡律师欲为人办案须在法律学堂考取入格,给有堪为文凭……且须有与该律师相识之殷实人二名立誓,具保该律师品行端正、人凭相符,方准该律师在高等公堂或各属公堂办案。"1911年《大清民事诉讼律草案》《大清刑事诉讼律草案》对律师制度也都做了详尽的规定。民国初期,伍廷芳出任南京临时政府司法总长,基本延续了清末尚未来得及实施的法律,中国近代律师得以正式出现在历史舞台。在民国时期,律师行业发展迅速,在经济社会发展乃至于中国革命中都起到了非常重要的作用。有数据表明,截至1917年,全国挂牌职业的律师总数即达到3000人左右。

新中国律师制度是在彻底废除国民党政权下旧的律师制度后重新创立起来的。1954年《中华人民共和国宪法》中关于"被告人有权获得辩护"的规定,为律师制度在社会主义中国的建立提供了依据。同年颁布的《中华人民共和国人民法院组织法》规定:"被告人除自己行使辩护权外,可以委托律师为他辩护"。这一规定进一步从程序上确立了律师的地位。1955年,律师制度在北京、上海、南京、武汉、沈阳、哈尔滨等26个城市试行。1956年1月,国务院正式批准《司法部关于建立律师工作的报告》,对律师的性质、任务、条件以及组织机构作了规定。到1957年,全国19个省、自治区、直辖市相继成立了律师协会或筹备机构；作为律师执业机构的法律顾问处达800多个，专职律师共2500人，兼职律师有300多人。

新中国成立后，在中国共产党的领导下，根据当时的"临时宪法"《中国人民政治协商会议共同纲领》第十七条的规定，中央人民政府废除了国民党的《六法全书》和旧法统。1950年12月，中央人民政府司法部发出了《关于取缔黑律师及讼棍事件的通报》，明令取缔了国民党的旧律师制度，解散了旧的律师组织，并停止了旧律师和社会上讼棍的活动，与此同时，开始探索建立新的律师制度。在随后的文件中，包括《人民法庭组织通则》《中华人民共和国人民法院暂行组织条例》《中华人民共和国人民法院组织法》等法律法规中都明确提出了要有律师，要建立辩护制度。从1955年开始，律师队伍在全国开始恢复。到1957年，全国共建立了19个律师协会，800多个律师顾问处，有专职律师2500多人，兼职律师300多人。但自1957年下半年起，受"左"的政治路线的影响，律师制度被当作社会主义制度的对立物受到彻底否定。1959年司法部被撤销，随即律师机构及律师的执业活动完全被取消。

十一届三中全会之后，全党的工作重心转移到了社会主义建设上来。1978年通过的《中华人民共和国刑事诉讼法》《中华人民共和国民事诉讼法》《中华人民共和国人民法院组织法》对律师参与诉讼活动作了原则性规定。1980年，全国人民代表大会常委会通过并颁布了《中华人民共和国律师暂行条例》，较为全面地规定了律师制度所应涉及的主要内容。自1979年起，全国在一些大中城市以及各个县、区，相继建立了法律顾问处或律师事务所。至20世纪80年代中期，律师执业机构已遍布全国各地；专职律师、兼职和特邀律师已具有一定规模；以刑事辩护为主导的律师执业活动成为司法程序中的重要内容，律师制度在整体上得到全面恢复。

6.2.4.3 当前中国的律师制度

律师是指依法取得律师执业证书，接受委托或者指定，为当事人提供法律服务的执业人员。申请律师执业，应当具备下列条件：拥护中华人民共和国宪法；通过国家统一法律职业资格考试取得法律职业资格；在律师事务所实习满一年；品行良好。实行国家统一法律职业资格考试前取得的国家统一司法考试合格证书、律师资格凭证，与国家统一法律职业资格证书具有同等效力。

申请律师执业，应当向设区的市级或者直辖市的区人民政府司法行政部门提出申请，并提交下列材料：国家统一法律职业资格证书；律师协会出具的申请人实习考核合格的材料；申请人的身份证明；律师事务所出具的同意接收申请人的证明。申请兼职律师执业的，还应当提交所在单位同意申请人兼职从事律师职业的证明。具有高等院校本科以上学历，在法律服务人员紧缺领域从事专业工作满十五年，具有高级职称或者同等专业水平并具有相应的专业法律知识的人员，申请专职律师执业的，经国务院司法行政部门考核合格，准予执业。

申请人有下列情形之一的，不予颁发律师执业证书：无民事行为能力或者限制民事行为能力的；受过刑事处罚的，但过失犯罪的除外；开除公职或者被吊销律师、公证员执业证书的。

6.2.5 其他法律职业

法官、律师、检察官是最主要的三大法律职业，除了这三大职业之外，还有一些公认的法律职业，本书只做简单介绍。

6.2.5.1 法律学者

法律学者，亦称为法学家，是指在法律学领域学有专长，研究"法"这一特定社会现象及其规律的学者。尽管早在古希腊时期已经出现了柏拉图、亚里士多德等研究阐述自然法的学者，但作为一个群体出现的法律学者阶层，则形成于古代罗马共和国时期。公元前2世纪，罗马帝国征服了古希腊后，古罗马法律取代了古希腊法律。古罗马的法律制度达到了古代西方法律制度发展的一个顶峰，这种繁荣催生了法学家阶层，这一阶层又反过来把罗马法推至更高的发展阶段。在那个时期，第一次出现了法学教育和法学流派，第一次编写了法学著作。典型的如盖尤斯所著的《法学阶梯》，这本书作为当时的法学教材，是迄今为止发现最早、保存最完整的西方法学专著。关于当时法学学者的职能，西塞罗说过："在我们国家中一直有一些最出色的人，他们一向的职能就是向人民阐释法律并回答与法律有关的问题。"当时的法学家并不在研究所或大学里闭门研究或教授学生，相反，他们每个人都开办法律咨询服务所，向罗马贵族、平民提供法律咨询。当时，法学家的工作就是用自己的法律专业知识帮助罗马人民。在之后的漫长岁月里，法学学者的职能慢慢丰富起来，他们参与立法、司法以及法律服务，从事研究，著书立说，教书育人。法学学者是一个智慧的群体，更是一个与国家的法制建设息息相关的群体。

6.2.5.2 仲裁员

仲裁员是在仲裁案件中对当事人申请仲裁的纠纷进行评判并做出裁决的居中裁判者。仲裁员在仲裁制度中处于核心地位，是仲裁制度的生命力之所在，套用国际仲裁界的名言就是"The arbitration is only as good as its arbitrators"（仲裁的优劣全在于仲裁员的好坏）。仲裁员作为仲裁案件的实际裁判者，对保证仲裁的公正和裁决的质量具有决定性的作用。好的仲裁员可以用两个方面的客观标准进行衡量：一方面他们应当具有处理仲裁案件相应的学识、能力和经验；另一方面他们必须具备仲裁员应有的较高水平的操守，并且能够严格执行相应的行为规范。通常情况下，仲裁员都是从专家中产生，他们对于处理仲裁案件大多胜任有余，对于自己学识、能力和经验的不断提高孜孜以求。在某种程度上，仲裁员就是一种准法官。英国的唐纳森法官说："法院（法官）与仲裁员的业务相同，他们都是在执行法律。二者之间的唯一区别是：法院在公共领域执法，而仲裁员则是在私营领域执法。"因此，对仲裁员的选任通常具有非常高的专业标准。

根据《中华人民共和国仲裁法》，仲裁委员会应当从公道正派的人员中聘任仲裁员。仲裁员应当符合下列条件之一：通过国家统一法律职业资格考试取得法律职业资格，从事仲裁工作满八年的；从事律师工作满八年的；曾任法官满八年的；从事法律研究、教学工作并具有高级职称的；具有法律知识、从事经济贸易等专业工作并具有高级职称或者具有同等专业水平的。仲裁委员会按照不同专业设仲裁员名册，供纠纷当事人选择。

6.2.5.3 公证员

公证员是公证机构独立办理公证事项的专业人员，其职责是受理、承办具体的公证事项、草拟、出具公证文书，并在公证书上署名，公证员是行使公证证明权的专门职业。

根据《中华人民共和国公证法》规定，担任公证员，应当具备下列条件：具有中华人民共和国国籍；年龄二十五周岁以上六十五周岁以下；公道正派，遵纪守法，品行良好；通过国家统一法律职业资格考试取得法律职业资格；在公证机构实习二年以上或者具有三年以上其他法律职业经历并在公证机构实习一年以上，经考核合格。从事法学教学、研究工作，具有高级职称的人员，或者具有本科以上学历，从事审判、检察、法制工作、法律服务满十年的公务员、律师，已经离开原工作岗位，经考核合格的，可以担任公证员。

有下列情形之一的，不得担任公证员：无民事行为能力或者限制民事行为能力的；因故意犯罪或者职务过失犯罪受过刑事处罚的；被开除公职的；被吊销公证员、律师执业证书的。

6.2.5.4 行政执法人员

在中国的行政机关中，有大量的行政执法人员，他们代表行政机关实施行政执法活动，即依法采取具体的直接影响相对一方权利和义务的行为，或者对个人、组织的权利和义务的行使和履行情况进行监督检查的行为（这在行政法上通常称为具体行政行为）。行政执法机关是代表国家执行行政管理职能的执法机关，是受国家委托行使国家所赋予的行政管理权力的部门，是国家依法行政的重要组成部分。行政执法人员是直接、具体行使行政执法职权的行为主体。在经济社会中，行政执法人员是保障国家经济秩序正常运行，国家经济建设良性循环的重要力量。在执法过程中，行政执法人员既是国家法律、法规的捍卫者和执行者，同时又是党和国家与人民群众密切相连的桥梁。行政执法人员执行的法律、法规非常广泛，几乎一切有关国家行政管理秩序的法律、法规都由他们执行，因此行政执法领域也非常多。总的来说，中国最主要的行政执法力量包括人民警察、海关关员、税务执法人员、市场监督执法人员、金融证券执法人员、环境执法人员、食药监执法人员、城市综合管理执法人员、烟草专卖执法人员等。这些人员以国家公务员为主，也包括部分授权执法的非国家公务员，但仍然必须是国家工作人员。行政执法人员的职业活动虽然没有法官、检察官、律师那样与法律专业密切，但他们也是执行国家行政法律法规的人员，对法律专业知识的掌握水平也要高于其他职业。

第 7 章

法律职业共同体与法律职业伦理

在人类发展史上，人们逐步认识到有一些特定的学问，是区分野蛮与文明的标志，是维系整个人类社会不可或缺的，这些学问包括神学（哲学）、法学和医学，它们如此重要乃至于在 13 世纪，大学在西方诞生初期只有一所具备了神学院（哲学院）、法学院和医学院的学校才可以称为"大学"（Universitas）。这或许是人类在与来自大自然和人类社会自身的挑战做斗争的教训和经验的总结，神学（哲学）关切精神，法学调节世俗，医学救济生命。由此也产生了人类最为重要的三个职业，即宗教人员、法律职业者和医生。这些职业的专业化、职业化程度都非常高，只有这个社会里的精英人士才能从事。也正是由于其专业化、职业化程度高，从事者具有一些与普通人迥异的知识技能、思维方式、价值追求、道德伦理、话语体系，这些群体逐渐形成了各自的职业共同体。职业共同体的组成绝非为了利益，而是为了这些职业能在社会里更好地发挥作用。在职业共同体成员之间形成的职业关系，即是职业伦理。对于法律职业而言，法律职业共同体和法律职业伦理的形成对一个社会的法治化非常重要。可以说，法律职业共同体和良好法律职业伦理的形成是法治社会的必要条件。中国法治进程中出现的很多问题，都是由于这二者的缺位。

7.1 法律职业共同体

7.1.1 法律职业共同体的含义

法律职业是社会众多职业中的一种，广义的法律职业指所有从事法律工作的人所形成的职业，但一般意义上的法律职业特指经过法律专业训练、具有娴熟的法律职业技能与伦理的人所形成的职业。这种职业以研究、起草、执行、实施法律为主要工作内容，其工作属性不能为其他职业类型所概括，是具有独立形态的职业类型。法律职业共同体，"是一个拥有共同的法律知识结构、独特的法律思维方式，具有强烈的社会正义感和公正信仰的整体"，广义上包括一切从事法律工作的人，但一般指以法律活动为专业和职业的群体，主要包括法官、检察官、律师、法学学者、公证员、政府法制工作者等。这是一个以精通法律专门知识、实际运用和操作为特点，以实现法律价值为终极目标的群体。

从性质上来看，法律共同体是一个语言共同体、事业共同体、利益共同体。

首先,他们是一个法律语言共同体,即依赖一种法律话语,进行交流。这一群体按照某种共通的法律话语来沟通和从事职业活动,他们的思维方式与生存方式是与这种语言形式联系在一起的。

其次,他们是一个事业共同体,即具有对法律和法治的共同认知,遵循共同的标准和规范,有统一的知识体系、职业思维、职业逻辑和对职业目标的追求,有共同的科学精神、伦理道德、专业素质和知识修养。从职业技能角度来看,法律职业者接受过相同的语言方式、思维方式、推理方式及辨析技术、职业技能等的训练,因而也是一个知识共同体。

最后,法律职业共同体又是利益共同体。一种有效法律制度的运行,不仅在于法律本身是良法,而且在于法官、检察官等法律职业者对法律的忠实执行。法律的良性运行使得法律职业共同体获得职业荣誉感和职业保障,相反,法治不彰则使所有的法律职业共同体成员失去职业荣誉甚至职业保障。法治和法律职业共同体是一荣俱荣、一损俱损的关系,这是法律共同体成员共同利益之所在。这种利益的一致性,促使法律职业共同体成员创造共同体文化、维护共同体形象,推动国家法治建设的进步。

7.1.2 法律职业共同体的意义

(1) 法律职业共同体的形成是实现法治国家的重要前提和基础。法律职业共同体是实现依法治国的核心力量,共同体成员受过系统的法律职业教育和训练,是国家立法、司法、执法、法学研究教育活动的主要力量,这些力量是法治国家建设所不可或缺的。他们在立法、司法、执法、向社会提供法律服务、法学教育和研究等领域中,以维护社会正义和公民权利、维护法律的权威、推动法治前进为己任,这是实现法治国家的重要基础。

(2) 法律职业共同体是社会法律文化、法律观念最重要的创造者,是国家法治不断完善的动力源泉。法律从业者一般是社会的精英阶层,对社会进步的影响力极大,他们以共同的法律精神内涵为联系纽带,一旦形成了稳固的集体,势必成为一股更为强大的合力,拉动国家法治建设不断前进。特别是这个共同体发展出的法律职业话语,不断向大众及社会传递着理性、专业的精神,极大地推进和促进了法治的进程。

(3) 法律职业共同体是法律权威的最有力支撑。强大而有威信的职业法律人群构成法律权威最稳定、最持久、最可靠的基础。这是由于:

1) 静态的法律制度本身具有不可避免的缺陷,如相对于社会生活的滞后性、不完善性等,这种缺陷只有在运行层面通过法律从业者的法律素养加以完善和弥补,才能树立法律的权威。

2) 法律从业者是最有动力的维护法律权威的群体;职业法律家是以法律为业的人,从理性、自我的角度,必然捍卫其赖以安身立命的法律的权威。

3) 民众对法律的认知往往始于职业法律家,要想提升法律权威,就要形成一个相对独立的、精英化的、有威望的职业法律家阶层。

(4) 法律职业共同体促进民主政治的形成。由于法律职业共同体在人才选拔和培育上较其他职业更倾向于精英化,法治国家的历史经验表明,这个精英群体一旦形成成熟的共同体,即不断向政府和其他政治机构、企事业单位的决策层输送人才,并在这个过程中传递法律人的价值观。因此，有人认为，"法治"即是"法律人之治"。而法律人掌管政府机构，必然将法律职业的思维方式、行为模式带到政府的管理中，使之充满法治的氛围。

（5）从这一群体自身来看，法律职业共同体的形成将有助于协调不同法律职业间的利益冲突，促进群体自身的良性发展。法律职业共同体是由立法工作者、法官、检察官、律师以及法学学者等构成的一个颇为复杂的社会群体，各法律职业之间存在一定程度的利益冲突。例如，法官群体与检察官群体之间的冲突，国家法律工作者（法官、检察官等）群体与律师群体之间的冲突。法律职业共同体的形成，能够促使各法律职业群体形成共同的法治信仰和法律文化，在一定程度上消融不同法律职业群体之间的隔阂，消解各职业间的利益冲突，促进法律职业共同体的良性发展。

7.1.3 法律职业共同体在中国的发展

一般来说，一个国家内法律职业共同体的形成必须具备一定的条件，如法治的迅速发展、法律职业准入机制的建立、一体化法律人培训机制的建立、从业者的规模化程度成熟、法律职业文化的形成等（也有学者提出法律职业共同体的形成要具备四个要素：专业知识体系或者专业特性的强化；法律信仰的确定；法律职业教育的系统化和强化；司法的真正独立）。这意味着一个成熟的法律职业共同体的形成往往是一个漫长的过程。西方法律职业共同体的形成经历了数百年的时间，在此过程中，政治进步、经济发展、思想文化繁荣起了关键性作用：社会从神权统治、君权统治发展到民主政治，使法律在社会生活中的地位日隆，为法律职业的专业化提供了发展空间；商品经济或者市场经济的发展加剧了社会分工的深化，从而为法律职业的独立做好了物质和技术上的准备。一些关于人力资本的理论为法律职业的独立提供了思想和理论支持，如现代社会人力资源的合理开发和优化配置的理论，对包括法律职业在内的社会各行各业产生了重大影响和积极作用，其结果是法律职业愈加合理完善，法律职业共同体愈加健全，逐步形成一整套独特的法律职业标志、法律职业意识、法律职业语言、法律职业知识、法律职业伦理、法律职业思维方式、法律职业共同的发展背景、法律职业的行业组织，最终使法律职业在社会中形成独立的阶层。

目前，我国尚未形成真正意义上的法律职业共同体，一些外部或内部的因素已经并仍将在一段较长的时间内影响法律职业共同体的形成。如从外部看，民主政治仍在建设中，市场经济发育不充分，规则文化建设步伐缓慢，从客观上阻碍了法律职业共同体的形成；从内部看，法治发展进程一波三折，步履艰难；法律职业缺乏独立性，不能得到社会的普遍认可；法学教育和法学研究未对职业共同体建设投入足够的关怀，理论界对法律职业共同体的发展缺乏清晰的思路和积极的准备等。为了加快法律职业共同体的形成，不能依靠其自然演进，必须借助制度推进，促其发展。这些制度一般包括法律职业共同体的培养制度、职业保障制度等。

法律职业共同体的培养制度是法律人才培养机制的组成部分，它由一整套的与法律职业特点和职业要求相适应的教育、考核和培训制度组成，包括以下方面：

（1）法学专业教育。这是以培养优秀的法治人才为目标，以向受众传授系统的法学知识体系和法律工作技能为手段，使未来的法律共同体成员具备丰富的法律知识、娴熟的法律工作技能、坚定的法律职业伦理，树立共同的法治信仰。这是法治人才培养的重要基础。

（2）体系化的法律职业准入制度和统一的法律职业资格考试制度。它是法治人才培养中的关键环节，其目的是统一法律职业的准入条件和标准，以保障和建设一支高素质的法律职业共同体队伍。

（3）法律职业培训。培训的主要任务是对通过法律职业资格考试准备进入法律职业的"法律人"开展的上岗前的实务训练。这种培训以传授不同法律职业技能为重点，一般由法律职业部门承担，采取"法官教法官""律师教律师"和"检察官教检察官"的形式，使即将从事具体法律事务的人掌握与该法律事务相关的技能。这是法治人才宏观培养模式不能缺少的组成部分。

（4）终身化的法律继续教育。这种教育的主要任务是更新、补充法律知识和业务技能。一般是由法律职业部门和普通高校及科研机构共同承担，其任务是为法律职业共同体提供终身教育的机会和学习渠道。为保证这一体制有效发挥功用，上述四个阶段的教育、考试和培训制度应当相互衔接和统一，法律职业制度与教育培训制度应当统一和协调。人才培养机制是共同体建设的基础。

职业保障制度包括从业人员职业保障制度，如有关从业人员生活、待遇保障，独立执业保障等，还包括该特殊职业的市场保护制度，这种市场保护包括禁止未获执业资格者从事法律职业，要求从事法律职业者必须接受过长期、有效的职业培训等。职业保障制度也是促进法律职业共同体发展的重要制度保障。

7.2 法律职业伦理与法律职业道德

7.2.1 法律职业伦理与法律职业道德的含义

学理上，道德与伦理是一对既紧密联系又互相区别的概念。在西方伦理思想史上，黑格尔是将"道德"与"伦理"进行区别的最具代表性的哲学家，他认为："伦理是现实生活世界及其秩序，而道德是主观精神操守，不是主观精神决定现实生活世界及其秩序，而是现实生活世界及其秩序决定道德（主观精神）的内容"。简单而言，伦理是现实的，而道德是精神的；伦理是客观的，道德是主观的。这与中国古代对于"伦理"的认识具有惊人的相似。在中国古代，"伦理"实际上是建基于"礼"这一宗法等级制的人际关系及其秩序之上的。而正是这样的"伦理"，规定了处于这一宗法伦理实体的各个角色的各种规范形式的道德义务，从而成为宗法"道德"的基础。因此，无论中外，"伦理"实际是一种人与人的关系及其秩序，而道德则是特定"伦理"关系下对个人的德性要求。

法律职业伦理即是法律职业群体基于法治和职业共同体要求而形成的职业关系和秩序，法律职业道德则是法律职业伦理对法律职业人的品格、德性要求。

7.2.2 法律职业道德与法律职业伦理建设的重要意义

（1）法律职业道德与职业伦理建设是公民道德建设工程的重要组成部分。道德是社会关系的基石，是人际和谐的基础，他强调要始终把弘扬中华民族传统美德、加强社会主义思想道德建设作为极为重要的战略任务来抓，为实现中华民族伟大复兴的中国梦提供强大的精神力量和有力的道德支撑。党的十九大报告明确要求："深入实施公民道德建设工程，推进社会公德、职业道德、家庭美德、个人品德建设"。道德建设覆盖社会生活的各个领域推进道德建设是一项社会系统工程，而包括法律职业道德建设在内的职业道德建设正是这项伟大工程中的重要一环。在法律职业道德指引下，形成健康的法律职业伦理关系，则是法律职业道德建设的目标和表现。

(2) 法律职业道德与职业伦理建设是通往法治的重要途径。2014年10月，党的十八届四中全会审议通过了《中共中央关于全面推进依法治国若干重大问题的决定》，确立了全面推进依法治国、建设法治国家和法治政府的战略。法律职业道德与职业伦理建设正是这个伟大战略不可或缺的重要一环。

"人治"与"法治"是两种不同的统治方式，大致说来，法治论者认为治理社会和国家主要依靠法律规则，而人治论者认为治理社会和国家主要依靠优秀的有智慧的统治者、管理者以及善良的民众。孟德斯鸠说过："一切有权力的人都会滥用权力，这是万古不易的经验。要防止滥用权力，就必须以权力约束权力。"在人类经历了奴隶社会、封建社会的残酷统治，以及近代以来"法西斯"统治的猖獗之后，法治成了人们普遍赞同、向往和追求的目标。但是，什么是法治、法治的要素有哪些，一直为学者所争论。然而，谁也无法否认的是，法律职业者是法治社会的重要支柱。我们认为，法治有着很多层面的意义，而法治社会通过法律职业者来实施法律是其中一个重要的层面。要想使法律职业者在法治建设中发挥积极作用，法律职业道德与职业伦理建设则是不可或缺的途径。其原因在于：

(1) 法律职业道德与职业伦理建设是法律职业共同体形成的必要条件。法律职业是法律职业道德与法律职业伦理存在的前提，职业道德与法律职业伦理是伴随着职业分工的出现而形成的，从事某种特定职业的人们，由于有着共同的劳动方式，经受着共同的职业训练，往往具有共同的职业兴趣、爱好、习惯和心理传统，形成特殊的职业关系，从而产生特殊的行为模式和道德伦理要求。特定职业道德与法律职业伦理产生的前提是特定职业的形成，美国学者E.格林伍德在《职业的特征》一书中将职业形成的特征概括为：职业人员的技能以系统的理论知识为基础；职业人员对他们的工作有相当大的自主性；职业人员形成联合体，调整职业人员内部事务，对外代表职业人员的利益；加入一个职业会受到现有成员的认真审查，要成为一个职业成员往往要参加职业考试，获得许可证；职业拥有道德法典，要求其所有成员遵守。

根据这样的特征，中国古代并不存在法律人阶层，今天我们也没有形成真正意义上的法律职业共同体。法律职业共同体形成的内在标志是职业技能与职业伦理。可见，法律职业伦理对法律职业共同体的形成，起着至关重要的作用。

(2) 法律职业道德与法律职业伦理建设有着阻隔人治的重要作用。

人治的基本特征，是在社会控制中，个人具有很大的能动性、主体性，不以法律作为唯一的甚至是最重要的价值取向。人治与法治的根本区别不在于有没有法律，而在于法律定位的不同。人治下的法律是治民的工具、君主的武器；法治下的法律，是保护一切人权利的武器，是规范一切人行为（包括最高领导人和统治集团）的工具。作为一种治国的原则与方法，与法治相比，人治有其无法避免的缺陷。人治社会中个人权力至上，夸大个人作用，把治理国家的希望完全寄托在贤君或明主身上。孟子有言："君仁，莫不仁；君义，莫不义；君正，莫不正；一君正而国定矣。"但是人治却没有一种有效的监督体系能有力地防止个人专断和腐败，同时也无法保障个人的权利。此外，人治社会还会导致法律的神秘和不平等、结果的非确定性和不可预期性等弊病。

欲实现法治，阻隔人治是其基本前提。而法律职业道德与法律职业伦理建设在这方面的作用非常重大。作为一位法律职业者，他应当具有一种"一切依法办事的卫道精神"，一种"法律至上、司法优先"的职业信仰，以及强烈的职业荣誉感，这些都是法律职业道德要素所包含的内容。法律人的职业信仰是维系法治社会"司法优先"地位的精神保障。法律职业者是法律机器的操纵者，是法治文明的传播者，如果作为法治理念的传播者和倡导者的法律人本身无信仰追求，法治就会沦为纸上谈兵。对于法律人来说，法律至上的信念使其产生的是从事法律职业的无上尊荣感和法律规则至高无上的行事原则，这能使法律人无论是在强权或是其他显赫人物面前，仍能始终如一地坚守法律规则。法律人的这种品格，是实行法治，阻断人治的重要因素。

（3）法律职业道德与法律职业伦理建设有利于司法权威的确立。蒲罗东曾经说过，权力是"信仰物质"，其基础是"信任"。西方法律人之所以能够享有无上尊贵的地位，其主要原因就在于他们在漫长的职业历史中，积淀了来自普通民众的信任和支持。在西方法治发展史上，或者说是革命史上（如法国大革命、美国独立战争），律师往往代表的是市民和社会，反对、抗拒当权者的专制，因此得到了民众的拥戴，也得到了新兴资产阶级的支持和依仗。在这样的法治环境中，司法自然会具有无上的权威。

司法权威就是指司法者（主要是指法官）所拥有的一种能够使人们服从其命令的品质和属性。司法权威一方面表明法官与其他诉讼主体之间的一种命令和服从的关系，另一方面也昭示着一国司法的公信力。用通俗的语言表达就是，司法权威反映了这样一个问题，即在多大程度上人们愿意接受和遵从法院的命令（包括判决、裁定等多种形式）。司法权威并不完全甚至可以说并不主要来自于国家强制力，从根本上说，司法只有在一定程度上反映了社会的共同意志和普遍利益，在人民内心得到认同的时候，才能够赢得权威。

司法权威主要来自于法官的独立地位、法律职业者的职业技能以及职业道德和因之形成的职业伦理关系。其中，权威主体具有优良的品质常常被看成是权威得以确立和维护的一个内在因素。法官权威在很大程度上，是依赖于法官公正、清廉、正直的品质。在中国历史上，"清官"之所以会赢得民众的尊崇，恐怕原因即在于此。西方曾经有位哲人这样说过："如果社会上追求完人的话，那么法官就是完人。"其实，不仅仅是法官，对于检察官、律师等其他法律职业者也是如此，对法律职业伦理的恪守遵行，会使得民众更加信任法律，从而愿意通过法律途径来解决纠纷，从更深层次讲也就是更愿意接受法治。

在今天，中国法律职业伦理对司法权威的确立也许有着更加非凡的重要意义。毋庸讳言，中国的法律人自身正处在一场严重的信任危机之中。人们不愿意执行法院的判决等行为，在一定程度上反映了司法权威的衰微。某调查公司曾于 2001 年在北京、上海、广州和武汉等 11 个城市，对 5673 位 18 岁以上的城市居民进行多时段随机入户访问，得出一个结论：整体上赋予法官消极形象的人约占四成。而在西方国家，法官往往是所有职业中威信最高的职业。当然，造成这种情况的原因很复杂，但可以肯定的是法律职业道德建设的落后以及在很多案件中表现出来的不良职业伦理关系也是其中重要的原因。法律职业道德与法律职业伦理建设，刻不容缓。

7.2.3 法律职业道德与法律职业伦理建设的方法

道德的本质既是一种社会意识，也是一种特殊的行为调节方式，属于调整人和人之间关系的行为规范。在人类社会中，为了调整人和人之间的关系，有多种不同的行为规范，如法律规范、政治规范以及其他对人的行为发生约束和导向作用的各种规范。道德规范的特殊性在于，它不完全由政治的、行政的机构所制定，也不靠强力的、威胁的手段去维护，而是由人们约定俗成，并且主要是靠人们的内心信念和社会舆论来维护。一般情况下，不需要由政治的、行政的机关来强制执行。从终极意义上而言，道德规范是一种内化的规范，道德规范只有在为人们真心诚意地接受，并转化为人的情感、意志和信念时，才能得到实施。但道德规范本身是一种客观的社会要求和人们的主观意识相统一的结果，是一个由他律向自律转化的过程。

7.2.3.1 道德的他律性

无论是什么形式的道德规范，都首先表现出道德上的他律性，即道德规范的外在约束力。在规范伦理学中，道德他律的直接含义，就是指人或道德主体赖以行动的道德标准或动机，首先受制于外力，受外在的根据支配和节制。这些外力或外在的根据，是超出道德自身和道德主体自身之外的，即所谓道德义务的范畴。道德义务，是生活在某一社会中的人时常感受到的对社会、对他人的一种职责、任务和使命。这种职责、任务和使命，一旦被一定社会集团用道德规范的形式明确肯定下来，就成为一定的社会道德义务。

因此，从道德的他律性出发，法律职业道德建设必须讲究教育的方法和义务的约束。

7.2.3.2 道德的自律性

停留在他律阶段的道德规范，无论人们怎样尽职地去遵循它，都终究是一种外在于道德主体的"异己"力量，只要道德主体尚未将道德规范内化为自己的道德品格，尚未走完从他律到自律的历程，那么道德规范的道德性就是不完全的，即不是严格意义上的道德规范。一切他律的道德规范，都必须转换为自律的道德规范。道德规范的他律性转换为自律性的最重要特征，表现为道德主体自身的行为动因由原来的外在约束，转换为内在约束，由原来的外在导向，转换为内在导向，换言之，转换为主体自己的意志约束。道德自律的问题，恰恰给法律职业道德建设提出了另外一个重要的方式方法，即法律职业道德的自我养成。

7.2.3.3 良好职业道德的养成与健康伦理关系的形成

只有法律职业人养成良好的职业道德，在这种内化于心的职业道德约束之下，才能外化于行，形成健康的职业伦理关系。法律职业人，只有在内心真正认同法律至上，真正尊重法律、追求法治信仰，才可能形成对其他法律职业的合乎法治精神的尊重。实际上，尊重其他法律职业，就是对法律的尊重，对法治的尊重。因此，健康的法律职业伦理关系的形成，有赖于良好法律职业道德的养成。

7.2.4 法律职业道德与法律职业伦理的约束

法律职业道德与法律职业伦理的约束，其实就是法律职业道德与职业伦理规范对法律职业者从业内外行为的制约和控制。规范是一种行为标准、行为准则，这种标准、准则既可以是人们在日常生活和交往中约定俗成的，也可以是人们有意识制定的。

7.2.4.1 法律职业道德与法律职业伦理规范的形式

道德规范作为人类行为的基本准则，在人类漫长的道德生活中曾经有过形态各异的表现形式。这些具体不同的表现形式，是由不同的社会关系和道德关系所赋予的。从学理上考察，我们可以将人类历史上出现过的道德规范形式大致概括成以下几种，即图腾、禁忌、风俗、礼仪、箴言、准则、义务、责任。图腾、禁忌、风俗、礼仪作为道德规范在人类历史上曾经起到过非常重要的作用，在某些民族和地区，甚至在每一个人身上都或多或少地存留有这些规范的影子，比如中国人通常认为子女直呼长辈的姓名是不礼貌的。严格说来，除礼仪外，这些规范都是比较低级、粗糙的道德规范，它们基本上是人类在同自然、社会和他人的交往活动中，自发形成起来的，并没有更多地凝结人类的道德智慧，只能称为人类幼年的产物。在现代人类社会中，起作用的主要是下面这几种规范形式。

1. 箴言

箴言是人类道德文明发展过程中，最先发展起来的道德规范形式。箴言用富于哲理的格言警句，向人们展示世界、社会和人生的图景，并以劝诱的方式制约人们的行为。箴言不但是人类道德智慧的结晶，而且是真正属于人类的理性信念，因而它在制约人们行为时，已不再是单纯外在的使人恐惧的祸福惩奖，而转向人们的心灵，转向人们的道德觉悟。法律箴言是有关法律的精辟而含蓄的经典表述，从中可以找到某些原理、原则、规则的最古老依据，因而对它们也会有更深刻的认识。法律职业者不仅可以从这些法律箴言中看到"对有疑问的部分，必须做出对被告有利的判断"这样直截了当的解决问题的方法，也可以找到"经过审慎考虑的判决常会变得比较成熟，而匆匆而就的判决则绝无可能"这样的道德警句。箴言是人类智慧的结晶，也是法律职业道德与法律职业伦理的重要载体。

2. 准则

一切道德规范，在本质上都是一种准则。准则作为道德规范，其对待行为善恶的倾向性比图腾、禁忌、礼仪、风俗等要明确得多。准则明确了某一种行为应该是这样，而不应当是那样的。准则包含着道德理性的成分，因而不同于图腾、禁忌、礼仪、风俗。准则又因为其包含着道德命令的成分，从而又同箴言相区别。

3. 义务

作为道德规范，义务的道德强制性又高于道德准则。准则仅仅是一种行为恰当与否的标准，行为者只有在从事准则要求的相关行为时才会受到准则的制约。换言之，如果道德主体的行为与某准则无关，那么这个准则对他而言就没有丝毫约束力。道德义务则不同，在一个特定的道德体系中，道德义务常常是道德主体所摆脱不掉的。道德主体要成为有德的人，就必须履行这些道德义务，而没有选择性。

4. 责任

责任是道德义务基础上的又一次升华。如果说义务表现的是一种道德强制性的话，那么责任就意味着违反义务所应当承受的不利后果。责任是道德规范中包含道德强制力和道德理性最多的规范，也是处于最高层次的道德规范。

道德规范的这些不同形式以不同的方式作用于道德主体，这就是下面要介绍的内容。

7.2.4.2　法律职业道德与法律职业伦理规范的外在约束力

1. 法律职业道德与法律职业伦理规范的外在导向功能

法律职业道德与法律职业伦理规范的导向功能，是指法律职业道德与职业伦理规范对法律职业者的职业活动起到的引导作用。道德规范作为一种行为准则，必然在约束人们的行动时也引导人们的行动。道德规范的约束力，不但是告诉人们不能做什么，同时也告诉人们应当做什么；不但是约束某一行为，同时也是激励某一行为。道德规范的这种价值导向功能，是与约束力同时并存、同时发挥作用的。因此，道德规范的约束性，实际上包含着导向性。道德规范的这种特性，使得它在发挥自己的约束及导向功能时，尽管是一种规定和准则性的东西，也依然用应当或不应当的道德劝诫语句，感化、说服、唤起人们的良知。翻开法律职业道德与法律职业伦理规范的文本，会发现到处充满了"应当"的字眼。例如《法官职业道德基本准则》规定，法官在履行职责时，"应当切实做到实体公正和程序公正……应当忠实于宪法和法律……应当自觉遵守法定回避制度……"这些"应当"所引领的语句，绝不应仅仅被看作是口号式的宣言，它们更是一种行为导向。这些导向功能，大部分由法律箴言、法律职业行为准则这两种形式来承担。

2. 法律职业道德与法律职业伦理规范的强制约束功能

在法律职业道德与法律职业伦理规范中，还存在两种带有强制命令性的形式，即法律职业义务与法律职业责任。义务是必须要遵从的行为准则，责任则是违反了义务将会承担的不利后果。道德的他律性来源于社会关系、道德关系及客观的社会道德要求。法律职业道德与法律职业伦理义务，正是法律职业者时常感受到的对社会、对他人的一种职责、任务和使命。这种职责、任务和使命，一旦为一定社会集团（如法律职业组织）用道德规范的形式明确下来，就成为一定群体的道德义务。

7.2.4.3　法律职业道德与法律职业伦理规范的内在约束力

法律职业道德与法律职业伦理规范的内在约束力，其实就是法律职业道德与法律职业伦理规范的自律性。道德规范的他律如果不转换为道德主体的自律，对道德主体是无道德意义可言的。一切他律的道德规范，都必须转换为自律的道德规范。道德的自律主要是通过道德主体的自身意志约束来实现的。

（1）道德主体自身的意志约束，首先表现为对道德规范他律性的认同。这种认同意味着主体既认识到了道德规范的他律性，又自觉地服膺这种他律性的约束。或者说，是把这种外在的规律，看成是自身内在的规律；他律的约束等同于自律的约束；社会的道德要求等同于主体自身的道德需要。认同的动因，是主体在对道德规范他律性进行深刻反思的基础上，由内心涌动出来的对这种他律性的真挚信仰。主体只有从内心深处敬畏这些道德规范，自身才会积极地对自己的行动进行意志约束。

（2）道德主体自身的意志约束，表现为"自己为自己立法"。也就是将道德规范这种外在的道德要求，内化为心中的道德法则。这是道德认同的进一步发展。道德主体自身的意志约束，集中体现在对爱好和欲望的把握上。爱好和欲望是一种个人的东西，也是一种无法回避的由客观决定的意识存在。每个个体都会有自己的爱好和欲望，而这些爱好和欲望由于受客观限制并不总是能够实现。那么如何对待这种矛盾，就是一个伦理学上的难题了。通常我们都会用理性这个词汇来把握爱好和欲望，理性的节制应该是一种合理的节制。这种理性对于个人而言，其基础在于一种意志力。这种力量能够保证理性在与爱好和欲望的抗衡中，掌握主动权，并最终取得胜利。

法律职业人员由于其工作性质的特殊性，经常会面临形形色色的诱惑，也经常会面对来自各方面的压力。是否能够"富贵不能淫，贫贱不能移，威武不能屈"，最关键的还是要依靠法律职业人员自身的意志约束力。这种意志力反映出道德主体自身的道德修养程度，反映出自身的法律职业道德与职业伦理信仰、职业良心以及职业荣誉。这就要求每一个法律职业人员都要尽可能地在思想上做到自尊、自重、自省、自察、自励；在行动上做到慎权、慎利、慎独，应当树立崇高的法律伦理精神，增强职业责任感、正义感以及敬业精神，同时注意培养法律职业人员良好的个性品质，建立法律人的职业威望和人格魅力。

7.2.5 法律职业道德与法律职业伦理养成

依据伦理学的观点，一切他律的道德规范都必须转换为自律的道德规范。法律职业道德与法律职业伦理约束是法律职业道德与法律职业伦理的他律手段，法律职业道德与法律职业伦理教育是法律职业理想人格、道德品质的培育手段，两者的最终目标都在于促进法律职业道德与法律职业伦理从他律向自律的转化。法律职业道德与法律职业伦理的养成对于一个法律职业者来说，是一个法律职业道德与法律职业伦理的内化过程，即道德主体自身的行动动因由原来的外在约束转换为内在约束，由原来的外在导向转换为内在导向，转换为主体自己的意志约束。这种转化首先表现为对道德规范他律性的认同，其次表现为"自己为自己立法"，最后集中表现为意志对爱好和欲望的把握。影响法律职业道德与法律职业伦理养成的有两大因素，即内因和外因。法律职业道德与法律职业伦理养成的外部因素主要是指社会环境的影响，法律职业道德与法律职业伦理养成的内部因素则主要是指法律职业者的道德修养。此外，法律职业道德与法律职业伦理的养成还需要一定的制度保障。

7.2.5.1 影响法律职业道德与法律职业伦理养成的环境因素

马克思主义认为，人是社会的动物，自从有了人便有了人类社会。所有的人都是社会的人，社会中的所有因素都属于社会环境。因此，社会环境必然是一个异常宽泛的概念。如果想要用语言穷尽所有的环境因素恐怕是一件非常有难度的事情，我们也只能尽力抓住主干因素，抓住对法律职业者影响最大的几个因素来进行分析。

1. 政治环境

政治环境是指人类社会中一切政治要素及其运行所形成的环境。它包括政权性质、政治制度、政治体制和政治意识、政治准则等。政治环境具有社会历史性、阶级性和相对独立性的特点。政权性质、政治制度、政治体制决定了人的政治地位，政治意识、政治准则等规范着人们的行为。政治环境直接对人的道德素质产生影响。具体来讲，政治环境对法律职业道德与法律职业伦理的影响主要表现在以下方面：

（1）政治体制对法律职业道德与法律职业伦理的影响。《中华人民共和国宪法》规定：

"中华人民共和国是工人阶级领导的、以工农联盟为基础的人民民主专政的社会主义国家""中华人民共和国的一切权力属于人民""人民依照法律规定,通过各种途径和形式,管理国家事务,管理经济和文化事业,管理社会事务""一切国家机关和国家工作人员必须依靠人民的支持,经常保持同人民的密切联系,倾听人民的意见和建议,接受人民的监督,努力为人民服务"。同时,《中华人民共和国宪法》还规定了公民的若干基本权利。"中华人民共和国公民在法律面前一律平等""中华人民共和国公民有言论、出版、集会、结社、游行、示威的自由"。中华人民共和国公民的人身自由、人格尊严、住宅不受侵犯;公民的通信自由和通信秘密受法律的保护;公民有劳动的权利和义务,有休息的权利,有受教育的权利,等。作为国家根本大法,《中华人民共和国宪法》的这些规定,首先明确地宣告:在中国,人民是国家的主人。一切国家机关工作人员,包括法官、检察官都是人民的公仆,都应当奉行"全心全意为人民服务"的宗旨。一切国家机关的工作人员,都应当致力于为人民谋福利。这就要求法律职业人员,尤其是法官和检察官应当做到如下几点:

1) 必须确立"为人民服务"的宗旨。在这个大的道德框架下,公平、正义、勤勉、谨慎、抑恶扬善、扶弱济困、忠诚、为民、诚实信用、爱憎分明、严明、清廉、正直、法律至上、宪法为尊等都是题中应有之义。在社会主义国家,无论是人民法院还是人民检察院都是为人民提供法律服务的机关。无论法官还是检察官都不能高高在上,脱离群众,应当时刻保持同人民的密切联系,倾听人民的意见和建议,自觉接受群众的监督。提出"为人民服务"的宗旨,并不是高喊的政治口号。当前,司法实务界确实存在腐败现象,少数法官、检察官身上"官老爷"的作风还在滋长,少数司法人员的特权思想浓厚。同样的情况在律师行业也存在,有些律师不愿意办理法律援助的案子,不愿接"经济效益不好"的刑事案子。"抑恶扬善、扶弱济困、爱憎分明"这些应当是所有法律人共有的优良品质,律师也概莫能外。

2) 必须确立保障人权的职业理念,这也是法律职业道德与职业伦理的应有之义。宪法规定了若干公民的基本权利,这是人民当家做主的具体体现。2004年,十届全国人大二次会议通过的宪法修正案,首次将"人权"概念引入宪法,明确规定"国家尊重和保障人权"。这是中国民主宪政和政治文明建设的一件大事,是中国人权发展的一个重要里程碑。与此稍显不对称的是,在司法实践部门,侵害公民基本权利的事情,以及刑讯逼供、超期羁押等非法剥夺公民人身权利的事件仍有发生。因此,必须要刻不容缓地在法律职业者的心目中树立重视人权的司法理念。

3) 必须确立法律至上的职业信仰。法律职业区别于其他职业的一个重要特点就是形式理性,形式理性包含了一切以法律为出发点,同等状况同样对待。"法律至上、宪法为尊"正是形式理性在法律职业道德与法律职业伦理领域的具体要求,也是法律人所应当具有的基本素质。

(2) 司法体制对法律职业道德与法律职业伦理的影响。中国的司法体制是有中国特色的社会主义司法体制,与西方建立在"三权分立"基础上的司法体制有根本不同。中国的司法体制在政策贯彻上,有着西方不能比拟的优越性。但当前,中国的司法制度也存在一些问题。比如,刑事诉讼法要求公检法三机关"分工负责,相互配合,相互制约",导致了三机关职能的混同,破坏了诉讼中"等腰三角结构"的形成。这样的体制势必会影响到法律职业者的职业伦理。以司法受地方干预为例，法律职业者在这样的干预下，是否还能坚持"法律至上"的信仰？汉密尔顿有言："就人类天性之一般情况而言，对某人的生活有控制权，等于对其意志有控制力。"可见，司法体制必然会深刻影响到法律职业者的道德选择。也正是从这个意义上讲，提高法律职业者的职业伦理素质，是一个大的系统工程，需要诸多方面的努力，当然也离不开制度上的弊病革除以及相应的制度保障。

（3）国家政策对法律职业道德与法律职业伦理的影响。政策是国家或执政党为实现一定的政治、经济、文化等目标任务而确定的行动指导原则与准则。与法律相比，政策具有较大的灵活性，其内容随时随地在发生变化，政策依靠其应对性和灵活性来维持其对社会生活、社会关系调整的有效性。政策指导法律的制定和实施，也需要法律贯彻实施。由此出发，政策也势必会影响到法律职业者的道德倾向。比如，中国的刑事政策长期以来倾向于打击犯罪，维护社会秩序。在这种政策背景下，"命案必破"的硬性命令也顺理成章了。这就可能会带来侦查人员为了破案而忽视对嫌疑人的人权保障，因此，要进一步强化对保障人权乃至宪法为尊的道德要求。

2. 经济环境

经济环境主要包括经济制度、经济体制、经济成分、经济布局、经济结构、经济关系等要素。应当首先说明的是，这些要素综合起来产生合力对职业道德养成产生影响。此处仅仅取出影响最大的两个因素来进行分析，即经济体制和经济关系。

（1）经济体制对法律职业道德与法律职业伦理的影响。经济体制是指整个国民经济的管理制度、管理形式、管理方法的总称。它是一定经济制度所采取的具体组织形式和管理制度，属于生产关系的具体实现形式，是经济制度的表现形式。同一经济制度可以采取不同的经济体制，不同的经济制度也可以采取相同的经济体制。经济体制就其本身的规定性来看，其实质就是对资源配置方式的择定。事实上，人类在与自然界不断进行的物质交换过程中，始终在不断进行着资源配置方式的成本比较、效益比较，并进行着经济体制的选择与改革。党的十四大确立了我国经济体制改革的目标是要逐步建立和完善社会主义市场经济体制。而21世纪起始10年我国的阶段性目标就是建立比较完善的社会主义市场经济体制。

在市场经济条件下，经济主体进行经济活动的目的是为了追求自身利益的最大化。在交易过程中，市场经济注重的是主体的平等、自由、信用、效率、秩序等价值。这与法律和道德所追求的公平、正义、特定的善恶标准等价值存在一定程度的差异。在经济体制转型的重要时期，法律人应当扮演什么样的角色，法律人的职业道德会受到什么样的冲击，这确实是摆在法律职业者面前的一个新课题。比如，众所周知利益是市场的驱动力，而法律应当为市场服务，那么法律首先就要确认和保护"经济人"对自我利益的关心和追求，明确地设定权利和义务，最大限度地保障自由、安全的商品交换和市场交易。其次，"经济人"在追求利益最大化的时候必然会涉及诸多价值判断的问题，体现一定的经济伦理和环境伦理。在某些具体场合，"义"和"利"往往不能兼顾，那么法律职业者在面对这样的难题时又应当作出什么样的选择？如果这些选择涉及公平正义，那么就更是对法律职业者职业道德意识的考验。

经济体制的变革势必会扩散到社会的方方面面，也必然会对法律职业者的职业道德提出许多新的挑战,也更需要法律人在经济大潮中明确方向、确立正确的道德标准。

(2) 经济关系对法律职业道德与法律职业伦理的影响。经济关系,通常也叫生产关系,是在生产、分配、交换、消费过程中人与人之间发生的财产等物质利益关系。市场经济中的经济行为以利益为导向,那么在市场经济中的人与人之间的关系也势必与经济利益密不可分。

法律职业者也是生活在各种利益关系中的普通人,也必然要面对各种各样的利益关系,其职业道德必然会受到经济关系的影响,尤其体现在分配领域。法律职业应当是一种精英化的职业,严格的法律职业准入制度使得进入这一行业的人都是拥有缜密的法律逻辑思维、科学的法律语言、深奥而繁杂的法律知识、精湛而复杂的法律技术的社会精英分子。法律职业者应当享有有保障的收入、为社会所尊重的身份,这样才能建立和维持其职业荣誉感,也才能实现司法的公正性。也正是因为如此,西方国家一般都给予法律职业者以较高的收入和完善的职业保障。

3. 文化环境

社会文化环境是指人们所处的社会结构、社会风俗和习惯、信仰和价值观念、行为规范、生活方式、文化传统、人口规模与地理分布等因素的形成和变动。文化环境的变量很多,其中文化传统、人生观和价值观对法律职业道德与法律职业伦理的影响最大。

(1) 文化传统对法律职业道德与法律职业伦理的影响。中国是有着五千年文明史的大国,历史给我们留下了无数宝贵的物质财富和精神财富,同时也给我们留下了难以磨灭的文化传统。中国人讲究"礼治",讲究"无讼",在传统的中国人心中,"打官司"是一件很丢面子的事情。而与此相对应,我们的国人更看重的是"人情关系",更看重"面子"。正如费孝通先生在其著作《乡土中国生育制度》中所说的那样:"在西洋社会里争的是权利,而在我们却是攀关系、讲交情。以'己'为中心,像石子一般投入水中,和别人所联系成的社会关系,不像团体中的分子一般大家立在一个平面上的,而是像水的波纹一般,一圈圈推出去,愈推愈远,也愈推愈薄。"

"官司才进门,两边都托人"其实源自传统,这种情况又往往给司法人员带来了极大的压力,各种各样的关系网会使他们陷入两难的境地:照顾亲属、朋友、师长的"脸面"和人情,必然导致司法不公,甚至徇私枉法;不照顾则会造成各种关系的紧张,甚至被街坊邻居、亲戚朋友指责为六亲不认,而得不到丝毫同情。

律师也是一样,熟知中国人情冷暖的律师们,很多人都出身于法院或者检察院(多年来,由于法官、检察官的待遇及职业保障等问题导致有些法官、检察官向律师队伍反向流动),他们毕业于政法院校,很多同学、朋友、老师、以前的同事都在公、检、法等部门工作。他们有"关系",而经验已经证明他们也很会利用"关系"。这些已经不是简单的对法律职业道德与法律职业伦理的挑战问题,而是赤裸裸的漠视。

新中国成立之前,司法与行政不分,有学者称这种衙门为"全能型衙门",这种诉讼为"父母型诉讼"。不管怎么称呼,传统的"法官"地位高高在上,在大堂上说一不二。堂下的诉讼双方自称"草民",而称堂上的法官为"大老爷"。在诉讼程序上,完全是"大老爷"一个人说了算。在刑事诉讼中,更是侦查、起诉、审判数种职能集于一身。这是封建"纠问式"诉讼的特点之一。在这样的司法体制下,老百姓有了冤屈只能寄希望于"包青天"那样铁面无私的清官。辛亥革命到今天也已 100 余年了，很多人还是习惯于有事找组织，而不找法院，见了好法官总是会叫"青天"。这是因为在很多普通群众心中，政府跟法院是一码事，因为几千年的传统使得他们忘不了"大老爷"的高高在上。同时，几千年的传统也使得一些司法人员产生了很优越的"特权意识"。有很多例子都说明法官在庭上会训斥当事人、律师，甚至检察官。这些事例足以说明文化传统对法律职业道德与职业伦理的影响。

（2）人生观和价值观对法律职业道德与法律职业伦理的影响。人生观是人们对人生问题的根本看法和态度。人生观的核心是人生目的、人生理想、人生追求，即人为什么而活着？宝贵的生命年华应该怎样度过？马克思主义的人生观要求我们确立共产主义的人生理想，确立高尚的人生目的，确立有益于集体、有益于国家、有益于人民的人生目标。价值观就是关于价值的观念，是指人们关于基本价值的信念、信仰、理想系统，是人生价值判断的标准与价值取向。何为真善美、何为假恶丑？何为人的个人价值？人生的价值怎样去实现？这些都要用正确的价值尺度去衡量，要循着正确的价值取向和途径去实践并得以实现。而道德是与价值判断紧密相连的思想和行为规范。社会主义道德的价值规范、行为规范的本质特征是集体主义和全心全意为人民服务的精神。社会主义道德、社会主义法律职业道德与法律职业伦理与马克思主义的人生观、价值观应当完全一致。

改革开放以来，中国经济与社会发展取得了举世瞩目的成就，社会主义精神文明建设取得了丰硕成果，新时代中国特色社会主义理论深入人心。但是，我们也应看到，改革开放和社会主义市场经济的发展是一场深刻的革命，它必然给人们的思想观念、价值取向、行为规范等方面带来很大的影响，使人们的心智、观念、思维方式和行为模式乃至精神状态发生很大的变化。这种影响和变化，从积极方面看，有利于冲破封建宗法观念、小农经济的习惯势力和保守思想，激发人们的积极性和开拓进取意识；有利于解放思想，破除迷信，锐意创新。但是，我们也不能不看到，在市场经济条件下，体制转轨时期产生的负面效应对人们精神生活的侵蚀也十分严重。西方庸俗的价值观念和腐朽的生活方式，封建统治阶级所奉行的纵欲主义、拜金主义、享乐主义等沉渣泛起。市场经济诱发了一些人自私自利的心理，使得一些意志薄弱者，把对金钱的占有作为生活的目标。少数司法人员经不起权钱的诱惑，丧失了人生的理想和信念，忘记了自己应尽的义务和责任，丧失了自己所应有的职业道德观。价值取向的扭曲，导致一些人生活目标的混乱和思想、行为上的堕落。法律人肩负着实现公平和正义的重担，只有树立科学的人生观和价值观，才能在历史性大变动中保持清醒的头脑，经受住各种考验，自觉抵制腐朽思想文化的侵蚀和影响。

7.2.5.2　法律职业道德与法律职业伦理修养建设

依据伦理学，修养是指人们在政治、道德、学术以至技艺等方面所进行的勤奋学习和涵养锻炼，以及经过长期努力所达到的一种能力和思想品质。道德修养，则主要是指人们在道德品质、道德情操、道德意志、道德习惯等方面进行的自觉的自我改造、自我陶冶、自我锻炼和自我培养。如果说道德教育和道德约束都是从外部对道德主体施加影响的话，那么道德修养则主要是道德主体的内部修炼。道德修养是道德从他律到自律的嬗变，法律职业道德与法律职业伦理能否真正为法律人所拥有，主要在于它是否能够最终转化为法律职业者自觉的道德修养。

1. 培养法律职业道德与法律职业伦理修养的途径

培养法律职业道德与法律职业伦理修养的途径有两个,即学习和实践。理论是行动的先导,没有理论的实践是盲目的、没有价值的实践。实践必须用理论来指导,才能取得预期的效果。早在三千多年前,孔子就提出"笃信好学,守死善道"。不爱学习、缺少应有的知识,即使主观上爱好仁德,也不会有完善的道德品质。对法律职业人员或者将要从事法律职业的人而言,应该学习的不仅是专业技术知识,更要学习和掌握法律职业的基本伦理要求。从理论上明确什么是符合法律职业道德与法律职业伦理的行为、什么是不道德的行为,明确法律职业道德与法律职业伦理修养的目标,把握法律职业道德与法律职业伦理修养的标准,从而提高法律职业道德与法律职业伦理修养的自觉性。

培养法律职业道德与法律职业伦理修养的另一个途径就是参加社会实践,做到知行统一。实践是认识的来源,是检验真理的唯一标准。积极参加法律职业实践活动,是培养法律职业道德与法律职业伦理修养的最根本途径。只有在实践中,在处理法律职业人员与当事人、法律职业人员之间、法律职业人员与职业管理者等种种关系时,才能认识到自己行为的是与非,才能辨别善与恶,才能培养自己良好的职业道德品质。离开了社会实践,也就意味着离开了人类的道德活动,人们的善恶观念就无从产生、无法改变,也不能克服自己不正确的思想和不道德的行为,更不能培养自己崇高的思想和道德品质。

2. 培养法律职业道德与法律职业伦理修养的方法

培养法律职业道德与法律职业伦理修养,既要找到良好的途径,也要注意正确的方法。就法律职业道德与法律职业伦理修养的培养而言,主要有以下几种方法:

(1) 注意法律职业道德与法律职业伦理的日常积累。正所谓"积善成德",高尚的道德人格和优秀的法律职业道德与法律职业伦理品质,不是一夜之间养成的,它需要一个长期的积累过程。这就要求法律职业者平时从点滴小事做起,严格要求自己,"勿以恶小而为之,勿以善小而不为"。日积月累,就能够养成良好的行为习惯,形成崇高的道德品质和高尚的道德人格。

(2) 注意学习道德楷模,时常鞭策自己。先进人物,尤其是本行业内的先进人物,往往不同程度地体现了一定的职业道德理想,为法律职业人员的道德修养提供了可资借鉴的先进经验,树立了光辉的道德榜样。孔子说:"见贤思齐,见不贤而内自省也。"就是这个意思。道德楷模的优良品质和榜样示范作用具有巨大的精神感召力和感染力,起着其他教育形式无法比拟的作用。法律职业人员应当从他们身上汲取前进的动力,长期磨炼自己,不懈改造自己。

(3) 批评与自我批评。"人非圣贤,孰能无过。"法律职业者在道德修养过程中,出现些许错误和缺点是在所难免的,法律职业道德与法律职业伦理品质的培养,离不开批评与自我批评。批评就是对别人的缺点或错误提出意见,自我批评则是对自己的缺点或错误进行自我揭露和剖析。一方面,对错误的言行要敢于进行批评;另一方面,也要能够接受别人的批评。无论是批评还是自我批评,最后的落脚点都应当是改正缺点、错误。

(4) "慎独"。"慎独"是中国传统伦理道德修养的重要方法,也是中国特有的一种修养方法。《礼记·中庸》中讲道:"道也者,不可须臾离也,可离非道也。是故君子戒慎乎其所不睹，恐惧乎其所不闻。莫见乎隐，莫显乎微，故君子慎其独也。"意思是说，君子在任何时候都不能和道德分离，否则就不是真正有道德的人，即使在别人看不见、听不见的时候和地方，也应该小心谨慎，严格要求自己，不使自己的言行超越道德规范。"慎"就是小心谨慎，随时戒备不良的思想和念头；"独"就是独处、独自行事。所谓"慎独"，就是在他人和社会监督不到、法律和道德舆论管不到的情况下，也要按照道德规范行事。这是衡量一个人的最高道德境界。这就要求法律职业者充分发挥自觉性在道德修养中的作用，随时随地都以法律职业道德与法律职业伦理原则和规范来指导、调节自己的职业活动，尤其是在独立工作，无人监督的环境下，在处理最隐蔽、最细微的事情时，也能严格遵循法律职业道德与职业伦理，使自己成为"一个高尚的人，一个纯粹的人，一个有道德的人，一个脱离了低级趣味的人，一个有益于人民的人"。

7.2.5.3 法律职业道德与法律职业伦理养成的制度保障

1. 法律职业道德与法律职业伦理课程

法律职业道德与法律职业伦理作为一门专门的课程，在大学法学教育中，长期未得到过应有的重视。法律职业者不仅仅需要拥有良好的法律知识和技能，更要具有合格的法律职业道德与法律职业伦理素质。而法学院校中的法律职业道德与法律职业伦理教育对于法律人法律职业道德与职业伦理的养成作用巨大。学生是一个相对单纯的群体，学校是一个相对单纯的环境，法律职业道德与法律职业伦理的学校教育相对于职业教育更容易收到成效。《中共中央关于全面推进依法治国若干重大问题的决定》指出，"全面推进依法治国，必须大力提高法治工作队伍思想政治素质、业务工作能力、职业道德水准，着力建设一支忠于党、忠于国家、忠于人民、忠于法律的社会主义法治工作队伍，为加快建设社会主义法治国家提供强有力的组织和人才保障"。教育部高等学校法学类专业教学指导委员会于2018年6月18日完成了法学专业核心课程的调整工作。法学专业核心课程的调整结合法学学科特点，将法律职业伦理作为法学专业学生必须完成的10门专业必修课，同时要求强化法律实践教学，培育法科学生关注社会、服务社会的公益服务精神和法律职业伦理，为德法兼修法治专门人才的培养建构起了系统的课程框架体系。

2. 法律职业准入制度与法律职业保障体系

（1）法律职业准入制度。法律是一种专门的技术知识，它对从业者提出了迥异于常人及其他职业的特殊思维方式和职业伦理。法律职业要求从业者习惯于运用法律思维进行观察、思考和判断，习惯于通过程序进行工作，要求他们注重缜密的逻辑而谨慎地对待情感因素。这些要求使得法律职业者从来都应该是一个精英群体。实际上，法律职业伦理正是建立在法律职业者独特的思维习惯和方式的基础之上的。程序思维才能产生形式理性，也才能产生不徇私情的公平和正义。法律职业道德与法律职业伦理的养成建立在一个优秀的法律职业者群体存在的基础之上，如果这个群体良莠不齐、素质不高，那么就很难在法律职业共同体中形成一个良好的道德氛围，法律职业道德与法律职业伦理的养成就会变得遥不可及。现代法治国家普遍认识到了这个道理，而他们所采用的去"莠"存"良"的大筛子就是严格的法律职业准入制度。

法律职业准入制度是指法律职业从业人员从业资格的取得制度，通常也就是指相关人员必须经过法律知识和职业伦理水准的统一考试才能获得从业资格的制度。目前包括中国在内的世界上大部分国家都在相关法律中规定了从业人员的业务标准。法律职业准入制度的建立有着非常重要的意义。它可以促进法律职业从业人员的竞争选拔，保证将最优秀的人员选拔进入法律职业。通过法律职业准入制度，可以在一定程度上保证从业人员的质量，或者说，通过统一的考试体制将竞争机制引入法律职业，确保每年可以把最优秀的考生选拔录入法律职业。而严格的法律职业准入制度也可以推动法律职业道德与法律职业伦理建设的深入进行。

法律职业"门槛"的提高，存在这样一个潜在的话语，即只有少数精英分子才能进入这个行业，而这是一个非同寻常的潜台词。"对于一个行业性的群体而言，伦理道德水准的高下主要并不取决于来自外部的监督和控制，问题的关键在于是否能够建立严格的自律机制。"这种自律机制是复杂因素的产物。荣誉是其中的一个重要因素，寡廉鲜耻常常是导致一个人对道德戒律无所顾忌的直接原因。什么行业的人们最珍惜荣誉呢？长期树立并且较少受到玷污的良好的社会形象、只有受到严格而高层次教育者方能进入的选任标准、共同体成员之间相互熟知并能产生来自同事的关注、与一般大众之间适度的距离、对社会需求能够较好地加以回应从而导致更殷切的外部期望和较为优裕的经济地位、组成该行业的人员数量相对较少等都是不可忽视的内容。职业荣誉感不一定是由于这种职业所拥有的权力大，更多的情况是因为只有获得很好的教育并且只有具有很高水平的知识、才智以及伦理水准的人士方能进入此行业。这样严格的法律职业准入制度，可以推动法律职业者的职业成就感以及职业信念与职业伦理，对于防止司法腐败也具有一定的意义。

（2）法律职业保障体系。波斯纳说过："伦理是一种自我约束力，对主体之任意性起到一种约束作用；伦理是一种内在的感召力；伦理是一种人际的亲和力。"法律职业道德与法律职业伦理可以塑造称职的、令人信任的法律职业者。众所周知，廉洁、中立、超然等品质对司法权威的重要性。正如古人所言，"唯公则生明，唯廉则生威"。法官、检察官只有清廉才能换取民众的信赖和认同。司法的公正很大程度上依赖于司法人员的廉洁无私。但是法律职业者也必然要面对婚姻、家庭、住房、子女入学等诸多实际问题。而同时法律职业者由于其职业的特殊性，受到的物质诱惑又数倍于常人。因此要想保证他们这种超然于世的可能性，必须给他们提供相应的物质保障和职业保障。我们需要设立一种激励机制和保障机制。这不仅是司法独立的必然要求，也是建立和维持法律职业者职业荣誉感的必然要求。

这对法律权威和实现法治均有重要作用，它不仅可以保障司法的独立性，也能激发和维持法律职业者的职业荣誉感。

为了保持法律职业的尊崇地位，设立完备的法律职业保障制度也是西方国家的通行做法，具体体现在对法官的身份保障、经济保障上，主要有以下几个制度：

（1）法官终身制。法官终身制即法官一经任命，除因弹劾事由或健康原因外，将终身任职。美国联邦宪法规定，在"良好行为"的前提下，法官除因违法犯罪受弹劾或自动辞职，其职务是终身的，工作也是终身的。英国依据1701年《王位继承法》和1925年《最高法院审判法》的规定，除大法官外，其余法官是终身制的，除两院弹劾外，不得被罢免。德国基本法规定法官是独立的，只服从法律。终身任职的法官不得违反其意愿，在其任期届满前将其撤职、停职、调职或命令其退休，除非根据法律并按法律规定的程序作出司法裁决。法国宪法规定，共和国总统是司法独立的保障者，法官实行终身制。法律还规定，法官在任职期间非因可弹劾之罪并经法定弹劾程序，不得被免职、撤换或者强令退休。

（2）罢免原因和罢免程序的法定化。国家有关法律对罢免的原因和罢免的程序作出明确、严格的规定，非经法定程序认定有法定的罢免事由，法官不受罢免。美国联邦宪法规定，联邦法院法官只能因诉讼原因，而且必须经过弹劾程序，才能被撤销职务。美国建国二百多年来，只有十几名法官受到弹劾。其他西方国家也大抵如此。

（3）在职经济保障和退休经济保障制度。在英美法系国家，法官的待遇远比职业文官丰厚。美国联邦最高法院首席大法官的年薪与副总统相同，联邦法院法官与国会议员、政府内阁官员的年薪大体相当。英国高级法官的工资高于政府大臣，1983年《英国经济学周刊》公布的资料显示，英国大法官的年薪达59300英镑，比首相的年薪高10300英镑。在美国，联邦法官服务达一定年限的，可自愿退休，但不得强迫其退休，法官退休后享受全薪待遇。还有国家规定了法官任职期间薪俸不得减少，如日本法律规定，对法官的处分，不得给予减薪；因紧缩政策或通货收缩，对公务员的工资采取减额方针时，对现任法官的报酬也不得减少。

就中国法律职业保障情况来看，目前我国原则上也接受了法官身份保障制度，《中华人民共和国法官法》第八条第（三）项规定：法官"非因法定事由，非经法定程序，不被免职、降职、辞职或处分"。第十三条和第四十条分别对法官的免职和辞退事由作了具体规定，在法官的物质待遇保障方面也以有利于廉洁勤政、秉公执法、吸引人才、保持法官队伍稳定等为取向，做出了相应的规定。《中华人民共和国法官法》还有法官专职制即法官身份保障的制度安排，这反映了中国司法制度的逐步健全，但总的来说还不够成熟和完备。在很长一段时间里，中国法官的选拔任用标准还混同于公务员，法院在人事、经费等方面不独立于行政，法院内部管理行政化，法官待遇混同于普通公务员。党的十八届四中全会后，司法体制改革进入了快车道，《中共中央关于全面推进依法治国若干重大问题的决定》规定，"完善职业保障体系，建立法官、检察官、人民警察专业职务序列工资制度"。中央同时启动了法官、检察官的省级统管、员额制试点和推广，这些举措旨在克服前述弊端，加强法律职业者尤其是法官、检察官的职业保障。

7.2.5.4 建立完善的法律职业道德与法律职业伦理评价机制

1. 法律职业道德与法律职业伦理评价的任务和作用

法律职业道德与法律职业伦理评价是根据法律职业道德与法律职业伦理准则规范，对法律职业行为所作的善恶判断和评论。职业道德评价的基本任务，是判断人们职业行为的善恶性质，衡量职业行为的道德价值和道德责任。职业道德评价同时也是一个扬善惩恶的过程。职业道德评价可以具体地告诉人们，哪些行为是道德的，因而是正当的、高尚的、美好的；哪些行为是不道德的，因而是不正当的、卑鄙的、丑恶的。因此，从这个意义上说，法律职业道德与法律职业伦理评价具有教育的功能和作用。而这种对人们职业行为进行褒贬的判断，不仅使人们分清善恶界限，而且还能使人们产生对道德行为的热爱和推崇，以及对不道德行为的憎恶，从而激发人们的道德责任心和荣誉感，提高人们的职业道德觉悟。在此基础上，就可以形成一种带有一定善恶标准的社会舆论。这就使良好的职业道德行为受到肯定和赞扬,从而发挥其示范作用;使不道德的职业行为受到鞭挞和抵制,从而抑制其发生。从这个意义上讲,职业道德评价就表现为维护和执行职业道德原则和规范的现实力量,对职业活动和社会活动起促进作用。

2. 法律职业道德与法律职业伦理评价的标准和形式

法律职业道德与法律职业伦理评价应当以法律职业道德与法律职业伦理规范为基本标准,而评价的根据则不应该仅仅看该行为的效果,也要看行为的动机如何。对行为动机的判断,是衡量行为道德性质的主要方法,而对行为效果的判断则是衡量行为社会价值的重要方法。因此,必须坚持用动机与效果相统一的观点来进行法律职业道德与法律职业伦理评价。法律职业道德与法律职业伦理评价有三种形式:

(1) 自我评价。职业良心是职业道德自我评价的基础,职业道德的自我评价通常体现为职业良心的谴责或者自我满足。职业良心是法律职业人员内心的道德法庭,在职业道德的自我评价过程中起着关键的作用。卢梭曾经说过:"我们天赋的良心是万无一失的善恶评判者。"而职业良心总是与职业责任感、职业荣誉感紧密地结合在一起,使道德主体符合职业道德原则、规范,对他人、对社会有益的行为感到光荣、高尚,从而得到良心的满足和精神上的欣慰。反之则会感到不安,甚至羞愧、内疚,受到良心的谴责。

(2) 内部评价。法律职业道德与职业伦理的内部评价,通常是指法律职业群体内部对职业行为作出的善或者恶的评价。法律职业道德与法律职业伦理的内部评价通常伴随着一定的奖励或者惩罚措施。内部评价一般由若干职业人员组成专门的评价组织来进行,在程序上力图客观、公正。法律职业责任的追究机制就是法律职业道德与职业伦理内部评价的一种重要形式。

(3) 外部评价。法律职业道德与职业伦理的外部评价,最主要的是指舆论对职业行为的评价。社会舆论是公众的议论和看法,它用语言或文字表示人们对社会生活中所共同关心的事件或现象的某种倾向性意见。舆论对人们的行为具有巨大的赞扬或贬斥作用,它能够形成一种善恶分明的社会氛围,使不道德的行为受到强大的精神压力和心理压力;使那些高尚的行为受到赞赏和尊敬。社会舆论可以分为两种:一种是自觉的社会舆论,也就是由特定的机构和组织有目地地实施舆论宣传;另一种是自发的社会舆论,它是人们遵循着实际生活经验和已有的传统习惯而形成的。当自觉的社会舆论与自发的社会舆论方向完全一致时,舆论的力量就会十分强大,会对职业风气和社会风气产生强烈影响;当两种舆论方向不太一致时,舆论的作用就会降低,并且有可能会给行业秩序和社会秩序带来混乱。因此,我们应当坚持正确的舆论导向,尽量减少和消除错误的舆论在职业道德评价中的消极影响和错误导向,以保证社会评价对于法律职业道德与职业伦理的积极影响。

第 8 章

法学研究生教育

按照《中华人民共和国学位条例》的规定，我国实施三级学位制度，学位分为学士、硕士、博士三级。我国的学位分级与高等教育的不同阶段相联系。学士学位，由国务院授权的高等学校授予；硕士学位、博士学位，由国务院授权的高等学校和科学研究机构授予。《中华人民共和国学位条例》对各级学位的授予标准作出了明确的规定，分别具体规定了各级学位获得者应具备的学术水平。

我国学位类别分为学术型学位与专业学位。学术型学位按照学科门类授予，分别为哲学、经济学、法学、教育学、文学、历史学、理学、工学、农学、医学、军事学、管理学、艺术学学士学位/硕士学位/博士学位。专业学位虽也分为学士、硕士和博士三级，但一般只设置硕士一级。各级专业学位与对应的我国现行各级学位处于同一层次。专业学位按照专业学位类型授予，专业学位的名称表示为"××（职业领域）硕士（学士、博士）专业学位"。

根据《授予博士、硕士学位和培养研究生的学科、专业目录》（1997 年颁布），通常所说的"法学一级学科硕士点"、"法学一级学科博士点"，是指在"法学"这个学科门类下的所有二级学科（法学理论、法律史、宪法学与行政法学、民商法学、刑法学、经济法学、诉讼法学、环境与资源法学、国际法学等）均有硕士、博士学位授予权限。一般而言，一个学校是否拥有法学一级学科硕士、博士授权点，能够直接反映出该所大学在法学学科领域的实力与水平。

中国的学位是一种"国家学位"，国家制定统一的学位授予标准，国务院授权有关高等学校和科学研究机构行使学位授予权，因此，高等学校和科学研究机构及其学科、专业开展学位授予工作，必须首先取得国务院的授权。国务院设立学位委员会，领导全国学位授予工作，实行国家集中统一的评审制度，国家统一部署学位授权审核。从 1986 年开始，硕士和博士学位授予单位改为由国务院学位委员会批准公布。

8.1 法学硕士

法学硕士（master of laws），是法学学科门类学位教育中位于法学学士和法学博士之间的一个层次，供拥有国民教育序列大学本科学历的考生报考，学习侧重坚实的理论研究，旨在为国家培养全方位的学术、实务型人才。

据不完全统计，截止到 2017 年，全国法学一级学科硕士点总计 197 个，还有 19 所高校设有一到两个法学二级学科硕士点，也就是说，全国有 216 个单位招收和培养法学硕士研究生。

8.1.1 法学硕士招生方向与考试科目

8.1.1.1 法学硕士招生方向

法学专业属于法学门类下的一级学科，法学专业又包括法学理论、刑法学、民商法学等 10 个二级学科。各招生单位在二级学科进行招生。根据各个招生单位的特色和师资力量配比，各单位招生方向不尽相同，也有部分高校自主设置二级学科。法学二级学科见表 8-1。

表 8-1　　　　　　　　　　　法　学　二　级　学　科

学科门类	一级学科（学科大类）	二　级　学　科	
03　法学	0301　法学	030101	法学理论
		030102	法律史
		030103	宪法学与行政法学
		030104	刑法学
		030105	民商法学（含劳动法学、社会保障法学）
		030106	诉讼法学
		030107	经济法学
		030108	环境与资源保护法学
		030109	国际法学（含国际公法、国际私法、国际经济法）
		030110	军事法学

8.1.1.2 法学硕士招生考试科目

法学硕士两门公共课必考，即政治和英语（各 100 分），另外还有两门专业课（各 150 分）。法学硕士考研专业课由招生院校自主命题，不同方向的专业其考研科目和指定教材有很大的差别。

根据 2020 年研究生招生简章和专业目录等招生信息发现，很多招生单位研究生招生政策有一个重大的变化：取消二级学科命题，改为按照一级学科命题。例如，清华大学法学院 2020 年法学硕士招生自命题考试科目，按一级学科设置自命题考试科目，不再按研究方向（二级学科）设置考试科目，法学硕士统考自命题考试科目三：法学综合卷一（含宪法学、行政法学、刑法学）；考试科目四：法学综合卷二［含民法学、商法学、诉讼法学（包括民事诉讼法学、刑事诉讼法学）］。《浙江大学光华法学院关于调整学术型硕士研究生统考招生方案的公告》，对学术型硕士研究统考招生工作方案予以调整，自 2020 年起（2019 年 9 月报名）按调整后的新方案实施，初试自命题科目（科目三 701 法学基础课和科目四 802 法学专业基础课）按一级学科统一命题考试，各二级学科（研究方向）的统考考生使用同一套初试试题。701 法学基础课：满分 150 分，其中法理学 75 分、宪法学 75

分；802 法学专业基础课：满分 150 分，其中民法学 75 分，刑法学 75 分。复试阶段按报考研究方向（二级学科）组织专业课笔试、综合面试（含外语口语）和英语听力。

这也正体现了研究生招生工作管理规定变化：大力推进按一级学科命题和题库命题。鼓励招生单位选用统考科目试卷。

8.1.2 法学硕士学位的基本要求

1. 获本学科硕士学位应握的基本知识

（1）基础性知识。法学硕士生应熟悉法学的基本理论，并能合理运用法学理论分析法律现象和法律问题；应熟练掌握法学的基本研究方法，养成法律人的思维，熟练运用法律推理、解释和论证方法；应当具有撰写起诉状、答辩状、判决书、仲裁裁决书等法律文书以及相关公文的写作能力；应掌握哲学、经济学、政治学、历史学等相关学科的基础理论知识。

（2）专业性知识。法学硕士生应系统而牢固地掌握所在学科方向的专业知识；深入理解与研究方向相关的基础理论和专业知识；能够把握自己研究领域的前沿动态和最新进展；能够熟练运用法学研究方法，并能围绕自己的研究领域独立从事一定的学术研究。

（3）工具性知识。法学硕士生应当熟悉各种文献检索和资料查询的基本方法和手段。比较熟练地掌握一门外语，能够阅读本专业的外文文献和资料。

2. 获本学科硕士学位应具备的基本素质

（1）学术素养。法学硕士生应当热爱法学专业，形成牢固的守法观念和尊重程序的意识；具有独立的学术人格和严谨的学术态度，崇尚科学精神，对法学有浓厚的兴趣；具有将一般性法学理论观点上升为系统法学理论体系的修养及能力；能够将法律思维方法和学术创新精神贯彻到各项法学研究过程中。

法学硕士生应当具有高尚的职业操守，养成良好的法律职业伦理，潜心法学理论素养的积淀，学习目的和动机端正，具有为国家发展和社会建设做贡献的远大理想和责任感。

（2）学术道德。法学硕士生应当热爱祖国，忠于人民，树立民族自豪感和社会责任感，拥护宪法，遵守国家法律，诚实守信，培养高尚的人格和道德情操。

法学硕士生应当恪守学术规范，崇尚学术道德，坚守学术诚信，完善学术人格，修身正己，忠于真理，学风严谨，尊重他人劳动成果，摒弃抄袭剽窃，切忌弄虚作假，避免粗制滥造和重复研究，抵制学术不端行为，努力成为优良学术道德的践行者和良好学术风气的维护者。

3. 获本学科硕士学位应具备的基本学术能力

（1）获取知识的能力。法学硕士生应当具备运用多种科研工具获取知识以及运用外语获取知识的能力，通过阅读本学科领域主流、经典、前沿的专业主文献，来获取有价值的信息，同时还具有通过法律实践、学术交流、文献检索等其他途径获取知识的良好能力；熟练掌握法学研究所需的基本研究方法。

（2）科学研究能力。法学硕士生应能运用法律关系、权利义务等基本原理分析法律现象，提出和解决问题；具有问题意识和解决法律问题的能力；具备自主地查阅、搜集、处理、归纳学术资料和信息的能力，能追踪学科知识前沿，具有较强的科研创新能力，具备撰写和公开发表学术论文的能力；具备初步发现和辨别学术问题的能力，以及一定的分析问题、解决问题的能力，能够运用法学专业领域的理论知识对相关的法律现象和实际问题进行分析、研究，并提出相应的对策。

（3）实践能力。法学硕士生应当具备从事科学研究、教育教学或其他专业技术和社会服务的素质和潜力，应当具备综合应用法律专业知识判断、分析和处理社会实际问题的能力；具备设计、组织、实施实证性调查研究的能力，能与法律实务部门建立紧密联系；具备良好的沟通协调能力，能完成基本的法律接待、法律谈判和法律咨询等实际业务。

（4）学术交流能力。法学硕士生应当具有较强的学术交流能力，能熟练运用法律专业术语进行学术交流，具备与各法律实务部门接洽、联系的技巧和能力，积极参与各种学术活动，不断提升自身的学术交流能力和学术水平。

（5）其他能力。法学硕士生应当具有良好的心理素质，以及严谨的逻辑性思维和创新性思维，具有良好的理解力、记忆力和表达能力。

8.2 法律硕士

2011年12月，教育部、中央政法委在《关于实施卓越法律人才教育培养计划的若干意见》中指出："我国高等法学教育还不能完全适应社会主义法治国家建设的需要，培养模式相对单一，学生实践能力不强，应用型、复合型法律职业人才培养不足。提高法律人才培养质量成为我国高等法学教育改革发展最核心、最紧迫的任务。"

8.2.1 法律专业学位简介

8.2.1.1 法律专业学位的定位

专业学位，又称职业学位、职业型学位，是针对社会特定职业领域的需要，培养具有较强的专业能力和职业素养、能够创造性地从事实际工作的高层次应用型专门人才而设置的一种学位类型。专业学位与相应的学术学位处于同一层次，培养规格各有侧重。目前，我国已基本形成了以硕士学位为主，博士、硕士、学士三个学位层次并存的专业学位教育体系。硕士层次专业学位有金融硕士等40种，博士层次专业学位有口腔医学等6种，学士层次专业学位有建筑学1种。

法律硕士（Juris Master，JM）是专业型硕士学位之一，我国自1996年试办的法律硕士按照国务院学位委员会第十四次会议审议通过的《专业学位设置审批暂行办法》规定设置。法律硕士学位是具有特定法律职业背景的职业性学位，主要培养面向立法、司法、律师、公证、审判、检察、监察及经济管理、金融、行政执法与监督等部门、行业的高层次法律专业人才与管理人才。

8.2.1.2 法律硕士与法学硕士的区别

法学硕士与法律硕士在学位上处于同一层次，两者在培养方向上有所区别，各有侧重。法学是学术型硕士研究生法学门类下设的一个一级学科，专业代码为030100；法律是专业学位硕士研究生的一个类别，包括"法律（非法学）"和"法律（法学）"两种，领域代码分别为035101和035102。法律硕士与法学硕士的区别见表8-2。

表 8-2　　　　　　　　　　　　法律硕士与法学硕士的区别

项目	法学（学术型）	法律（非法学）	法律（法学）
专业要求	无特殊要求	报考前所学专业为非法学专业〔普通高等学校本科专业目录法学门类中的法学类专业（代码为 0301）毕业生、专科层次法学类毕业生和自学考试形式的法学类毕业生等不得报考〕	报考前所学专业为法学专业〔仅普通高等学校本科专业目录法学门类中的法学类专业（代码为 0301）毕业生、专科层次法学类毕业生和自学考试形式的法学类毕业生等可以报考〕
初试科目	思想政治理论、外国语、业务课一和业务课二	思想政治理论、外国语、398—法硕联考专业基础（非法学）、498—法硕联考综合（非法学）	思想政治理论、外国语、397—法硕联考专业基础（法学）、497—法硕联考综合（法学）
培养目标	坚持法学专业知识学习与法律事务技能训练有机结合的原则，以培养具有一定法律事务技能的学术型人才与具有较高理论素养的应用型人才为基本目标，使学生成为具有较高法学理论素养、掌握坚实的法学基础理论和系统的法学专业知识，具有从事法学理论研究能力，具备良好法律职业道德和心理素质的高层次法学专门人才	法律（专业学位）硕士是具有特定法律职业背景的职业性学位，主要培养立法、司法、行政执法、法律服务与法律监督以及经济管理、社会管理等方面需要的高层次法律专业人才和管理人才。法律硕士专业学位与现行法学（学术型）硕士在学位上处于同一层次，但规格不同，各有侧重。该学位获得者应具备较坚实和系统的法学基础理论素养，掌握较宽广的法律实务知识，具有宽口径、复合型、外向型的知识与能力结构，能综合运用法律、经济、管理、科技、外语和计算机等方面的专业知识，独立地从事法律实务工作和有关管理工作	
学制	一般为 3 年，但有部分高校为 2 年	一般为 3 年	一般为 2 年

相较于法学硕士注重学生学术研究能力的培养而言，法律硕士在培养目标上强调法律职业能力的培养。因此，法律硕士的培养应针对其"实务型"的特点，在提升法学理论知识的基础上，突出对学生实践能力的培养。

法律硕士课程设置以实际应用为导向，以职业需求为目标，以综合素养和应用知识与能力的提高为核心。教学内容强调理论性与应用性课程的有机结合，突出案例分析和实践研究；教学过程重视运用团队学习、案例分析、现场研究、模拟训练等方法；注重培养学生研究实践问题的意识和能力。在具体的学习过程中，要求有为期至少半年的实践环节，实践学分比重较法学硕士更大。

8.2.1.3　法律硕士专业学位的发展概况

1996 年，国务院学位委员会办公室批准中国人民大学、北京大学、中国政法大学、对外经济贸易大学、吉林大学、西南政法大学、华东政法大学、武汉大学 8 所高校首批试点招收法律硕士专业研究生。1997 年第二批中山大学、中南财经政法大学、西北政法大学、南京大学、厦门大学 5 所高校开始招收法律硕士。

从 2000 年开始，法律硕士招生考试专业课实行全国联考，并不再招收法律专业本科毕业生（含同等学力），而只招收具有国民教育序列大学本科学历（或具有本科同等学力）的非法律专业毕业生，2009 年法律硕士开始招考法学专业考生后，并将法律硕士按照考生的本科专业进行了分类，非法学本科报考的是法律硕士（非法学），法学本科则应报考法律硕士（法学）。

自 1996 年我国开办和实施法律硕士教育以来，截至 2014 年，国务院学位委员会办公室共组织了 11 次授权审批工作，设置法律硕士专业学位授权点共计 186 个。此后教育部实施学位授权制度改革，对学位授权点进行动态调整和合格评估。

2015 年首次开展专业学位专项评估，撤销 1 个法律专业学位授权点；经学位授权点动态调整增列法律硕士专业学位授权点 2 个。2016 年，经学位授权点动态调整增列法律硕士专业学位点 14 个。2017 年，授权审核增列法律硕士专业学位授权点 41 个，经学位授权点动态调整增列法律硕士专业学位授权点 2 个，撤销 1 个。2018 年，经学位授权点动态调整增列法律硕士专业学位授权点 5 个，撤销 1 个。

根据教育部《一级学科（专业学位类别）博士硕士学位授权点申请基本条件》（2017 年），法律硕士学位授权点申请基本条件要求突出专业特色。对法律硕士的培养目标定位准确、清晰，专业特色和优势鲜明，有明确的服务行业和职业对象，符合国家依法治国战略，并适应地方和区域法治建设需求，获得人才服务领域的行业主管部门（不少于 10 个地市级行业主管部门，或者 3 个省级及省级以上行业主管部门）支持。

截至 2019 年 5 月，全国共有法律硕士专业学位授权点 247 个。

8.2.2 法律硕士招生和培养的基本要求

8.2.2.1 法律硕士招生类别及考试科目

法律硕士共分为两个方向，分别是法律硕士（法学）035102 和法律硕士（非法学）035101；其中法律硕士（法学）只能由法学类专业本科生就读，法律硕士（非法学）只能由其他专业的本科生就读。

法律硕士考试科目包括公共课和专业课。

公共课：①101 政治（100 分）；②201 英语（100 分）。政治、英语考试和全国所有的研究生考试是一样的，命题和阅卷也是和全国研究生考试统一的。其中，英语考试中，法律硕士考察的是难度较大的英语一。

专业课：①法硕联考专业基础（150 分），考查民法和刑法，民法、刑法分值各占一半，均为 75 分；②法硕联考综合（150 分），考查法理学、中国宪法学和中国法制史，法理学 60 分，中国宪法学 50 分，中国法制史 40 分。

8.2.2.2 法律专业学位培养目标和要求

根据 2017 年 7 月国务院学位办转发的《法律硕士专业学位研究生指导性培养方案》内容：本专业学位主要培养立法、司法、行政执法和法律服务领域德才兼备的高层次的专门型、应用型法治人才。

1. 基本要求

（1）掌握中国特色社会主义理论体系，遵守宪法和法律，德法兼修，具有良好的政治素质和道德品质，遵循法律职业伦理和法律职业道德规范。

（2）全面掌握法学基本原理，特别是社会主义法学基本原理，具备从事法律职业所要求的法律知识、法律术语、法律思维、法律方法和法律技能。

（3）自觉践行社会主义核心价值观，综合运用法律和其他专业知识，具有独立从事法务工作的能力。

(4) 熟练掌握一门外语。

2. 具体要求

(1) 全面掌握法律专业知识。

(2) 能够运用法律思维分析和解决法律实务问题。

(3) 熟练运用法律解释方法，具备在具体案件中进行法律推理的能力。

(4) 掌握诉讼主要程序，熟练从事法律事务代理和辩护业务。

(5) 熟练从事非诉讼法律实务以及法律事务的组织和管理。

(6) 熟练掌握法律文书制作技能。

8.3 法学博士

8.3.1 法学博士学位简介

8.3.1.1 法学博士学位

博士学位是标志被授予者的受教育程度和学术水平达到规定标准的本专业最高学识水准的学术称号。在学士学位、硕士学位和博士学位三种学位中，博士学位是最高的一级。

各个国家的法学博士所授予的对象和范畴均有所不同。在美国等国家，法学博士（Doctor of Juris Science，J. S. D 或 Doctor of Philosophy in Law，Ph. D. in Law）是授予完成博士培养、在法学领域有独创性贡献人员的研究型最高学位。

在中国，法学博士（Doctor of Law）属于学术型博士学位的一种，授予范围既包括法学专业，也包括政治学、社会学、民族学、马克思主义、公安学等社会科学类专业。法学专业博士研究生主要分为法理学、法律史学、宪法学与行政法学、刑法学、民商法学、诉讼法学、经济法学、环境与资源保护法学、国际法学等专业，主要培养面向法律教学、科研和司法实务部门的专门人才。

学位申请人完成攻读博士学位研究生专业培养方案规定的培养内容、环节和要求，通过学位课程考试，成绩合格，取得规定学分，并完成学位论文，即可向校学位评定委员会申请授予博士学位。学位申请人应当在申请学位时提交学位论文、学位申请书和其他规定的申请材料。

博士学位申请人员一般应达到以下要求：①在本门学科上掌握坚实宽广的基础理论和系统深入的专门知识；②具有独立从事科学研究工作的能力；③在科学或专门技术上做出创造性的成果。

8.3.1.2 法学一级学科博士点院校

我们现在通常所说的"法学一级学科博士点"，根据《授予博士、硕士学位和培养研究生的学科、专业目录》（1997年颁布），是指对"法学"这个学科门类下的所有二级学科（法学理论、法律史、宪法学与行政法学、民商法学、刑法学、经济法学、诉讼法学、环境与资源法学、国际法学等）均有博士学位授予权限。一般而言，一个学校是否拥有法学一级学科博士授权点，能够直接反映出该所大学在法学学科领域的实力与水平如何。有

第8章 法学研究生教育

了博士学位授权点，才有可能成功设立博士后流动站。

2003年最早设立的一批法学一级学科博士点院校有6所，包括北京大学、中国人民大学、中国政法大学、中国社会科学院（现中国社会科学院大学）、武汉大学和西南政法大学；2006年新增了包括吉林大学和华东政法学院（现华东政法大学）等在内的5所法学院校；2011年新增了27所；2016年新增了2所。

2019年5月24日，教育部官网公布了《国务院学位委员会关于下达2018年动态调整撤销和增列的学位授权点名单的通知》（学位〔2019〕8号）、《国务院学位委员会关于下达2018年现有学位授权自主审核单位撤销和增列的学位授权点名单的通知》（学位〔2019〕11号），新增北京理工大学、西安交通大学和天津大学3所学校法学博士一级学科授权点。这是继2018年1月新增8个法学博士一级学科授权点之后的再次扩编。根据2019年6月华中科技大学关于新增法学一级学科博士学位授权点的公示，至此，全国法学博士一级学科授权点增加至53个。

法学一级学科博士点（截至2019年）❶

华东地区15个（新增2个）

上海：华东政法大学、复旦大学、上海交通大学、上海财经大学

江苏：南京大学、南京师范大学、东南大学、苏州大学

山东：山东大学、中国海洋大学

安徽：安徽大学

浙江：浙江大学、浙江工商大学（新增）

福建：厦门大学

江西：江西财经大学（新增）

华北地区15个（新增6个）

北京：北京大学、清华大学、中国人民大学、中国政法大学、中国社会科学院（中国社会科学院大学）、对外经贸大学、北京航空航天大学、中国人民公安大学、北京师范大学（新增）、中共中央党校（新增）、北京理工大学（新增）

河北：河北大学（新增）

天津：南开大学、天津大学（新增）

山西：山西大学（新增）

华中地区8个（新增1个）

湖北：武汉大学、中南财经政法大学、华中科技大学（新增1个）

湖南：湖南大学、中南大学、湖南师范大学、湘潭大学

河南：郑州大学

西南地区6个（新增1个）

重庆：西南政法大学、重庆大学

四川：四川大学、西南财经大学

---

❶ 新增包含2017年、2018年、2019年。

云南：云南大学

贵州：贵州大学（新增）

东北地区 4 个

吉林：吉林大学

辽宁：辽宁大学、大连海事大学

黑龙江：黑龙江大学

华南地区 3 个（新增 1 个）

广东：中山大学、暨南大学（新增）

海南：海南大学

西北地区 2 个（新增 2 个）

新疆：新疆大学（新增）

陕西：西安交通大学（新增）

另外，西北政法大学于 2012 年实施教育部"服务国家特殊需求人才培养项目"，招收和培养"服务西北地区稳定发展与国家安全"的法学专业博士研究生。福州大学拥有环境与资源保护法学二级学科博士学位授予权。

8.3.2　法学博士招生方式

"申请-考核"制源起于德、美等国，得益于学术自由和高校自治的大学传统，至今已是多数欧美国家博士生招生的主要方式。当然，中国有独特的国情和文化传统，早先国内研究生教育质量保障体系不完善、社会关系较为复杂、学术规范意识不强、导师制度不够健全、现代大学治理体系有待完善，因此，在相当长一段时期内，主要是采用"笔试＋复试（或面试）"的公开招考方式，为国家选拔了一大批高层次人才。

传统的研究生招考模式，在很长一段时间内对博士生选拔起到了非常积极的作用，大量优秀人才脱颖而出，但同时也存在着应试教育的一些弊端。在传统招考实践中，逐步显现出笔试难以全面考查专业知识、难以充分考察创新能力和研究潜力、导师和学院自主权不够、存在外语考试一票否决现象等问题。

国家政策极大鼓励和推进博士生招考方式改革和探索。《国家中长期教育改革和发展规划纲要（2010—2020）》提出："深入推进研究生入学考试制度改革，加强创新能力考查，发挥和规范导师在选拔录取中的作用。"2013 年，教育部、国家发展和改革委员会、财政部联合下发的《关于深化研究生教育改革的意见》要求："以提高研究生招生选拔质量为核心，积极推进考试招生改革，建立与培养目标相适应、有利于拔尖创新人才和高层次应用型人才脱颖而出的研究生考试招生制度。""建立博士研究生选拔申请—审核机制，发挥专家组审核作用。"《教育部关于做好 2017 年招收攻读博士学位研究生工作的通知》进一步要求："推进完善申请－考核制招生选拔机制，建立健全人才选拔质量保障体系。"

各个高校相继开展了博士招生制度的改革，通过实施"申请－考核"选拔机制开展博士招生。硕士研究生毕业或已获得硕士学位的人员、应届毕业的硕士研究生（最迟须在入学前毕业或取得硕士学位）可以通过申请普通招考博士生；本校在读的全日制硕士研究生，可申请硕博连读博士生；获得学校推荐免试资格的优秀应届本科毕业生可直接申请攻读学术学位博士生。

博士生招考方式改革有利于创新人才选拔：博士生招考选拔看重的是学生的综合素质和科研潜力，而且不同学科、不同专业研究方向对学生的能力要求和培养目标往往并不一样，需要的是"个性化选拔""个性化培养"，以前"一考定终身"的选拔模式有一定的局限性。学院等二级培养单位根据学科特点制订具体复试方法，导师在招收博士生中的自主权也更加显现；避免了传统公开招考的弊端，有利于科研能力突出、综合素质高的考生脱颖而出。

高校相继进行"申请—考核"制的招生制度改革之后，给予了二级培养单位、导师组、招生导师较大的招生自主权，赋予了高校基层单位、基层自治学术群体以及导师个体较大的招生自由裁量权，学校层面只是起到了"管理、指导、监督"的作用。导师招生的历程也是一个寻求与其匹配的合作者的过程，有利于形成自主招生权力基础之上的师生良性互动的学术生态。在这种学术生态下，导师责任制易于形成，学生学术自觉也易于养成。

实施开展博士研究生"申请—考核"招生选拔机制是推进博士研究生招生制度改革、加强创新型人才选拔力度、提升博士研究生教育质量的重要举措。通过规范的考核程序、科学的考核标准、特色的考核内容来遴选符合博士研究生招生单位实际的优秀博士研究生生源，从而提高博士研究生培养质量，调动博士研究生招生单位和博士研究生指导教师在招生培养中的积极性和主动性，激发博士研究生"申请—考核"招生选拔机制的内生动力。

8.3.3 获法学博士学位应具备的基本素质和能力

8.3.3.1 学术素养

法学博士生应当具有独立的学术人格和严谨的治学态度，崇尚科学精神；热爱法学专业，对法学研究有浓厚的兴趣，形成牢固的守法观念和尊重程序的意识，具有不断探索追踪法学热点问题的热情；具有将一般性法学理论观点上升为系统理论的修养及能力；善于将良好的法律思维能力和思维方法以及学术创新精神贯彻到研究过程中。

8.3.3.2 学术道德

法学博士生应当热爱祖国，忠于人民，树立民族自豪感和社会责任感，拥护宪法，遵守国家法律，诚实守信；应当具备高尚的职业操守，养成良好的法律职业伦理，潜心于法学理论素养的积淀，具有为国家发展和社会建设做贡献的远大抱负和强烈责任感。

法学博士生应当恪守学术伦理和学术规范，讲究学术道德，坚守学术诚信，完善学术人格，维护学术尊严，修身正己，信仰真理，探求真知，潜心研究，学风严谨，尊重他人劳动成果，摒弃抄袭剽窃，切忌弄虚作假，避免粗制滥造和重复研究，抵制学术不端行为，努力成为优良学术道德的践行者和良好学术风气的维护者。

8.3.3.3 基本学术能力

1. 知识获取能力

法学博士生应当具备跨学科获取知识的能力、开阔的理论视野和坚实的知识基础，广泛阅读、精深研究、精练概括，做到博观约取、厚积薄发；掌握以宪法为统帅，以宪法相关法、民法、商法、行政法、经济法、社会法、刑法、诉讼与非诉讼程序法等多个法律部门的法律为主干的中国特色社会主义法律体系的基本内容；具有熟练运用包括外语在内的多种科研工具获取知识的能力，能够通过阅读法学领域主流、经典、前沿的专业主文献，系统深入地掌握本专业的学术史、基本理论和专门知识，熟知国内外关于本专业研究的主要学术观点、学术前沿发展动态及各部门法；能够通过法律实践、学术交流、文献检索等其他途径获取知识；熟练掌握法学研究的各种研究方法，探究知识的来源，进而推陈出新。

2. 学术鉴别能力

法学博士生应当具备较强的学术鉴别能力，能够结合中国政治、经济、社会、文化等方面的现实，对法学研究成果的取向做出准确的判断；养成对他人的研究成果进行梳理、总结，分析其存在问题和不足的习惯，能够及时、准确地对有关学术研究成果的创新性和实用性价值做出自己的判断和评价。

3. 科学研究能力

法学博士生应当具备较强的科学研究能力，能够运用法律关系、权利义务等法学基本原理分析法律现象，提出和解决问题；能够立足于中国实际，具有强烈的问题意识和解决问题的能力；善于运用多学科理论和方法证明自己的观点，能够组织材料并有逻辑地论证某个特定问题。其中包括选择或提出有价值的问题，筛选、梳理相关的中外文研究资料并进行科学综述，准确界定基本概念，确定问题分析要点和论证要点，形成合乎逻辑的研究思路，合理使用论证资料和研究方法，尽可能从正反两方面对问题进行全面的剖析，谨慎地进行价值判断并在充分论证后得出研究结论。法学博士生要求既能够自主拟定研究提纲，规划研究内容和主要方向，独立开展高水平研究，又具有一定的组织协调能力和较强的团队合作精神，成为法学研究创新团队的生力军。

4. 学术创新能力

法学博士生应当具备较强的学术创新能力，首先能够把握学术研究的前沿动向，实现理论或研究方法的创新，提出具有原创性的观点、思想，形成创造性的思维方法，其科研成果在专业领域具有一定的前沿性，为中国法学理论的完善和立法、执法、司法的发展提供有价值的参考。

5. 学术交流能力

法学博士生应当具有较强的学术交流能力，能够与学界同行进行学术交流，包括流畅地运用中文、熟练地运用外文表达学术思想，以论文、报告等书面或口头的方式展示自己的学术成果，通过交流及时修正、完善自己的学术思考和研究成果，不断提升自身的学术交流能力和学术研究水平。

6. 其他能力

法学博士生还应当具有良好的心理素质，具备严谨的逻辑思维和创新性思维，具有较强的理解力、记忆力和表达能力；具备设计、组织、实施实证性调查研究的能力，能够与法律实务部门建立紧密联系，具有获悉法律实务中实际问题的能力。

8.4 西方的法学研究生教育

世界的法律体系主要分为两大法系，大陆法系与英美法系，大陆法系的典型代表就是欧陆与亚洲大陆，而英美法系的典型代表是英国、美国以及英联邦国家。而美国作为英美法系的典型代表，有着广阔的法律就业市场和完善的法律机制，在法律留学中具有极其重要的地位。

8.4.1 国内升学还是出国留学

就出国留学来说，国外院校采用申请制，需要提供相关的申请材料，包括本科学位证、成绩单、语言成绩等。材料审核通过会通知学生进行下一轮面试，最后由学校综合决定是否录取。从申请程序上来看，可以一次性申请多所院校，最后根据已收到录取通知的学校的情况来自主选择去哪所院校就读。与国内相比，选择性会更大一些。

从时间成本角度来说，国内研究生分为专业硕士、学术硕士和非全日制研究生，学制一般2~3年，而留学的学制一般是1~2年，其中英国研究生普遍为1年。

从费用成本来说，国内全日制学费具体情况一般在每年6000~10000元人民币左右。非全日制研究生的费用一般在几万到十几万元人民币不等。去国外读研，根据国家、地区、专业不同而存在差异，通常欧美国家留学费用会比较高，2年研究生通常需要50万~70万元人民币，比如美国的工商管理类硕士研究生（master of business administration，MBA）需要近百万。日本公立和私立大学硕士费用有很大差距，总体说来每年的费用成本为10万~15万元人民币。

从申请难度来说，国内报考人数逐年增多，十年翻了近一倍，名校竞争压力加剧。通常需要经过笔试（统考）+复试，通过后才能获得录取资格。对于申请国内研究生的大部分同学而言，前三年认真上课，争取保研资格。没有获得保研资格的同学，需要从大三起开始复习。

对于海外留学来说，一方面可以享受到海外院校优质的教学资源；另一方面对外语水平和国际视野方面的提高会有所助力，对于进入跨国企业有较大帮助。

8.4.2 主要留学目的地的法学学位情况

8.4.2.1 英国的法学学位

英国大学里的法学学位体制基本采用本科教育的形式，类似我们国内的法学教育，即从本科开始就有对应的法学专业（又称为 bachelor of arts degree，即 BA degree）。以排名第一的剑桥大学法学院为例，英国大学的本科法学学位一般只需要3年。这种 BA Law degree 一般面向之前未取得本科学历的申请者。如果是已经有一个本科学历的学生，可以作为辅修学生（affiliated student）完成这个学位，作为辅修学生，学生可以在2年时间内就取得学位。

英国大学法律硕士按其研究方向可以划分为法学硕士（Legum Magiste，LL.M）与理学硕士/文学硕士（Master of Science/Master of Art，MSc/MA）两种；非法律背景的申请人建议申请 MSc/MA 学位的法律相关专业，这类专业一般都是法律与商科、社会学相结合的学科。

英国是英美法律体系的发源地，英国法律构成了许多国家和地区法律制度的基础，一些英联邦国家（如加拿大、澳大利亚、新西兰）以及中国的香港地区等都沿用英国法律体系。英美法系在世界政治和欧洲政治上占据突出位置，对全球金融世界的影响很大。

值得注意的一点是，英国在本科阶段即开设法律专业，而美国、加拿大等国家只有在研究生阶段才开设法律专业，而英国英格兰大部分的法学本科只需要 3 年即可完成"荣誉学士学位"，这可以为广大有志从事法律行业的同学打好基础并节省时间。

在英国，律师的职业发展方向并不单一，却是非常多元的。英国的律师主要分为出庭律师和事务律师两种。

出庭律师（barrister）或称辩护律师，相当于国内诉讼律师。他们能够接受事务律师的委托代表客户在英国高等法院以上出庭，或向事务律师提供专项法律意见，一般是精于法庭辩护，而且是精通某门法律或某类案件的专家。此外，出庭律师还有更多的机会被任命为出庭公诉人，甚至高等法院法官和上诉法院法官。

事务律师（solicitor）可以直接接受当事人委托，主要从事各类非诉讼业务，多以合伙制形式参与法律服务。传统的事务律师除了不能在高等法院以上的法院出庭，几乎可以提供所有的其他法律服务，可以直接面见客户，活动范围远大于出庭律师。同时他们还可以处理遗嘱、产权、商务咨询等事务。

8.4.2.2　美国的法学学位

美国的法学学位有 J.D.（Juries Doctor）、LL.M 和 S.J.D（Doctor of Judicial Science），在美国，本科是没有法学专业的，法学院的学位主要有 J.D、LL.M、J.S.D 之分。除了 J.D 之外，美国法学院的学历教育还有 1 年制的硕士学位课程（Master of Laws，简称 LL.M）和 2～4 年的博士学位（Doctor of Judicial Science，简称 JSD 或 SJD），通常是为国际学生而开设的硕士学位（LL.M）是 1 年制的课程，修满 20～30 个学分后即可毕业，不用写论文，它主要是帮助学生对美国法律制度实现基本的了解。

美国等国家的法学院不设本科学位，法学教育是从研究生阶段起步。学制 3 年的 J.D. 是大多数法学生获得的第一个法律学位。攻读 J.D 学位首先必须通过美国全国性的"法学院入学考试"（law school admission test，简称 LSAT）。在取得法律硕士学位之后，如有两个教授推荐就可继续攻读 S.J.D 或 J.S.D 学位。J.D. 学位在美国是含金量很高的学位，被广泛认可。如果想在美国法律界站稳脚跟，最好读 J.D.。LL.M 是一个 1 年的美国法律速成班，相当于硕士学位。全称是 Master of Law。美国本国学生基本上以读 J.D. 为主，可以说 LL.M 就是专门为国际学生准备的一个 1 年制课程，严格地说是 9 个月。

法律教育在美国人看来是职业教育，学法律的目的不是为了拿高学位，而是为了转行从事法律实务工作。在美国，要想从事律师等法律事务工作，只能读法学院的"本科"（最靠近我国法学本科教育的学位，通常用"本科"来称呼，但它不是本科）即 J.D，而且大部分州的律师资格考试只对有法律"本科"（J.D）学位的人开放。政府部门、律师事务所、公司企业的法律部门在招聘时更看重的是 J.D 教育。可以看出，法律教育在美国是在大学本科基础教育之后进行的一种非常专业化的职业教育，而"J.D"的教育是其核心和关键。

J.D在美国，严格定义来说，属于 professional doctorates，准确的含义应该是专业型博士，在政府分类中的正式名称为"博士学位－专业实践（doctor's degree - professional practice）"。根据美国律师协会的定义，J.D是法学院授予的"法学第一专业学位"，并不要求提交毕业论文（dissertation），文凭获得者也不能使用"博士"头衔。而我们观念里认为的那些博士，属于"研究型博士"，因此真正意义上的法律博士学位头衔应该是 JSD（doctor of justice science）或者 PH.D（Philosophic Doctor）。简单来说，"专业型博士"重实践，"研究性型博士"重研究。

J.D是广泛存在于美国、加拿大、澳大利亚等国的一种法律职业类文凭证书。因此虽然名字里有博士，但严格来说 J.D. 属于一个硕士专业，是本科毕业之后去申读的一个学位，跟平时讲的法律硕士 LL.M 是同等级别的。J.D 是专门为没有法律背景的学生提供全面深入法律教育的课程。课程以修课程（coursework）为主，基本没有科研（research）成分。而常见的 LL.M［类似于我国的法硕（法学）］，一般为 1 年制的法学硕士课程，是提供给有法律专业背景的学生继续研修的课程。

LL.M 是一个高级研究生学位。通常只适用于已经持有国内或海外司法管辖区基本法律学位的人士。LLM 学位可以说是美国本土律师和国际律师的理想选择。在美律师可能希望加深他们在特定领域的知识：例如税法、知识产权法、娱乐法等；或者希望通过从排名靠前的法学院获得一个高级学位来提升他们的简历。此外，LL.M 是让国际律师有资格参加美国律师考试的门槛之一，例如受欢迎的纽约州律师资格考试（New York State Bar Exam，NY BAR）或加州律师资格考试（California Bar Exam，CA BAR）。LL.M 专业开设在各高校法学院下，其中最知名的就是常说的 top 14 法学院，包括耶鲁大学（Yale University）、斯坦福大学（Stanford University）、哈佛大学（Harvard University）、芝加哥大学（University of Chicago）、哥伦比亚大学［Columbia University（NY）］、纽约大学（New York University）等。

美国的 J.S.D. 一般被译为"法学博士"，在教育部认证为"法学博士"（JD 在中国是被按照"硕士学位"认证的）。JSD 学位是严格意义上的博士学位，一般被认为等同于 PH.D，进行的是法学学科相关的学术研究，而非法律职业教育。JSD 需要完成 4~5 年的学习，包括需要完成大量的课程和高标准的毕业论文。

第 9 章

法学专业学生创新创业指南

2015年，国务院印发了《关于大力推进大众创业万众创新若干政策措施的意见》，其中第九部分"激发创造活力，发展创新型创业"内容的第（二十三）项中明确提出："支持大学生创业。深入实施大学生创业引领计划，整合发展高校毕业生就业创业基金。引导和鼓励高校统筹资源，抓紧落实大学生创业指导服务机构、人员、场地、经费等。引导和鼓励成功创业者、知名企业家、天使和创业投资人、专家学者等担任兼职创业导师，提供包括创业方案、创业渠道等创业辅导。建立健全弹性学制管理办法，支持大学生保留学籍休学创业"。

2018年，国务院印发了《关于推动创新创业高质量发展打造"双创"升级版的意见》，其中第四部分"持续推进创业带动就业能力升级"内容的第（十一）项中明确提出："强化大学生创新创业教育培训。在全国高校推广创业导师制，把创新创业教育和实践课程纳入高校必修课体系，允许大学生用创业成果申请学位论文答辩。支持高校、职业院校（含技工院校）深化产教融合，引入企业开展生产性实习实训。"

通过中央和地方各类创新创业政策鼓励和支持，以及创新创业工作的高质量发展，大学生已经成为创新创业的生力军。通过历届大学生创新创业相关赛事和产业园区初创企业负责人的构成来看，理工科人员占比很高。而法学学生大部分通过公务员考试从事"公、检、法、监、证"等工作，通过参加法律职业资格考试从事律师工作，通过应聘从事企事业的法务工作。整体来看，法学专业学生在校期间或者毕业后选择创业的人数较少，主要原因是他们缺少创新创业的认知、思维方式、知识体系、技能方法、支持政策和创业场景等，严重影响了法学专业学生创新创业的主动性与自信心。学生在校接受的教育也无法满足市场对具有法学素养的复合型创新创业人才的需求。

9.1 法学专业学生创新创业的基础知识

9.1.1 创新创业的概念

创新创业是指基于技术创新、产品创新、品牌创新、服务创新、商业模式创新、管理创新、组织创新、市场创新、渠道创新等方面的某一点或几点创新而进行的创业活动。

9.1.1.1 创新创业的内涵

创新创业是基于创新的创业活动，不是单纯的创新，也不是单纯的创业。创业强调的是实效性与盈利性。创新是创业的基础和前提，创业是创新的体现和延伸。

约瑟夫·熊彼特（Joseph Alois Schumpeter，1883—1950）认为，所谓创新就是"生产要素的重新组合"，把一种从来没有的关于生产要素和生产条件的"新组合"引进到生产体系中去，以实现对生产要素或生产条件的"新组合"；企业家的职能就是实现"创新"，引进"新组合"。所谓"经济发展"就是指整个社会不断地实现这种"新组合"，而这种"新组合"的目的是获得潜在利润，即最大限度地获取超额利润。

杰夫里·提蒙斯（Jeffry A. Timmons）所著的《创业创造》中（New Venture Creation）对创业的定义为：创业是一种思考、品行素质，杰出才干的行为方式，需要在方法上全盘考虑并拥有和谐统筹的领导能力。

由此可见，我们通常指的"创新创业"即包含了"创新"和"创业"的内涵，又需要结合中国的国情进行正确的理解。

9.1.1.2 创新创业的特征

1. 高风险

一般来讲，创新创业比传统创业的风险更高。因为创新本身就是高风险的活动，其需要遵循科学规律并掌握相关科学领域的学科技术，在特定的专业方向上不断发展才有可能有所成就。再加上创新创业者的认知能力、思维方式、方式方法、行为习惯等方面的影响，创新经常无果或者不被市场接受。因创新失败而导致创业失败的情况比比皆是。

2. 高回报

创新可以解决传统企业的一些问题，形成新的市场竞争优势来实现高回报；还可以通过发现新的市场需求，开辟新的细分市场，形成绝对的竞争优势来实现高回报。高回报是创新创业的驱动力。

3. 高成长

创新促进创业，创业也促进创新。创新创业既要掌握前沿的创新知识、技术、方法、模式，又要培养战略规划、股权设计、经营管理等创业能力。创业者通过不断整合、优化、配置各种资源；不断解决各种问题；不断承受创新创业的巨大压力；在创新创业的螺旋式发展过程中实现高速成长。

9.1.1.3 创新创业的作用

通过对《国务院关于大力推进大众创业万众创新若干政策措施的意见》（国发〔2015〕32号）和《国务院关于推动创新创业高质量发展打造"双创"升级版的意见》国发〔2018〕32号（以下简称"两意见"）两个国务院文件的梳理，明确了以下创新创业的作用：

（1）创新创业通过结构性改革和体制机制创新，消除不利于创新创业发展的各种制度束缚和制约，支撑创新驱动发展战略的深入实施，推进供给侧结构性改革，打造新引擎并形成新动力，大力支持各类市场主体不断开办新企业、开发新产品、开拓新市场、培育新产业，形成大中小企业融通发展的良好格局。

（2）创新创业通过转变政府职能，建设服务型政府，营造公平竞争的创业环境，使有梦想、有意愿、有能力的科技人员、高校毕业生、农民工、退役军人、失业人员等各类市场创业主体通过创业增加收入，促进收入分配结构调整，解决人员的就业压力和人力的结构性矛盾，实现创新支持创业、创业带动就业的良性互动发展。

（3）创新创业通过加强全社会范围内以创新为核心的创业教育，不断健全创新创业的教育体系，培育一批善于创新和勇于创业的人才，不断增强创业创新意识，弘扬"敢为人先、追求创新、百折不挠"的创业精神，激发全社会创新潜能和创业活力，形成鼓励支持尝试和宽容失败的创新创业环境，使创业创新成为全社会共同的价值追求和行为习惯。

9.1.1.4 创新创业的要求

通过对"两意见"文件的梳理，总结了以下创新创业的要求：

（1）坚持深化改革，营造创业环境。通过结构性改革和创新，进一步简政放权、放管结合、优化服务，增强创业创新制度供给，完善相关法律法规、扶持政策和激励措施，营造均等普惠环境，推动社会纵向流动。

（2）坚持需求导向，释放创业活力。充分发挥市场在资源配置中的决定性作用，尊重创业创新规律，坚持以人为本，切实解决创业者面临的资金需求、市场信息、政策扶持、技术支撑、公共服务等瓶颈问题，最大限度释放各类市场主体创业创新活力，开辟就业新空间，拓展发展新天地，解放和发展生产力。

（3）坚持政策协同，实现落地生根。加强创业、创新、就业等各类政策统筹，部门与地方政策联动，确保创业扶持政策可操作、能落地。鼓励有条件的地区先行先试，探索形成可复制、可推广的创业创新经验。

（4）坚持开放共享，推动模式创新。加强创业创新公共服务资源开放共享，整合利用全球创业创新资源，实现人才等创业创新要素跨地区、跨行业自由流动。依托信息技术、大数据、区块链、人工智能等高新技术推动各行业创新商业模式，建立和完善线上与线下、境内与境外、政府与市场开放合作等创业创新机制。

9.1.1.5 创新创业的目标

通过国务院"两意见"文件的梳理，总结了以下述创新创业的目标：

（1）创新创业服务全面升级。创新创业资源共享平台更加完善，市场化、专业化众创空间功能不断拓展，创新创业服务平台能力显著提升，创业投资持续增长并更加关注早中期科技型企业，新兴创新创业服务业态日趋成熟。

（2）创业带动就业能力明显提升。培育更多充满活力、持续稳定经营的市场主体，直接创造更多就业岗位，带动关联产业就业岗位增加，促进就业机会公平和社会纵向流动，实现创新、创业、就业的良性循环。

（3）科技成果转化应用能力显著增强。科技型创业加快发展，产学研用更加协同，科技创新与传统产业转型升级结合更加紧密，形成多层次科技创新和产业发展主体，支撑战略性新兴产业加快发展。

（4）高质量创新创业集聚区不断涌现。"双创"示范基地建设扎实推进，一批可复制的制度性成果加快推广。有效发挥国家级新区、国家自主创新示范区等各类功能区优势，打造一批创新创业新高地。

（5）大中小企业创新创业价值链有机融合。一批高端科技人才、优秀企业家、专业投资人成为创新创业主力军,大企业、科研院所、中小企业之间创新资源要素自由畅通流动,内部外部、线上线下、大中小企业融通发展水平不断提升。

(6) 国际国内创新创业资源深度融汇。拓展创新创业国际交流合作,深度融入全球创新创业浪潮,推动形成一批国际化创新创业集聚地,将"双创"打造成为中国与包括"一带一路"相关国家在内的世界各国合作的亮丽名片。

9.1.2 法学专业学生创新创业的基本认知

国家大力支持创新创业是为了改革完善相关体制机制,构建普惠性政策扶持体系,推动资金链引导创业创新链、创业创新链支持产业链、产业链带动就业链。而大学生创新创业正是国家重点鼓励的。由于大学生的创新知识、创新思维、创新能力比其他创业主体更有优势,因此大学生是创新创业的生力军。随着我国大学生创新创业生态的优化、创新创业教育的健全和就业的实践磨炼,大学生必将成为创新创业的主力军。

近年来,法学专业的毕业生就业率一直比较低,主要的原因:首先是政法类人员的需求饱和,而应届和往届毕业生不断累积,供大于求;其次是法学专业缺少针对就业岗位的课程内容,学生就业无法满足岗位要求;最后是法律职业资格考试制度对法学专业学生就业的影响,法学专业本科生若未选择读研,则必须通过法律职业资格考试才能就业。因此,法学专业学生在就业难的现状下就将创新创业作为了重点考虑的方向。

9.1.2.1 时代背景

1996年12月30日,美国《商业周刊》发表的一组文章中首次提到"新经济"一词。所谓"新经济",是指借由经济全球化浪潮所诞生的由信息技术革命驱动、以高新科技产业为龙头的经济体系。

2014年中国开始重视"新经济"的发展,其与传统的经济模式有明显的差异。新经济以新一代信息技术为基础形成了新的科技经济形态,是创新经济、科技经济、知识经济、服务经济的综合体现,具有个性化、差异化、速度化、智能化、自媒体化等新特点,目前已经培育了第一产业的现代农业,第二产业的新一代信息技术、生物医药、集成电路、智能制造,第三产业的互联网、物联网、云计算、大数据、人工智能等新兴产业,而且第一、第二、第三产业已经形成了融合发展的局面。

2018年,国务院促进中小企业发展工作领导小组指出,新经济竞争的真正制高点有两条:第一条是标准;第二条是人才。以下是发展新经济的主要挑战:

(1) 新经济的本质特征是创新,创新的主体应该是中小企业,但依靠自身的积累,不足以形成规模,又不能获得财政的支持。因此,只能通过资本市场的发育获得发展的资金来源。

(2) 基本的市场制度尚不健全,包括信用制度、知识产权保护制度、担保制度、中介机构的服务、公司治理结构等各个方面,没有有利于新经济发展的体制环境,就不可能实现新经济的振兴。

(3) 人力资本的局限性。其致命的弊端是传统的教育体制使得专业分割,技术与市场两层皮。

国家一方面要大力发展以中小微企业为主体的新经济;另一方面要实现传统产业的转型升级。在这样的时代背景下,法学专业学生创新创业的机遇与挑战并存。可以通过创新创业教育与专业教育的有机结合，提高学生创新创业教育的实效；还需要结合法学教育自身的学科特点，突出特色课程教学，利用实战案例启发学生的创新创业意识；再通过与外部实训融合来提高学生创新创业的实践能力。

9.1.2.2 独特优势

（1）法学专业学生具有良好的法学思维，掌握基本的法学理论和系统的法律知识，熟悉中国法律法规及有关政策，具有较强的文字和口头表达能力。由其组建的创新创业团队具有较强的法律意识与法律运用能力，尤其在创新创业的合规审查、合同谈判、风险管控、纠纷处理等方面优势突出。

（2）法学专业学生所在的综合类、理工类等高校建有众创空间、孵化园、双创中心等创新创业载体，部分高校还建有国家和省部级的重点实验室、工程中心、大学科技园等。法学专业学生可以充分利用这些科研和创新资源，组建创新创业团队，研发产品，实现低成本和低风险的创新创业。而政法类的高校大多在一二线城市的城区位置，周边的创新创业资源也比较丰富，同样可以利用这些优势进行创新创业。

（3）法学专业学生毕业后一般都会选择律师助理、律师、法官、检察官、公证员、法务等工作，这些工作具有较高的社会评价，而且工作内容涉及大量企业经营管理中的法律问题，这也为法学专业学生积累了较为优质的社会资源，打下较好的创新创业基础。

9.1.2.3 明显劣势

（1）法学专业学生在校时或者一毕业后选择创新创业的失败率很高。因为法学知识对于创新创业的作用有限，还需要通过较长的时间和实践来转化，在校或者刚毕业的法学专业学生尤其缺少对法律行业创新创业的实战经验积累。

（2）在创业过程中，法学专业学生大部分是和同学或者好友组成初创团队，在知识结构、专业能力、社会资源上都比较相似，容易出现股权均分、多头决策、互相扯皮等问题，纯粹的法学创业团队较难解决各种复杂问题。

（3）法学专业学生在校期间接受的创新创业教育缺少针对性和实效性。目前各高校开设的创新创业教育和实践课程，对于理工科类的学生更为适用，极缺结合法学专业学生特点的创新创业课程与实践活动。

9.1.2.4 鼓励政策

国家鼓励支持大学生创新创业，国家部委和各省市都制定了针对大学生创新创业的优惠扶持政策。例如大学生创业的各类资质和执照可以享受费用减免；在一定期间内可以免征或者返还企业所得税；在一些众创空间或者孵化器内可以减免租金；部分国有金融机构可以提供低息或者免息贷款；对于大学生创业者有适用的人才落户和奖励政策等。这些扶持政策是推动大学生创新创业的关键。这些创新创业政策的鼓励和支持对法学专业学生同样适用。

9.2 法学专业学生创新创业的核心认知

9.2.1 思维方式

思维方式是思考问题的根本方法，包括线性思维方式与非线性思维方式，而形式逻辑是线性思维方式,对称逻辑属于非线性思维方式。用形而上学的形式逻辑的思维方式看问题只能得出片面的结论。具体的逻辑——形式逻辑不能成为我们的思维方式,只有整体的逻辑——对称逻辑才能成为我们的思维方式。

法律逻辑是以形式逻辑为基础的,其属于法律领域中的一种应用逻辑,是法律思维的工具。法律逻辑不但包括应用形式逻辑推理,也包括辩证逻辑推理。因此法学专业学生除了要对创新创业有正确的认知,还要培养正确的创新创业思维方式。从线性思维方式转变成非线性思维方式,进而全面正确地看待创新创业问题,才能在新时代背景下结合新经济的发展选择正确的创新创业模式。法学专业学生具有较好的法律逻辑,面对创新创业的各种问题能够比较严谨、科学、全面地进行分析判断。尤其是在市场调查、行业发展预判、竞争对手分析、合同谈判等方面具有逻辑推理、演绎、归纳和总结的能力,易于建立新经济下创新创业的新认知、新思维、新商业、新模式、新渠道、新用户。法学专业学生创新创业思维方式内容构成如图9-1所示。

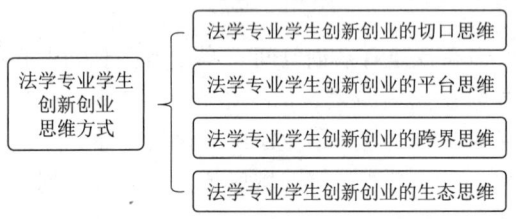

图 9-1 法学专业学生创新创业思维方式内容构成

9.2.1.1 法学专业学生创新创业的切口思维

"切口"是商业模式入口的切开点,找到客户的最佳入手点。切口思维是指在创新创业过程中找准解决方案关键点的思维方式。其以整体解决方案为基础,以分析、推理、归纳、演绎为手段。切口思维有利于聚焦问题和发力点,找到解决问题的最佳路径。

法学专业学生如何找准创新创业的入手点,设计好入口产品或者服务获取早期的大量客户非常关键。例如领袖关键意见切入(法学权威专家)、行业痛点切入(法律服务行业)、跨界行业切入(法律大数据等行业)、会员制VIP客户切入(法律平台会员)等。只有对各种商业模式都找准切口,快速建立渠道与获得大量客户,法学专业学生才能将创新创业落地执行。

9.2.1.2 法学专业学生创新创业的平台思维

平台思维是指通过帮助他人成功从而达到自己成功的一种思维方式,其本质是赋能和利他。平台思维需要有协同共享、开放平等、共生共赢的认知,并通过平台给企业进行文化理念、商业模式、组织结构、市场营销、大数据和智能化等方面的赋能升级。

法学专业学生需要培养平台思维,但并不等于一开始就要做平台型企业。搭建平台企业需要开发行业的优质资源并打通行业的上、中、下游。这需要法学专业学生对行业有深刻的认识,提供的创新创业服务能满足行业发展的需求。另外,平台系统的开发和运维需要大量资金,要很高的盈利能力来支撑。

平台思维有助于提高法学专业学生对行业发展趋势的判断水平和眼光,以及本行业发展对不同行业影响的认识;有助于法学专业学生准确定位自己和定位企业;有助于法学专业学生建立独特的行业竞争力和积累行业人脉;有助于法学专业学生通过创业平台赋能同行或者不同行业的客户,成人达己。法学专业学生培养平台思维最重要的作用是可以通过平台进行服务外包、服务集成，降低创新创业成本，形成行业影响力。

9.2.1.3 法学专业学生创新创业的跨界思维

跨界思维是指多角度、多维度地看待问题并提出解决方案的一种思维方式，其具有跨行跨界的特点。应用到创新创业中则指立足本行业，并从行业外的角度和维度来看待创新创业过程中遇到问题，并采用本行业与其他行业相结合的，或者完全采用其他行业的解决方案来解决本行业的问题。

法学专业学生创新创业受法律行业的特性影响，可以选择创业的法律类项目很有限，大部分选择了合伙开办律师事务所这样的创业方向，收入主要来源于受理案件或者其他律师的管理费。为此，运用跨界思维，把法律服务作为切口，形成客户和案源的入口，搭建行业服务平台，再通过延伸客户的服务链条获得非法律服务方面的收益，这将成为法学专业学生创新创业的蓝海市场。

9.2.1.4 法学专业学生创新创业的生态思维

生态思维是指随着市场环境的变化企业从产业全局的角度对自身的商业模式、组织结构、经营管理、品牌推广、产品销售、竞争策略等进行系统地优化配置，在发挥出企业最大效益的同时整合更多优质资源的一种思维方式。生态思维基于的是企业优质的产品和服务，以及众多的产业资源。生态思维需要企业的一把手有大格局，调模式、敢布局、懂融资。

法学专业学生在创新创业初期的能力和资源都有限，尚且达不到营造生态的水平，但需要运用生态思维来锻炼提高自己的胸怀和格局。随着高新技术在法律行业的不断应用，创业者要冲破自己的行业和产业边界，探索法律创新创业的新领域，用新产品、新服务、新模式和新平台来获取创新创业的生态效益。

9.2.2 模式认知

创新创业的模式是创新创业教育理论和实践的重要环节，具有一般性、重复性、结构性、稳定性和可操作性。这是创新创业的核心认知与能力。法学专业学生需要将创新创业相关理论的一般性与自己的创新创业过程结合，并根据实际情况的变化随时调整相关要素与结构。其中包括商业模式、资本模式、运营模式和风控模式等。对这些模式的认知能力是法学专业学生需要重点培养的。法学专业学生创新创业模式认知内容构成如图9-2所示。

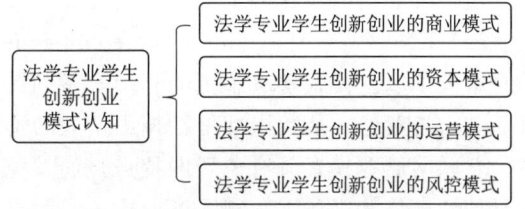

图9-2 法学专业学生创新创业模式认知内容构成

9.2.2.1 法学专业学生创新创业的商业模式

商业模式是一个企业满足自身和客户需求的系统，这个系统组织、管理企业的各种资源形成能够满足客户需求的产品和服务，并实现企业持续盈利的目标。由哈佛大学教授约翰逊（Mark Johnson）、克里斯坦森（Clayton Christensen）和思爱普（SAP）公司的首席执行官孔翰宁（Henning Kagermann）提出的商业模式是一个由客户价值、企业资源和能力、盈利方式构成的三维立体模式，其具有以下特征：

（1）满足特定需求，具有独特价值。例如给客户提供独特的产品和服务，达到物美价廉或者物超所值的效果。例如法律大数据系统、智能法律服务工具、法律机构运营新模式等，这些都是新的时代背景下与高新技术结合的好产品和好服务。

（2）竞争对手难以模仿和复制。难以复制的是企业的创新能力，通过创新技术、产品、服务来构筑企业的创新门槛，通过创新形成核心竞争力。难以复制的是企业的团队，即团队的资源整合能力、执行能力、市场营销能力等，即使竞争对手使用同样的商业模式也无法达到同样的经营效果。法学专业学生可以通过法律知识技能的创新来形成企业核心竞争力，通过法律风险控制来打造企业安全可靠的品牌内涵。这些都是一般的创新创业所没有的。

（3）需要在实践中不断调整和完善。商业模式要在创业过程中结合政治、法律、政策、经济、技术、人才、资金等核心要素的变化进行战略、战役、战术层面的调整，并随着企业的成长与发展不断地完善。法学专业学生具有较好的政治、法律和政策素养，如何通过创新创业整合技术、人才、资金来增强和完善商业模式是关键。

随着新的经济形态不断涌现，需要创业者不断提升商业模式的创新能力。传统企业的商业模式缺乏核心竞争力，对产业的上下游缺少话语权与控制力，导致大量的同质化竞争。为此，不仅需要产品创新、服务创新、品牌创新、金融创新、运营创新、风险管理创新，更需要商业模式的创新。目前主要的商业模式有直销模式、连锁模式、金融模式、投行模式、互联网模式、产业整合模式，其中互联网模式对实体经济的影响巨大，其包括：

（1）O2O模式（online to offline），即"线上到线下"，是指消费者在线支付购买线下的商品和服务，再到线下去享受服务。

（2）BTB模式（business to business），是指通过B2B网站将企业与客户紧密结合起来，在线实现企业对企业的服务。

（3）BTC模式（business to customer），是指企业通过互联网为消费者提供电商服务，消费者通过电商在网上支付与购物。

（4）BNC模式（business name consumer），具有B2C、C2C、O2O等模式的优势，同时解决了以上模式解决不了的弊端，做到了智能推广企业和产品，实现个人的自媒体、自品牌、自营销，最大限度地挖掘出个人的资源和潜力。

互联网商业模式具有免费的特点，通过免费的产品和服务来圈人、圈资源，通过企业的延伸性产品和服务来获利。商业模式要解决的是如何获客和获利的问题。

9.2.2.2 法学专业学生创新创业的资本模式

资本模式是指围绕企业资本的保值增值进行经营管理的方式，其核心是通过管理资本收益来实现资本盈利能力的最大化。

法学专业学生要培养融资和投资的能力。创新创业过程中不仅需要结合项目的商业模式、运营模式、风控模式来获取投资机构和投资人的青睐，还需要将融来或者自筹来的资金进行合理地安排和使用。尤其是法学专业学生的创新创业项目一般都是轻资产项目，可供经营管理的人力资源和自筹资金都非常有限，如果不设计好资本模式来支撑创新创业，将无法激活整个创新创业模式。

9.2.2.3　法学专业学生创新创业的运营模式

运营模式是指对企业经营过程的计划、组织、实施和控制，是与产品生产和服务创造密切相关的各项管理工作的总称。随着新经济的不断发展，运营模式也延伸到运营战略的制定、运营系统的设计以及运营系统的运行等多个层次。

法学专业学生需要深入了解运营模式的本质，清楚了解企业运营的系统和流程，尤其是通过计划、组织、实施、控制等管理系统和手段来实现成本控制与创收盈利。创新创业早期最重要的是活下来，即使早期融到资金也要开源节流，控制好运营成本，可以通过利用他人的资源建立销售渠道，实现运营成本的外包。

9.2.2.4　法学专业学生创新创业的风控模式

风控即风险管控，也叫风险管理。风险管理是社会组织或者个人用以降低风险消极结果的决策过程。风险管理通过风险识别、风险估测、风险评价，以及选择与优化组合各种风险管理技术，对风险实施有效控制和妥善处理，从而以最小的成本收获最大的安全保障。

法学专业学生创新创业本身就是高风险的活动，识别风险和管理风险是避免失败的重要手段。风险包括法律商业模式设计风险、对法律创新技术和创新服务的研发风险、团队的人力资源风险、现金流风险、法律法规修订风险等。这些风险的预测、识别、管理、解决都是法学的学生创新创业必须培养和掌握的能力。

9.2.3　基础资源

1984年沃纳菲尔特（Wernerfelt）的《企业的资源基础论》（*The Resource-Based Theory of the Firm*）的发表意味着资源基础论的诞生。资源论的假设是企业具有不同的有形和无形资源，这些资源可转变成独特的能力；资源在企业间是不可流动且难以复制的；这些独特的资源与能力是企业保持持久竞争优势的源泉。只有有价值、稀缺、无法仿制的资源才可能成为竞争优势的基础。资源基础理论主要包括以下内容：

（1）企业竞争优势的来源——特殊的异质资源。各种资源具有多种用途，企业的经营决策就是指定各种资源的特定用途，且决策一旦实施就不可还原。

（2）竞争优势的持续性——资源的不可模仿性。企业竞争优势根源于企业的特殊资源，这种特殊资源能够给企业带来经济效益。企业经营活动与企业租金关系的含糊性、企业发展路径的唯一性和竞争企业的巨大模仿成本，都导致了企业特殊资源的不可模仿性。

（3）特殊资源的获取与管理。应培育、获取能给企业带来竞争优势的特殊资源。

创新创业会遇到各种各样不确定的复杂问题，创业者需要获取一些有价值、稀缺和无法仿制的资源来形成企业的竞争优势。例如，首先通过将个人的知识、技能向企业的知识、能力进行转化。再通过企业的知识管理将特定的知识传递给团队的每一个成员，大家一起帮助企业获得特殊的资源来增强竞争优势。最后法学专业学生在校期间应积极参与创新创业相关的外部活动，与各种优质资源建立良好的关系，为自己的创新创业打下坚实、独特、可持续的资源基础。法学专业学生创新创业基础资源内容构成如图9-3所示。

9.2.3.1　法学专业学生创新创业的知识资源

知识资源主要指获取创新创业相关的知识与技能的资源。学生具有较强的学习能力，

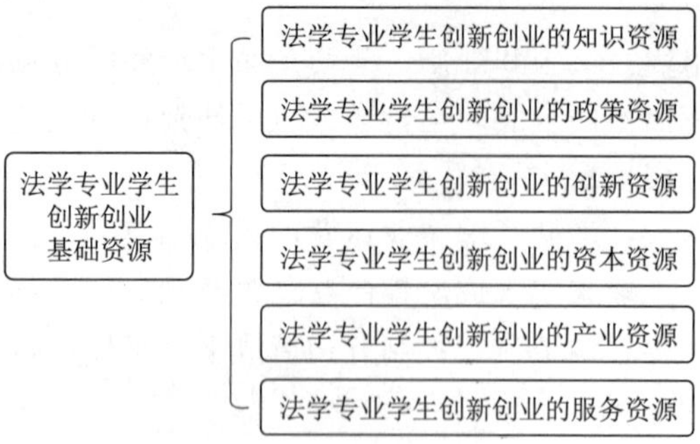

图 9-3 法学专业学生创新创业基础资源内容构成：法学专业学生创新创业基础资源包括法学专业学生创新创业的知识资源、法学专业学生创新创业的政策资源、法学专业学生创新创业的创新资源、法学专业学生创新创业的资本资源、法学专业学生创新创业的产业资源、法学专业学生创新创业的服务资源。

现在的信息技术非常发达，获取知识越来越容易。很多高校开设有专门的创新创业教育课程，聘有创新创业导师，建有创新创业实训基地，有的还有科技园区，这些都为学生获取创新创业知识，提升创新创业能力提供了很好的条件。

法学专业学生除了学习法律知识与技能之外还可以选修创新创业相关的课程，或者通过参加各类创新创业大赛活动提升创新创业能力。尤其是创新创业涉及大量的理工科知识内容，更需要法学专业学生勇于挑战，克服困难，逐步形成创新创业完整的知识和能力体系。

9.2.3.2 法学专业学生创新创业的政策资源

国家的政治、法律、政策规定都会影响创新创业的发展。尤其是国家和地方的产业政策、行业政策、创新政策、创业政策、人才政策等会给大学生创新创业带来利好。这些政策资源如何获取、解读、运用直接关系到如何降低创新创业的成本和风险，提高创新创业的效益。《国务院关于推动创新创业高质量发展打造"双创"升级版的意见》（国发〔2018〕32号）中对创新创业的原则、要求、目标、方向、领域、手段、区域、奖励等都有明确的建议。

虽然国家没有针对具体学科领域的大学生创新创业政策，但各高校完全可以自行制定相关学科创新创业的支持办法。法学专业学生也可以根据司法机构的制度和改革政策、律师行业的发展规划、前沿技术在法律行业应用的试行办法等，把握创新带来的创业机会，预判未来法律行业发展的新方向、新赛道、新场景、新模式。

9.2.3.3 法学专业学生创新创业的创新资源

创新资源是基于创新全球化时代，以科技资源为主体，以创新型人力资源为核心，以各类创新系统为平台，以科技文化融合为方向，旨在促进人类命运共同体建设的新兴基础性资源。

创新资源是一种综合性资源，包括财力、物力、人力、组织、知识、制度等资源，其中创新人才、创新项目、创新载体是法学专业学生创新创业最重要的三个资源。随着行业自动化和智能化的程度越来越高，很多行业的就业岗位越来越少。为此，国家鼓励运用创新来进行创业，从而解决就业难的问题。尤其是高校、科研院所、科技类企业的成果转移转化的工作需求，给法学专业学生提供了众多能够用来创业的创新项目。法学专业学生一定要高度关注成果转移转化等创新项目，再通过众创空间、孵化器、科技园区等创新载体来降低创业成本并提高创业成功率。

9.2.3.4 法学专业学生创新创业的资本资源

资本是用于投资得到利润的本金和财产，是人类创造物质和精神财富的各种社会经济资源的总称。从创新创业的角度来看，资本特指创新创业所需要的投资人、投资机构、投机基金等能够解决资金需求的资源。其中天使投资和风险投资是创新创业早期重要的资金来源。通过不断整合资本资源为创新创业输送"血液",形成良好的现金流,从根本上维持创新创业的运营发展。

法学专业学生创新创业需要重视资本资源的积累,包括主动了解目前的资本市场、股权投资市场、金融市场的发展情况;掌握一些投融资相关的知识;熟悉投融资机构的投融资规则与投融资喜好;有条件的还可以考取基金从业资格证书等。法学专业学生可以通过运用资本资源为自己的创新创业项目获取资金支持,验证项目的融资可行性,完善项目的商业模式,链接资本背后的其他优质资源等。

9.2.3.5 法学专业学生创新创业的产业资源

产业资源是指产业运作所拥有的各种资源要素,包括有形资源和无形资源。一般来说,产业资源从范围上,包括产业内所有企业的资源。从产业核心竞争力的特征看,产业资源成为产业核心资源应具有稀有性和独特性。

法学专业学生创新创业一般都是从法律服务行业开始,而法律服务行业又通过服务其他行业来发展。例如法律数据、司法数据、知识产权数据、科技成果数据、服务机构和人员数据等能够为法律服务机构提供强大的业务、营销、客服支撑,并推动了法律行业的大数据化和智能化发展。如果法学专业学生能够接触掌握到这些资源,非常有助于分析创新创业的方向,设计商业模式和制定落地路径。法学专业学生拥有了竞争对手缺乏的产业稀缺资源或者独特资源,必将成为其创新创业的核心竞争力之一。

9.2.3.6 法学专业学生创新创业的服务资源

服务资源是指创新创业所需要的第三方专业服务的资源,包括但不限于战略规划、股权设计、工商注册、法律法务、知识产权、成果转移转化、财务会计、人力资源等。

法学专业学生创新创业通常都是从工商注册开始,并与第三方专业服务机构合作。虽然法学专业学生具有法学基础但还并不能胜任法务的实操工作,需要服务机构提供适合自己情况的股权设计、知识产权、劳动合同、薪酬设计等专业服务。避免出现因为不专业而付出大量机会和沉没成本的情况。因此,整合优质的第三方专业服务资源能使法学专业学生创新创业快马加鞭、事半功倍。

9.2.4 基础条件

首先,法学专业学生需要思考新经济下如何创新创业,这要用切口思维、平台思维、跨界思维、生态思维来考虑。有什么样的思维方式就会有什么样的创新创业模式。

其次,法学专业学生需要通过模式认知来模拟创新创业的全过程,这要结合商业模式、资本模式、运营模式、风控模式的认知来逐步完善创新创业的模式。

再次,法学专业学生需要获得创新创业模式需要的必要资源,这要结合创新创业的基础资源来获取。将知识资源、政策资源、创新资源、资本资源、产业资源和服务资源导入到创新创业模式当中。

最后,法学专业学生需要运用正确的创新创业思维认知,建立自己的创新创业模式,导入创新创业的基础资源,然后进行商业模式的设计、团队的打造、资源的整合、产品服务的研发或者合作、商业模式的验证。设计不好商业模式就无法吸引资金、人才、资源;打造不好团队就无法具有执行力强的队伍;整合不好资源就无法优化创新创业模式并增强

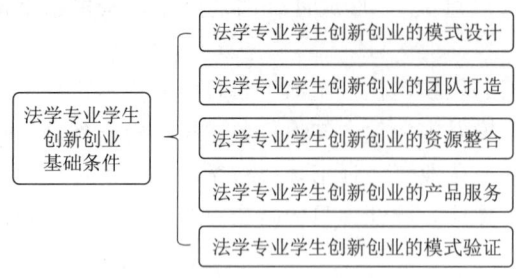

图 9-4 法学专业学生创新创业基础条件内容构成

团队；不拥有好的产品和服务就无法精准获客与盈利；不对商业模式、团队、资源、产品和服务进行验证就会闭门造车，导致创新创业的失败。法学专业学生创新创业基础条件内容构成如图 9-4 所示。

9.2.4.1 法学专业学生创新创业的模式设计

创新创业的基础是模式，设计模式就是为创新创业打基础。创新创业是在快速发展的环境中不断地解决不确定的问题，以满足不同的客户和市场需求，因此没有完美的模式设计，都需要逐步地调整和完善。

模式设计从商业模式的设计或者模仿开始，而商业模式的设计能力取决于法学专业学生的知识、技能、资源、经验、格局和趋势判断能力等。大部分法学专业学生可以选择模仿已有的商业模式，并将该商业模式与法律行业的特点进行结合。例如互联网的商业模式，是用互联网的用户思维来考虑如何通过免费的法律产品或者服务来增加用户数量，再用其他延伸的法律产品或者服务来增加盈利。又例如品牌律师事务所的连锁模式，用品牌加盟的方式快速占领市场。

商业模式设计除了可以落地执行外，还可以用来融资、融人和融资源。这就需要法学专业学生了解投融资的逻辑和规则；了解所需人才的特点；了解必需资源的匹配要求。建议法学专业学生创新创业初期多跑市场，大量拜访目标客户，建立广泛的获客渠道，形成自己的销售网络。这样自己在面对投资人、合伙人和客户时会更有吸引力，更容易盘活整个创新创业模式。

9.2.4.2 法学专业学生创新创业的团队打造

创新创业的核心是团队，打造团队就是为创新创业注入灵魂，一个强大的创新创业团队由多个有趣的灵魂构成。团队可以分成：第一，创始人组建和领导的决策团队，创始人的工作就是找合伙人、融资、整合资源以及处理股东或者董事的相关事项等。第二，总经理负责的管理、监督团队，主要负责工作的落实和监督执行；最后是员工组成的执行团队，负责执行各项具体工作。法学专业学生作为创始人或者联合创始人，在创新创业的时候用创新创业的模式去吸引投资人成为股东，吸引志同道合的人成为合伙人，才有可能打造出一个优秀的创新创业团队。

法学专业学生在校期间或者毕业就业时需要有意识地培养自己的领袖气质与领导力，树立团队共同的愿景、使命、价值观。领袖需要为团队定方向，不断地获取资源，敢于冒险，长期关注企业的价值，发现新的盈利增长点。而管理者更多地要为团队做计划，制定各种规范流程，解决企业经营的各种问题，实现短期盈利。因此，好团队，应做到分工明确，配合默契，既有主内的又有主外的，既有决策的又有执行的。法学专业学生可以发挥自己在制定企业规章制度、利益分配机制、争议协商方法以及组织协调方面的能力，让团队成为创新创业的最强动力。

9.2.4.3 法学专业学生创新创业的资源整合

创新创业的支撑是资源，整合资源就是为创新创业的模式提供源源不断的资金、渠道、人才、项目、产品、服务等创新创业要素。整合资源的工作贯穿创新创业的全过程。一般来讲，先整合人才资源构成核心团队，再整合创新的产品和服务资源，再整合渠道资源获取大量的客户来源，最后整合资金和金融等资本资源。

法学专业学生创新创业初期的资源有限，最好能找非法学背景的合伙人，以便形成知识、认知、技能、经验互补的核心团队。同时，建议能够聘请有资源和实战经验的创业导师、创业前辈作为自己的创新创业顾问。资本资源可以通过参加创新创业路演、创新创业大赛、投资人见面会、熟人介绍推荐等方式来整合，并从中筛选出合适自己项目的投资人和投资机构。

9.2.4.4 法学专业学生创新创业的产品服务

创新创业的抓手是产品和服务。可以通过自主研发或者受让许可的方式拥有符合商业模式的产品和服务。产品和服务不是创新创业的目标，而是工具与手段，只有不断提供满足客户和市场需求的产品和服务才能获得最大的创新创业回报。

法学专业学生可以通过团队进行法律产品和服务的创新，或者结合已有的创新成果进行创业，不要一味追求极致的产品和服务。产品和服务以能够满足商业模式和目标客户的需求为基准，在创新创业的过程中逐步提升产品和服务的品质。有的创新创业项目只是将市场上现有的产品和服务通过商业模式创新就获得了投资以及市场的认可，可以待有了大量资金后再去优化现有的产品和服务。

9.2.4.5 法学专业学生创新创业的模式验证

创新创业的验证是保障，模式验证就是对创新创业所需的资金、团队、产品、服务、渠道、客户进行商业模式的验证，目的是在可控范围内验证创新创业项目的可行性、可复制性、可盈利性。

法学专业学生可以用投资人验证法、客户验证法、渠道验证法、竞争对手验证法、创业导师验证法和市场验证法等，分别从投资人对项目的投资意愿、客户对项目的使用或者体验效果、渠道商是否愿意合作推广、竞争对手对项目的评价和反应、创业导师辅导实战项目的经验判断等维度进行模式验证。模式验证是为了验证创新创业模式是否存在违法违规的风险、是否存在政策冲突的风险、是否可以获得投资融资、是否可以落地操作等。模式验证同时也是对商业模式、团队和资源的验证；是客户、合作伙伴对产品和服务的体验反馈。

法学专业学生的风险意识较好，创新创业是高风险的事情，为了提高创新创业的成功率，避免败而不振，死而不生，进行模式验证非常必要。

9.3 法学专业学生创新创业的方向与前景

法学专业学生创新创业的方向，分成创始型的创新创业方向和联合型的创新创业方向。创始型的创新创业方向包括但不限于法律大数据应用方向、法律智能化应用方向、法律服务机构运营方向、知识产权运营机构方向、科技成果转移转化方向。联合型的创新创业方向包括但不限于联合创始团队进行创新创业的方向、联合初创企业进行创新创业的方向、联合在校师生进行创新创业的方向。

不同的创新创业方向对法学专业学生的创新创业能力有不同的要求,但良好的身体和心理素质、扎实的法学基础知识、正确的创新创业认识、积极的创新创业意愿是共同的要求。从社会认可来看,这两个方向的创新创业前景都不如律师、法官、检察官、公证人员的认可度高。从收入来看,这两个方向的创新创业收入因创新创业模式和对产业的影响不同而有所不同。

9.3.1 创始型的创新创业方向与前景

创始型的创新创业方向是指法学专业学生本人作为项目创始人进行创新创业的方向。法学专业学生本人作为创始人,需要其深入了解传统法律服务行业的现状与发展趋势;正确理解创新和创业的关系与区别;掌握应用创新方法和技能;学会设计或者应用创新创业模式;能够有效地整合创新创业资源。一旦选定具体的创新创业方向,就要敢于挑战自我、迎难而上、坚持不懈地创新创业。创始型的创新创业是对传统法律行业的市场细分,或者是构建新的应用场景。其延长了传统法律行业的价值链,增强了客户新的产品和服务体验,有很好的发展前景。

1. 法律大数据应用的方向与前景

法律大数据应用的方向是指大数据技术在法律行业的应用方向。其顺应国家数字强国的战略,通过对司法审判、律所诉讼、知识产权申请和复审积累形成的大量数据进行开发应用。并通过对数据的收集、梳理、标引、分析和应用等手段给公检法系统,法律服务机构,知识产权服务机构以及科技成果转移转化机构、企业、个人等提供解决方案。

以某公司的司法大数据解决方案为例,该公司以大数据技术为支撑,引进法院、检察院和律师事务所等优秀的一线专业人员,紧密贴合司法业务需求,通过自然语言处理、数据挖掘和分布式计算等技术,整合司法领域专业知识,对海量的司法信息资源进行了科学分类、深度聚合、交叉剖析和关联分析,构建面向司法领域的数据分析方法和系统;为客户提供可视化程度更高、挖掘层次更深、预测能力更强、应用价值更胜一等的司法产品和专属定制服务。某公司的司法大数据产品线截图如图9-5所示。

为此,法学专业学生选择法律大数据应用的方向进行创新创业符合新经济发展的要求,看似枯燥无味的法律一旦与大数据结合起来,找到法律大数据精准的应用场景就能打开法学专业学生创新创业的广阔大门。

2. 法律智能化应用的方向与前景

法律智能化应用的方向是指人工智能技术在法律行业中的应用方向。其符合我国"智能+"战略的要求,并充分提升了法治和法律服务的效能。全球的智慧法院、智慧检务、智慧律所、智能律师等都是法律人工智能的落地应用。

例如由IBM研发的世界首位人工智能律师ROSS目前就职于纽约Baker & Hostetler律师事务所,主要帮助处理公司破产等事务。ROSS的工作流程是先利用自然语言处理能力去理解问题的语法及文本;然后通过评估问题所有可能的含义来确定问题是什么意思;接着从数以百万计的文档中找出数以千计的可能答案;再收集材料并根据评分算法给所有

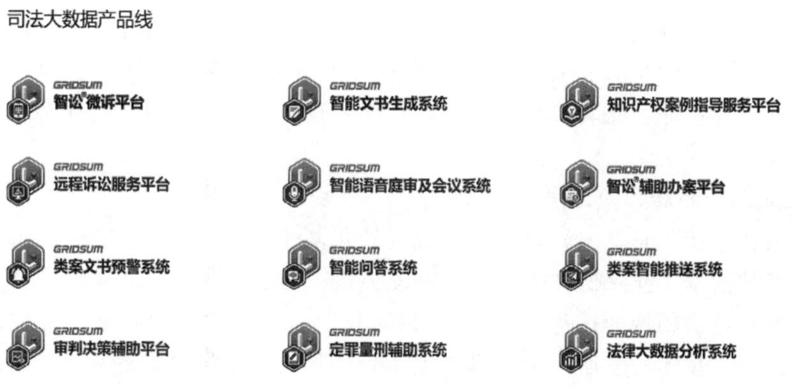
司法大数据产品线
GRIDSUM
智讼®微诉平台
GRIDSUM
智能文书生成系统
GRIDSUM
知识产权案例指导服务平台
GRIDSUM
远程诉讼服务平台
GRIDSUM
智能语音庭审及会议系统
GRIDSUM
智讼®辅助办案平台
GRIDSUM
类案文书预警系统
GRIDSUM
智能问答系统
GRIDSUM
类案智能推送系统
GRIDSUM
审判决策辅助平台
GRIDSUM
定罪量刑辅助系统
GRIDSUM
法律大数据分析系统

图 9－5　某公司的司法大数据产品线截图

的材料进行评分；之后根据材料的评分对所有的答案进行排名；最后提供一个解决方案。

例如某公司推出的针对普通消费者的人工智能法律咨询机器人。其具体操作过程是当事人用口语化的语言输入纠纷，然后系统会根据相似案例推送合适的律师，当事人在查看律师报告后，觉得合适便可以联系该律师。

法律智能化应用方向的创新创业是法律与科技的典型结合。此方向的创新创业能够运用科技创新技术来解决法律行业的转型升级问题，甚至颠覆行业，这对法学专业学生的创新创业提出了很高的要求，前景美好但挑战极高。

3. 法律服务机构运营的方向与前景

法律服务机构运营的方向是指为律师事务所等专业机构提供连锁加盟的服务，通过加盟的方式提升品牌影响力，快速占领市场并获得商业回报的方向。

例如某公司是国内一家综合性的律师服务机构和互联网模式运营的法律服务平台。其将国内国际相融合、线下线上相融合、法务商务相融合，以互联网精神为发展导向，打造出一套具有自身特色的法律服务体系。其由管理咨询公司统一为各加盟的律师事务所统一提供品牌管理、营销系统、财务结算等综合服务，实现了非法律机构对专业法律机构的平台化服务。

法学专业学生选择法律服务机构运营的方向进行创新创业是对传统法律机构运营模式的创新，是运用新的运营模式来解决传统法律机构渠道少、获客难、品牌弱等的问题。这对法学专业学生的创新创业很有启示，使其能够站在行业外的角度来设计商业模式，实现成人达己，帮助更多的律师名利双收，可谓前景大好。

4. 知识产权运营机构的方向与前景

知识产权运营机构的方向是指将企事业创新的技术、产品和服务通过知识产权创造、运用、管理、保护等方式形成市场竞争优势，从而获取最佳经济效益的创业方向。知识产权运营的商业模式是知识产权＋科技＋资本的典型组合。

例如某公司是一家知识产权风险投资公司，其独特的商业模式与传统公司相比，最大创新点是向“纯发明”投资，将创新及与创新相关的发明、专利甚至仅仅是可能成为发明专利的新点子等无形资产开发、包装成类似于股票的投资品，吸引机构和个人投资者对其进行投资，同时构建大型的专利组合并将其许可给企业使用并从中获利。

法学专业学生可以选择知识产权运营机构的方向进行创新创业。但高回报必然有高要求，这需要法学专业学生具备扎实的知识产权专业知识，熟悉知识产权申请、无效、诉讼、转让、许可等业务，尤其要具备知识产权商业运营的能力。选择这个方向进行创新创业非常有挑战。

5. 科技成果转移转化的方向与前景

科技成果转移转化是技术转移和科技成果转化两个概念的合称。"技术转移"是国外的概念，指某种技术（包括成熟技术和处于发明状态的技术）由其起源地点或实践领域转而应用于其他地点或领域的过程。"科技成果转化"是国内的概念，是指为提高生产力水平而对科学研究与技术开发所产生的具有实用价值的科技成果进行的后续试验、开发、应用、推广直至形成新产品、新工艺、新材料，发展新产业等活动。科技成果转移转化的方向就是把创新技术、科技成果转化成产品或者服务并推动产业化进程作为创新创业的方向。在这个方向上可以根据不同的技术和成果再结合具体的企业、产业和资本需求，设计出各种商业模式，孵化出各行各业的创新创业项目，是多种商业模式并存发展的创新创业生态。

例如某科技园以"搭建创新与创业的舞台、铺设机遇与成功的道路、架筑科技与经济的桥梁"为使命，经过二十多年的探索与实践，已经聚集了超过1000家科技企业和研发机构，成为跨国公司研发总部、中国科技企业总部和创新创业企业的聚集地，已经发展成为中国乃至世界科技园区行业的知名品牌。而负责某科技园开发建设与运营管理的单位是某公司，其成立于2000年7月，是一家聚焦科技服务领域的科技投资控股集团，其构建了"科技园区、科技实业、科技金融"三位一体、相互协同的集群式创新业务格局，并形成独特的"技术、产业、资本""园区、实业、金融""政府、企业、大学"立体三螺旋发展模式。其通过"孵化＋投资＋并购＋联合"的策略，快速在各产业形成全产业链布局，有效强化和完善了科技创新生态体系，成为拥有全面业务能力的科技服务提供商。

法学专业学生选择科技成果转移转化的方向进行创新创业，需要全面了解科技成果转移转化相关的法规政策、流程和要求等，可以通过技术经纪人/技术经理人的资格认定要求来不断提升自己的综合创新创业能力，这样才有可能在科技成果转移转化领域闯出一番天地。

9.3.2 联合型的创新创业方向与前景

联合型的创新创业方向，是指法学专业学生本人作为项目联合创始人参与创新创业的方向，其和创始型的创新创业方向与前景一样，具体要求和建议这里就不再赘述了。因为学生本人不是创始人而是联合创始人，所以法学专业学生最主要的是和创始人是否具有共同的愿望、使命和价值观并进行考察、分析和判断。一旦决定联合创新创业就要与创始人坦诚相待、齐心协力、风雨同舟，共筑创业梦。

1. 联合创始团队进行创新创业的方向与前景

联合创始团队进行创新创业的方向，是指和已经选定创新创业项目但还未组建创业公司的团队联合进行创业的方向。需要重点考察创始人的领导力、模式设计能力、资源整合能力和寻找盈利增长点的能力。重点考察其他合伙人与创始人是否有共同的价值观；是否具有与创始人互补的能力；是否具有资金和资源能力。同时还要着重考察执行团队的产品和服务的研发创新能力，业务的运营能力和市场的开发能力。由于创业需要投入大量的时间、能力、资金和资源，因此建议法学专业学生可以通过与创始人团队签订公司发起人协议或者股东协议来实现权益的保障。否则，一旦选错要联合的人和项目，创新创业的前景就无从谈起。

2. 联合初创企业进行创新创业的方向与前景

联合初创企业进行创新创业的方向是指法学专业学生加入已经成立的初创公司参与创新创业的方向。自己除了需要对创始人、其他合伙人、执行团队进行重点考察外，还要重点考察公司的股权结构、章程、商业模式、资产、现金流、渠道、客户等企业正常运营必需的条件，避免陷入初创企业早期较难避免的问题中。为此建议法学专业学生要与初创企业签订投资协议、股权协议、劳动合同等法律文件，既保障作为联合创始人的权益又激励自己投身企业发展。初创企业虽然刚起步，但选对联合的初创企业能让自己事半功倍，以较低的投入和风险参与到创新创业中来。

3. 联合在校师生进行创新创业的方向与前景

联合在校师生进行创新创业的方向是指法学专业学生在学校期间选择与老师或者同学进行创新创业的方向。我国已经形成了鼓励支持大学生创新创业的良好氛围与环境，类似微软的比尔·盖茨和保罗·艾伦辍学创业的故事在当今中国的大学里不断上演。当年说服比尔·盖茨辍学创业的人正是保罗·艾伦，而保罗·艾伦因为选对了与比尔·盖茨一起创业，在2018年公布的"福布斯美国400富豪榜"上，其以净资产158亿美元排名第26位。

对于大部分的法学专业学生而言，在创新创业的资源、资金和能力都不足的情况下，不用辍学就能联合在校老师或者同学进行创新创业是非常不错的选择。尤其是让自己成为那些自带资源和项目的非法学专业的老师或者同学的合伙人，另外自己具备说服老师或者同学与自己创新创业的方式更值得我们思考。

综上为本章所有内容，因为《法学专业导论》是专业思政的主要课程，不是法学专业学生创新创业的专著或者教材，受篇幅所限，大多内容和案例浅尝辄止，目的是帮助法学专业学生树立创新创业意识，提升创新创业认识，为将来的就业和创业打下基础。

附　　录

附录1　《中华人民共和国法官法》

第一章　总　　则

第一条　为了全面推进高素质法官队伍建设，加强对法官的管理和监督，维护法官合法权益，保障人民法院依法独立行使审判权，保障法官依法履行职责，保障司法公正，根据宪法，制定本法。

第二条　法官是依法行使国家审判权的审判人员，包括最高人民法院、地方各级人民法院和军事法院等专门人民法院的院长、副院长、审判委员会委员、庭长、副庭长和审判员。

第三条　法官必须忠实执行宪法和法律，维护社会公平正义，全心全意为人民服务。

第四条　法官应当公正对待当事人和其他诉讼参与人，对一切个人和组织在适用法律上一律平等。

第五条　法官应当勤勉尽责，清正廉明，恪守职业道德。

第六条　法官审判案件，应当以事实为根据，以法律为准绳，秉持客观公正的立场。

第七条　法官依法履行职责，受法律保护，不受行政机关、社会团体和个人的干涉。

第二章　法官的职责、义务和权利

第八条　法官的职责：

（一）依法参加合议庭审判或者独任审判刑事、民事、行政诉讼以及国家赔偿等案件；

（二）依法办理引渡、司法协助等案件；

（三）法律规定的其他职责。

法官在职权范围内对所办理的案件负责。

第九条　人民法院院长、副院长、审判委员会委员、庭长、副庭长除履行审判职责外，还应当履行与其职务相适应的职责。

第十条　法官应当履行下列义务：

（一）严格遵守宪法和法律；

（二）秉公办案，不得徇私枉法；

（三）依法保障当事人和其他诉讼参与人的诉讼权利；

（四）维护国家利益、社会公共利益，维护个人和组织的合法权益；

（五）保守国家秘密和审判工作秘密，对履行职责中知悉的商业秘密和个人隐私予以保密；

（六）依法接受法律监督和人民群众监督；

（七）通过依法办理案件以案释法，增强全民法治观念，推进法治社会建设；

（八）法律规定的其他义务。

第十一条 法官享有下列权利：

（一）履行法官职责应当具有的职权和工作条件；

（二）非因法定事由、非经法定程序，不被调离、免职、降职、辞退或者处分；

（三）履行法官职责应当享有的职业保障和福利待遇；

（四）人身、财产和住所安全受法律保护；

（五）提出申诉或者控告；

（六）法律规定的其他权利。

第三章 法官的条件和遴选

第十二条 担任法官必须具备下列条件：

（一）具有中华人民共和国国籍；

（二）拥护中华人民共和国宪法，拥护中国共产党领导和社会主义制度；

（三）具有良好的政治、业务素质和道德品行；

（四）具有正常履行职责的身体条件；

（五）具备普通高等学校法学类本科学历并获得学士及以上学位；或者普通高等学校非法学类本科及以上学历并获得法律硕士、法学硕士及以上学位；或者普通高等学校非法学类本科及以上学历，获得其他相应学位，并具有法律专业知识；

（六）从事法律工作满五年。其中获得法律硕士、法学硕士学位，或者获得法学博士学位的，从事法律工作的年限可以分别放宽至四年、三年；

（七）初任法官应当通过国家统一法律职业资格考试取得法律职业资格。

适用前款第五项规定的学历条件确有困难的地方，经最高人民法院审核确定，在一定期限内，可以将担任法官的学历条件放宽为高等学校本科毕业。

第十三条 下列人员不得担任法官：

（一）因犯罪受过刑事处罚的；

（二）被开除公职的；

（三）被吊销律师、公证员执业证书或者被仲裁委员会除名的；

（四）有法律规定的其他情形的。

第十四条 初任法官采用考试、考核的办法，按照德才兼备的标准，从具备法官条件的人员中择优提出人选。

人民法院的院长应当具有法学专业知识和法律职业经历。副院长、审判委员会委员应当从法官、检察官或者其他具备法官条件的人员中产生。

第十五条 人民法院可以根据审判工作需要，从律师或者法学教学、研究人员等从事法律职业的人员中公开选拔法官。

除应当具备法官任职条件外，参加公开选拔的律师应当实际执业不少于五年，执业经验丰富，从业声誉良好，参加公开选拔的法学教学、研究人员应当具有中级以上职称，从事教学、研究工作五年以上，有突出研究能力和相应研究成果。

第十六条 省、自治区、直辖市设立法官遴选委员会，负责初任法官人选专业能力的审核。

省级法官遴选委员会的组成人员应当包括地方各级人民法院法官代表、其他从事法律职业的人员和有关方面代表，其中法官代表不少于三分之一。

省级法官遴选委员会的日常工作由高级人民法院的内设职能部门承担。

遴选最高人民法院法官应当设立最高人民法院法官遴选委员会，负责法官人选专业能力的审核。

第十七条 初任法官一般到基层人民法院任职。上级人民法院法官一般逐级遴选；最高人民法院和高级人民法院法官可以从下两级人民法院遴选。参加上级人民法院遴选的法官应当在下级人民法院担任法官一定年限，并具有遴选职位相关工作经历。

第四章 法官的任免

第十八条 法官的任免，依照宪法和法律规定的任免权限和程序办理。

最高人民法院院长由全国人民代表大会选举和罢免，副院长、审判委员会委员、庭长、副庭长和审判员，由院长提请全国人民代表大会常务委员会任免。

最高人民法院巡回法庭庭长、副庭长，由院长提请全国人民代表大会常务委员会任免。

地方各级人民法院院长由本级人民代表大会选举和罢免，副院长、审判委员会委员、庭长、副庭长和审判员，由院长提请本级人民代表大会常务委员会任免。

在省、自治区内按地区设立的和在直辖市内设立的中级人民法院的院长，由省、自治区、直辖市人民代表大会常务委员会根据主任会议的提名决定任免，副院长、审判委员会委员、庭长、副庭长和审判员，由高级人民法院院长提请省、自治区、直辖市人民代表大会常务委员会任免。

新疆生产建设兵团各级人民法院、专门人民法院的院长、副院长、审判委员会委员、庭长、副庭长和审判员，依照全国人民代表大会常务委员会的有关规定任免。

第十九条 法官在依照法定程序产生后，在就职时应当公开进行宪法宣誓。

第二十条 法官有下列情形之一的，应当依法提请免除其法官职务：

（一）丧失中华人民共和国国籍的；

（二）调出所任职人民法院的；

（三）职务变动不需要保留法官职务的，或者本人申请免除法官职务经批准的；

（四）经考核不能胜任法官职务的；

（五）因健康原因长期不能履行职务的；

（六）退休的；

（七）辞职或者依法应当予以辞退的；

（八）因违纪违法不宜继续任职的。

第二十一条 发现违反本法规定的条件任命法官的，任命机关应当撤销该项任命；上级人民法院发现下级人民法院法官的任命违反本法规定的条件的，应当建议下级人民法院依法提请任命机关撤销该项任命。

第二十二条　法官不得兼任人民代表大会常务委员会的组成人员，不得兼任行政机关、监察机关、检察机关的职务，不得兼任企业或者其他营利性组织、事业单位的职务，不得兼任律师、仲裁员和公证员。

第二十三条　法官之间有夫妻关系、直系血亲关系、三代以内旁系血亲以及近姻亲关系的，不得同时担任下列职务：

（一）同一人民法院的院长、副院长、审判委员会委员、庭长、副庭长；

（二）同一人民法院的院长、副院长和审判员；

（三）同一审判庭的庭长、副庭长、审判员；

（四）上下相邻两级人民法院的院长、副院长。

第二十四条　法官的配偶、父母、子女有下列情形之一的，法官应当实行任职回避：

（一）担任该法官所任职人民法院辖区内律师事务所的合伙人或者设立人的；

（二）在该法官所任职人民法院辖区内以律师身份担任诉讼代理人、辩护人，或者为诉讼案件当事人提供其他有偿法律服务的。

第五章　法官的管理

第二十五条　法官实行员额制管理。法官员额根据案件数量、经济社会发展情况、人口数量和人民法院审级等因素确定，在省、自治区、直辖市内实行总量控制、动态管理，优先考虑基层人民法院和案件数量多的人民法院办案需要。

法官员额出现空缺的，应当按照程序及时补充。

最高人民法院法官员额由最高人民法院商有关部门确定。

第二十六条　法官实行单独职务序列管理。

法官等级分为十二级，依次为首席大法官、一级大法官、二级大法官、一级高级法官、二级高级法官、三级高级法官、四级高级法官、一级法官、二级法官、三级法官、四级法官、五级法官。

第二十七条　最高人民法院院长为首席大法官。

第二十八条　法官等级的确定，以法官德才表现、业务水平、审判工作实绩和工作年限等为依据。

法官等级晋升采取按期晋升和择优选升相结合的方式，特别优秀或者工作特殊需要的一线办案岗位法官可以特别选升。

第二十九条　法官的等级设置、确定和晋升的具体办法，由国家另行规定。

第三十条　初任法官实行统一职前培训制度。

第三十一条　对法官应当有计划地进行政治、理论和业务培训。

法官的培训应当理论联系实际、按需施教、讲求实效。

第三十二条　法官培训情况，作为法官任职、等级晋升的依据之一。

第三十三条　法官培训机构按照有关规定承担培训法官的任务。

第三十四条　法官申请辞职，应当由本人书面提出，经批准后，依照法律规定的程序免除其职务。

第三十五条　辞退法官应当依照法律规定的程序免除其职务。

辞退法官应当按照管理权限决定。辞退决定应当以书面形式通知被辞退的法官，并列明作出决定的理由和依据。

第三十六条　法官从人民法院离任后两年内，不得以律师身份担任诉讼代理人或者辩护人。

法官从人民法院离任后，不得担任原任职法院办理案件的诉讼代理人或者辩护人，但是作为当事人的监护人或者近亲属代理诉讼或者进行辩护的除外。

法官被开除后，不得担任诉讼代理人或者辩护人，但是作为当事人的监护人或者近亲属代理诉讼或者进行辩护的除外。

第三十七条　法官因工作需要，经单位选派或者批准，可以在高等学校、科研院所协助开展实践性教学、研究工作，并遵守国家有关规定。

第六章　法官的考核、奖励和惩戒

第三十八条　人民法院设立法官考评委员会，负责对本院法官的考核工作。

第三十九条　法官考评委员会的组成人员为五至九人。

法官考评委员会主任由本院院长担任。

第四十条　对法官的考核，应当全面、客观、公正，实行平时考核和年度考核相结合。

第四十一条　对法官的考核内容包括：审判工作实绩、职业道德、专业水平、工作能力、审判作风。重点考核审判工作实绩。

第四十二条　年度考核结果分为优秀、称职、基本称职和不称职四个等次。

考核结果作为调整法官等级、工资以及法官奖惩、免职、降职、辞退的依据。

第四十三条　考核结果以书面形式通知法官本人。法官对考核结果如果有异议，可以申请复核。

第四十四条　法官在审判工作中有显著成绩和贡献的，或者有其他突出事迹的，应当给予奖励。

第四十五条　法官有下列表现之一的，应当给予奖励：

（一）公正司法，成绩显著的；

（二）总结审判实践经验成果突出，对审判工作有指导作用的；

（三）在办理重大案件、处理突发事件和承担专项重要工作中，做出显著成绩和贡献的；

（四）对审判工作提出改革建议被采纳，效果显著的；

（五）提出司法建议被采纳或者开展法治宣传、指导调解组织调解各类纠纷，效果显著的；

（六）有其他功绩的。

法官的奖励按照有关规定办理。

第四十六条　法官有下列行为之一的，应当给予处分；构成犯罪的，依法追究刑事责任：

（一）贪污受贿、徇私舞弊、枉法裁判的；
（二）隐瞒、伪造、变造、故意损毁证据、案件材料的；
（三）泄露国家秘密、审判工作秘密、商业秘密或者个人隐私的；
（四）故意违反法律法规办理案件的；
（五）因重大过失导致裁判结果错误并造成严重后果的；
（六）拖延办案，贻误工作的；
（七）利用职权为自己或者他人谋取私利的；
（八）接受当事人及其代理人利益输送，或者违反有关规定会见当事人及其代理人的；
（九）违反有关规定从事或者参与营利性活动，在企业或者其他营利性组织中兼任职务的；
（十）有其他违纪违法行为的。

法官的处分按照有关规定办理。

第四十七条 法官涉嫌违纪违法，已经被立案调查、侦查，不宜继续履行职责的，按照管理权限和规定的程序暂时停止其履行职务。

第四十八条 最高人民法院和省、自治区、直辖市设立法官惩戒委员会，负责从专业角度审查认定法官是否存在本法第四十六条第四项、第五项规定的违反审判职责的行为，提出构成故意违反职责、存在重大过失、存在一般过失或者没有违反职责等审查意见。法官惩戒委员会提出审查意见后，人民法院依照有关规定作出是否予以惩戒的决定，并给予相应处理。

法官惩戒委员会由法官代表、其他从事法律职业的人员和有关方面代表组成，其中法官代表不少于半数。

最高人民法院法官惩戒委员会、省级法官惩戒委员会的日常工作，由相关人民法院的内设职能部门承担。

第四十九条 法官惩戒委员会审议惩戒事项时，当事法官有权申请有关人员回避，有权进行陈述、举证、辩解。

第五十条 法官惩戒委员会作出的审查意见应当送达当事法官。当事法官对审查意见有异议的，可以向惩戒委员会提出，惩戒委员会应当对异议及其理由进行审查，作出决定。

第五十一条 法官惩戒委员会审议惩戒事项的具体程序，由最高人民法院商有关部门确定。

第七章 法官的职业保障

第五十二条 人民法院设立法官权益保障委员会，维护法官合法权益，保障法官依法履行职责。

第五十三条 除下列情形外，不得将法官调离审判岗位：
（一）按规定需要任职回避的；
（二）按规定实行任职交流的；
（三）因机构调整、撤销、合并或者缩减编制员额需要调整工作的；

（四）因违纪违法不适合在审判岗位工作的；

（五）法律规定的其他情形。

第五十四条 任何单位或者个人不得要求法官从事超出法定职责范围的事务。

对任何干涉法官办理案件的行为，法官有权拒绝并予以全面如实记录和报告；有违纪违法情形的，由有关机关根据情节轻重追究有关责任人员、行为人的责任。

第五十五条 法官的职业尊严和人身安全受法律保护。

任何单位和个人不得对法官及其近亲属打击报复。

对法官及其近亲属实施报复陷害、侮辱诽谤、暴力侵害、威胁恐吓、滋事骚扰等违法犯罪行为的，应当依法从严惩治。

第五十六条 法官因依法履行职责遭受不实举报、诬告陷害、侮辱诽谤，致使名誉受到损害的，人民法院应当会同有关部门及时澄清事实，消除不良影响，并依法追究相关单位或者个人的责任。

第五十七条 法官因依法履行职责，本人及其近亲属人身安全面临危险的，人民法院、公安机关应当对法官及其近亲属采取人身保护、禁止特定人员接触等必要保护措施。

第五十八条 法官实行与其职责相适应的工资制度，按照法官等级享有国家规定的工资待遇，并建立与公务员工资同步调整机制。

法官的工资制度，根据审判工作特点，由国家另行规定。

第五十九条 法官实行定期增资制度。

经年度考核确定为优秀、称职的，可以按照规定晋升工资档次。

第六十条 法官享受国家规定的津贴、补贴、奖金、保险和福利待遇。

第六十一条 法官因公致残的，享受国家规定的伤残待遇。法官因公牺牲、因公死亡或者病故的，其亲属享受国家规定的抚恤和优待。

第六十二条 法官的退休制度，根据审判工作特点，由国家另行规定。

第六十三条 法官退休后，享受国家规定的养老金和其他待遇。

第六十四条 对于国家机关及其工作人员侵犯本法第十一条规定的法官权利的行为，法官有权提出控告。

第六十五条 对法官处分或者人事处理错误的，应当及时予以纠正；造成名誉损害的，应当恢复名誉、消除影响、赔礼道歉；造成经济损失的，应当赔偿。对打击报复的直接责任人员，应当依法追究其责任。

第八章 附 则

第六十六条 国家对初任法官实行统一法律职业资格考试制度，由国务院司法行政部门商最高人民法院等有关部门组织实施。

第六十七条 人民法院的法官助理在法官指导下负责审查案件材料、草拟法律文书等审判辅助事务。

人民法院应当加强法官助理队伍建设，为法官遴选储备人才。

第六十八条 有关法官的权利、义务和管理制度，本法已有规定的，适用本法的规定；本法未作规定的，适用公务员管理的相关法律法规。

第六十九条 本法自 2019 年 10 月 1 日起施行。

附录 2 《中华人民共和国检察官法》

第一章 总 则

第一条 为了全面推进高素质检察官队伍建设，加强对检察官的管理和监督，维护检察官合法权益，保障人民检察院依法独立行使检察权，保障检察官依法履行职责，保障司法公正，根据宪法，制定本法。

第二条 检察官是依法行使国家检察权的检察人员，包括最高人民检察院、地方各级人民检察院和军事检察院等专门人民检察院的检察长、副检察长、检察委员会委员和检察员。

第三条 检察官必须忠实执行宪法和法律，维护社会公平正义，全心全意为人民服务。

第四条 检察官应当勤勉尽责，清正廉明，恪守职业道德。

第五条 检察官履行职责，应当以事实为根据，以法律为准绳，秉持客观公正的立场。

检察官办理刑事案件，应当严格坚持罪刑法定原则，尊重和保障人权，既要追诉犯罪，也要保障无罪的人不受刑事追究。

第六条 检察官依法履行职责，受法律保护，不受行政机关、社会团体和个人的干涉。

第二章 检察官的职责、义务和权利

第七条 检察官的职责：
（一）对法律规定由人民检察院直接受理的刑事案件进行侦查；
（二）对刑事案件进行审查逮捕、审查起诉，代表国家进行公诉；
（三）开展公益诉讼工作；
（四）开展对刑事、民事、行政诉讼活动的监督工作；
（五）法律规定的其他职责。
检察官对其职权范围内就案件作出的决定负责。

第八条 人民检察院检察长、副检察长、检察委员会委员除履行检察职责外，还应当履行与其职务相适应的职责。

第九条 检察官在检察长领导下开展工作，重大办案事项由检察长决定。检察长可以将部分职权委托检察官行使，可以授权检察官签发法律文书。

第十条 检察官应当履行下列义务：
（一）严格遵守宪法和法律；
（二）秉公办案，不得徇私枉法；
（三）依法保障当事人和其他诉讼参与人的诉讼权利；

（四）维护国家利益、社会公共利益，维护个人和组织的合法权益；

（五）保守国家秘密和检察工作秘密，对履行职责中知悉的商业秘密和个人隐私予以保密；

（六）依法接受法律监督和人民群众监督；

（七）通过依法办理案件以案释法，增强全民法治观念，推进法治社会建设；

（八）法律规定的其他义务。

第十一条 检察官享有下列权利：

（一）履行检察官职责应当具有的职权和工作条件；

（二）非因法定事由、非经法定程序，不被调离、免职、降职、辞退或者处分；

（三）履行检察官职责应当享有的职业保障和福利待遇；

（四）人身、财产和住所安全受法律保护；

（五）提出申诉或者控告；

（六）法律规定的其他权利。

第三章 检察官的条件和遴选

第十二条 担任检察官必须具备下列条件：

（一）具有中华人民共和国国籍；

（二）拥护中华人民共和国宪法，拥护中国共产党领导和社会主义制度；

（三）具有良好的政治、业务素质和道德品行；

（四）具有正常履行职责的身体条件；

（五）具备普通高等学校法学类本科学历并获得学士及以上学位；或者普通高等学校非法学类本科及以上学历并获得法律硕士、法学硕士及以上学位；或者普通高等学校非法学类本科及以上学历，获得其他相应学位，并具有法律专业知识；

（六）从事法律工作满五年。其中获得法律硕士、法学硕士学位，或者获得法学博士学位的，从事法律工作的年限可以分别放宽至四年、三年；

（七）初任检察官应当通过国家统一法律职业资格考试取得法律职业资格。

适用前款第五项规定的学历条件确有困难的地方，经最高人民检察院审核确定，在一定期限内，可以将担任检察官的学历条件放宽为高等学校本科毕业。

第十三条 下列人员不得担任检察官：

（一）因犯罪受过刑事处罚的；

（二）被开除公职的；

（三）被吊销律师、公证员执业证书或者被仲裁委员会除名的；

（四）有法律规定的其他情形的。

第十四条 初任检察官采用考试、考核的办法，按照德才兼备的标准，从具备检察官条件的人员中择优提出人选。

人民检察院的检察长应当具有法学专业知识和法律职业经历。副检察长、检察委员会委员应当从检察官、法官或者其他具备检察官条件的人员中产生。

第十五条 人民检察院可以根据检察工作需要，从律师或者法学教学、研究人员等从事法律职业的人员中公开选拔检察官。

除应当具备检察官任职条件外，参加公开选拔的律师应当实际执业不少于五年，执业经验丰富，从业声誉良好，参加公开选拔的法学教学、研究人员应当具有中级以上职称，从事教学、研究工作五年以上，有突出研究能力和相应研究成果。

第十六条 省、自治区、直辖市设立检察官遴选委员会，负责初任检察官人选专业能力的审核。

省级检察官遴选委员会的组成人员应当包括地方各级人民检察院检察官代表、其他从事法律职业的人员和有关方面代表，其中检察官代表不少于三分之一。

省级检察官遴选委员会的日常工作由省级人民检察院的内设职能部门承担。

遴选最高人民检察院检察官应当设立最高人民检察院检察官遴选委员会，负责检察官人选专业能力的审核。

第十七条 初任检察官一般到基层人民检察院任职。上级人民检察院检察官一般逐级遴选；最高人民检察院和省级人民检察院检察官可以从下两级人民检察院遴选。参加上级人民检察院遴选的检察官应当在下级人民检察院担任检察官一定年限，并具有遴选职位相关工作经历。

第四章 检察官的任免

第十八条 检察官的任免，依照宪法和法律规定的任免权限和程序办理。

最高人民检察院检察长由全国人民代表大会选举和罢免，副检察长、检察委员会委员和检察员，由检察长提请全国人民代表大会常务委员会任免。

地方各级人民检察院检察长由本级人民代表大会选举和罢免，副检察长、检察委员会委员和检察员，由检察长提请本级人民代表大会常务委员会任免。

地方各级人民检察院检察长的任免，须报上一级人民检察院检察长提请本级人民代表大会常务委员会批准。

省、自治区、直辖市人民检察院分院检察长、副检察长、检察委员会委员和检察员，由省、自治区、直辖市人民检察院检察长提请本级人民代表大会常务委员会任免。

省级人民检察院和设区的市级人民检察院依法设立作为派出机构的人民检察院的检察长、副检察长、检察委员会委员和检察员，由派出的人民检察院检察长提请本级人民代表大会常务委员会任免。

新疆生产建设兵团各级人民检察院、专门人民检察院的检察长、副检察长、检察委员会委员和检察员，依照全国人民代表大会常务委员会的有关规定任免。

第十九条 检察官在依照法定程序产生后，在就职时应当公开进行宪法宣誓。

第二十条 检察官有下列情形之一的，应当依法提请免除其检察官职务：

（一）丧失中华人民共和国国籍的；

（二）调出所任职人民检察院的；

（三）职务变动不需要保留检察官职务的，或者本人申请免除检察官职务经批准的；

（四）经考核不能胜任检察官职务的；

（五）因健康原因长期不能履行职务的；

（六）退休的；
（七）辞职或者依法应当予以辞退的；
（八）因违纪违法不宜继续任职的。

第二十一条 对于不具备本法规定条件或者违反法定程序被选举为人民检察院检察长的，上一级人民检察院检察长有权提请本级人民代表大会常务委员会不批准。

第二十二条 发现违反本法规定的条件任命检察官的，任命机关应当撤销该项任命；上级人民检察院发现下级人民检察院检察官的任命违反本法规定的条件的，应当要求下级人民检察院依法提请任命机关撤销该项任命。

第二十三条 检察官不得兼任人民代表大会常务委员会的组成人员，不得兼任行政机关、监察机关、审判机关的职务，不得兼任企业或者其他营利性组织、事业单位的职务，不得兼任律师、仲裁员和公证员。

第二十四条 检察官之间有夫妻关系、直系血亲关系、三代以内旁系血亲以及近姻亲关系的，不得同时担任下列职务：
（一）同一人民检察院的检察长、副检察长、检察委员会委员；
（二）同一人民检察院的检察长、副检察长和检察员；
（三）同一业务部门的检察员；
（四）上下相邻两级人民检察院的检察长、副检察长。

第二十五条 检察官的配偶、父母、子女有下列情形之一的，检察官应当实行任职回避：
（一）担任该检察官所任职人民检察院辖区内律师事务所的合伙人或者设立人的；
（二）在该检察官所任职人民检察院辖区内以律师身份担任诉讼代理人、辩护人，或者为诉讼案件当事人提供其他有偿法律服务的。

第五章 检察官的管理

第二十六条 检察官实行员额制管理。检察官员额根据案件数量、经济社会发展情况、人口数量和人民检察院层级等因素确定，在省、自治区、直辖市内实行总量控制、动态管理，优先考虑基层人民检察院和案件数量多的人民检察院办案需要。

检察官员额出现空缺的，应当按照程序及时补充。

最高人民检察院检察官员额由最高人民检察院商有关部门确定。

第二十七条 检察官实行单独职务序列管理。

检察官等级分为十二级，依次为首席大检察官、一级大检察官、二级大检察官、一级高级检察官、二级高级检察官、三级高级检察官、四级高级检察官、一级检察官、二级检察官、三级检察官、四级检察官、五级检察官。

第二十八条 最高人民检察院检察长为首席大检察官。

第二十九条 检察官等级的确定，以检察官德才表现、业务水平、检察工作实绩和工作年限等为依据。

检察官等级晋升采取按期晋升和择优选升相结合的方式，特别优秀或者工作特殊需要的一线办案岗位检察官可以特别选升。

第三十条 检察官的等级设置、确定和晋升的具体办法，由国家另行规定。

第三十一条 初任检察官实行统一职前培训制度。

第三十二条 对检察官应当有计划地进行政治、理论和业务培训。

检察官的培训应当理论联系实际、按需施教、讲求实效。

第三十三条 检察官培训情况，作为检察官任职、等级晋升的依据之一。

第三十四条 检察官培训机构按照有关规定承担培训检察官的任务。

第三十五条 检察官申请辞职，应当由本人书面提出，经批准后，依照法律规定的程序免除其职务。

第三十六条 辞退检察官应当依照法律规定的程序免除其职务。

辞退检察官应当按照管理权限决定。辞退决定应当以书面形式通知被辞退的检察官，并列明作出决定的理由和依据。

第三十七条 检察官从人民检察院离任后两年内，不得以律师身份担任诉讼代理人或者辩护人。

检察官从人民检察院离任后，不得担任原任职检察院办理案件的诉讼代理人或者辩护人，但是作为当事人的监护人或者近亲属代理诉讼或者进行辩护的除外。

检察官被开除后，不得担任诉讼代理人或者辩护人，但是作为当事人的监护人或者近亲属代理诉讼或者进行辩护的除外。

第三十八条 检察官因工作需要，经单位选派或者批准，可以在高等学校、科研院所协助开展实践性教学、研究工作，并遵守国家有关规定。

第六章 检察官的考核、奖励和惩戒

第三十九条 人民检察院设立检察官考评委员会，负责对本院检察官的考核工作。

第四十条 检察官考评委员会的组成人员为五至九人。

检察官考评委员会主任由本院检察长担任。

第四十一条 对检察官的考核，应当全面、客观、公正，实行平时考核和年度考核相结合。

第四十二条 对检察官的考核内容包括：检察工作实绩、职业道德、专业水平、工作能力、工作作风。重点考核检察工作实绩。

第四十三条 年度考核结果分为优秀、称职、基本称职和不称职四个等次。

考核结果作为调整检察官等级、工资以及检察官奖惩、免职、降职、辞退的依据。

第四十四条 考核结果以书面形式通知检察官本人。检察官对考核结果如果有异议，可以申请复核。

第四十五条 检察官在检察工作中有显著成绩和贡献的，或者有其他突出事迹的，应当给予奖励。

第四十六条 检察官有下列表现之一的，应当给予奖励：

（一）公正司法，成绩显著的；

（二）总结检察实践经验成果突出，对检察工作有指导作用的；

（三）在办理重大案件、处理突发事件和承担专项重要工作中，做出显著成绩和贡

献的；

（四）对检察工作提出改革建议被采纳，效果显著的；

（五）提出检察建议被采纳或者开展法治宣传、解决各类纠纷，效果显著的；

（六）有其他功绩的。

检察官的奖励按照有关规定办理。

第四十七条 检察官有下列行为之一的，应当给予处分；构成犯罪的，依法追究刑事责任：

（一）贪污受贿、徇私枉法、刑讯逼供的；

（二）隐瞒、伪造、变造、故意损毁证据、案件材料的；

（三）泄露国家秘密、检察工作秘密、商业秘密或者个人隐私的；

（四）故意违反法律法规办理案件的；

（五）因重大过失导致案件错误并造成严重后果的；

（六）拖延办案，贻误工作的；

（七）利用职权为自己或者他人谋取私利的；

（八）接受当事人及其代理人利益输送，或者违反有关规定会见当事人及其代理人的；

（九）违反有关规定从事或者参与营利性活动，在企业或者其他营利性组织中兼任职务的；

（十）有其他违纪违法行为的。

检察官的处分按照有关规定办理。

第四十八条 检察官涉嫌违纪违法，已经被立案调查、侦查，不宜继续履行职责的，按照管理权限和规定的程序暂时停止其履行职务。

第四十九条 最高人民检察院和省、自治区、直辖市设立检察官惩戒委员会，负责从专业角度审查认定检察官是否存在本法第四十七条第四项、第五项规定的违反检察职责的行为，提出构成故意违反职责、存在重大过失、存在一般过失或者没有违反职责等审查意见。检察官惩戒委员会提出审查意见后，人民检察院依照有关规定作出是否予以惩戒的决定，并给予相应处理。

检察官惩戒委员会由检察官代表、其他从事法律职业的人员和有关方面代表组成，其中检察官代表不少于半数。

最高人民检察院检察官惩戒委员会、省级检察官惩戒委员会的日常工作，由相关人民检察院的内设职能部门承担。

第五十条 检察官惩戒委员会审议惩戒事项时，当事检察官有权申请有关人员回避，有权进行陈述、举证、辩解。

第五十一条 检察官惩戒委员会作出的审查意见应当送达当事检察官。当事检察官对审查意见有异议的，可以向惩戒委员会提出，惩戒委员会应当对异议及其理由进行审查，作出决定。

第五十二条 检察官惩戒委员会审议惩戒事项的具体程序，由最高人民检察院商有关部门确定。

第七章 检察官的职业保障

第五十三条 人民检察院设立检察官权益保障委员会,维护检察官合法权益,保障检察官依法履行职责。

第五十四条 除下列情形外,不得将检察官调离检察业务岗位:
(一)按规定需要任职回避的;
(二)按规定实行任职交流的;
(三)因机构调整、撤销、合并或者缩减编制员额需要调整工作的;
(四)因违纪违法不适合在检察业务岗位工作的;
(五)法律规定的其他情形。

第五十五条 任何单位或者个人不得要求检察官从事超出法定职责范围的事务。

对任何干涉检察官办理案件的行为,检察官有权拒绝并予以全面如实记录和报告;有违纪违法情形的,由有关机关根据情节轻重追究有关责任人员、行为人的责任。

第五十六条 检察官的职业尊严和人身安全受法律保护。

任何单位和个人不得对检察官及其近亲属打击报复。

对检察官及其近亲属实施报复陷害、侮辱诽谤、暴力侵害、威胁恐吓、滋事骚扰等违法犯罪行为的,应当依法从严惩治。

第五十七条 检察官因依法履行职责遭受不实举报、诬告陷害、侮辱诽谤,致使名誉受到损害的,人民检察院应当会同有关部门及时澄清事实,消除不良影响,并依法追究相关单位或者个人的责任。

第五十八条 检察官因依法履行职责,本人及其近亲属人身安全面临危险的,人民检察院、公安机关应当对检察官及其近亲属采取人身保护、禁止特定人员接触等必要保护措施。

第五十九条 检察官实行与其职责相适应的工资制度,按照检察官等级享有国家规定的工资待遇,并建立与公务员工资同步调整机制。

检察官的工资制度,根据检察工作特点,由国家另行规定。

第六十条 检察官实行定期增资制度。

经年度考核确定为优秀、称职的,可以按照规定晋升工资档次。

第六十一条 检察官享受国家规定的津贴、补贴、奖金、保险和福利待遇。

第六十二条 检察官因公致残的,享受国家规定的伤残待遇。检察官因公牺牲、因公死亡或者病故的,其亲属享受国家规定的抚恤和优待。

第六十三条 检察官的退休制度,根据检察工作特点,由国家另行规定。

第六十四条 检察官退休后,享受国家规定的养老金和其他待遇。

第六十五条 对于国家机关及其工作人员侵犯本法第十一条规定的检察官权利的行为,检察官有权提出控告。

第六十六条 对检察官处分或者人事处理错误的,应当及时予以纠正;造成名誉损害的,应当恢复名誉、消除影响、赔礼道歉;造成经济损失的,应当赔偿。对打击报复的直接责任人员,应当依法追究其责任。

第八章 附 则

第六十七条 国家对初任检察官实行统一法律职业资格考试制度，由国务院司法行政部门商最高人民检察院等有关部门组织实施。

第六十八条 人民检察院的检察官助理在检察官指导下负责审查案件材料、草拟法律文书等检察辅助事务。

人民检察院应当加强检察官助理队伍建设，为检察官遴选储备人才。

第六十九条 有关检察官的权利、义务和管理制度，本法已有规定的，适用本法的规定；本法未作规定的，适用公务员管理的相关法律法规。

第七十条 本法自2019年10月1日起施行。

附录3 《中华人民共和国律师法》

第一章 总 则

第一条 为了完善律师制度，规范律师执业行为，保障律师依法执业，发挥律师在社会主义法制建设中的作用，制定本法。

第二条 本法所称律师，是指依法取得律师执业证书，接受委托或者指定，为当事人提供法律服务的执业人员。

律师应当维护当事人合法权益，维护法律正确实施，维护社会公平和正义。

第三条 律师执业必须遵守宪法和法律，恪守律师职业道德和执业纪律。

律师执业必须以事实为根据，以法律为准绳。

律师执业应当接受国家、社会和当事人的监督。

律师依法执业受法律保护，任何组织和个人不得侵害律师的合法权益。

第四条 司法行政部门依照本法对律师、律师事务所和律师协会进行监督、指导。

第二章 律师执业许可

第五条 申请律师执业，应当具备下列条件：

（一）拥护中华人民共和国宪法；

（二）通过国家统一司法考试；

（三）在律师事务所实习满一年；

（四）品行良好。

实行国家统一司法考试前取得的律师资格凭证，在申请律师执业时，与国家统一司法考试合格证书具有同等效力。

第六条 申请律师执业，应当向设区的市级或者直辖市的区人民政府司法行政部门提出申请，并提交下列材料：

（一）国家统一司法考试合格证书；

（二）律师协会出具的申请人实习考核合格的材料；

（三）申请人的身份证明；
（四）律师事务所出具的同意接收申请人的证明。

申请兼职律师执业的，还应当提交所在单位同意申请人兼职从事律师职业的证明。

受理申请的部门应当自受理之日起二十日内予以审查，并将审查意见和全部申请材料报送省、自治区、直辖市人民政府司法行政部门。省、自治区、直辖市人民政府司法行政部门应当自收到报送材料之日起十日内予以审核，作出是否准予执业的决定。准予执业的，向申请人颁发律师执业证书；不准予执业的，向申请人书面说明理由。

第七条　申请人有下列情形之一的，不予颁发律师执业证书：
（一）无民事行为能力或者限制民事行为能力的；
（二）受过刑事处罚的，但过失犯罪的除外；
（三）被开除公职或者被吊销律师执业证书的。

第八条　具有高等院校本科以上学历，在法律服务人员紧缺领域从事专业工作满十五年，具有高级职称或者同等专业水平并具有相应的专业法律知识的人员，申请专职律师执业的，经国务院司法行政部门考核合格，准予执业。具体办法由国务院规定。

第九条　有下列情形之一的，由省、自治区、直辖市人民政府司法行政部门撤销准予执业的决定，并注销被准予执业人员的律师执业证书：
（一）申请人以欺诈、贿赂等不正当手段取得律师执业证书的；
（二）对不符合本法规定条件的申请人准予执业的。

第十条　律师只能在一个律师事务所执业。律师变更执业机构的，应当申请换发律师执业证书。

律师执业不受地域限制。

第十一条　公务员不得兼任执业律师。

律师担任各级人民代表大会常务委员会组成人员的，任职期间不得从事诉讼代理或者辩护业务。

第十二条　高等院校、科研机构中从事法学教育、研究工作的人员，符合本法第五条规定条件的，经所在单位同意，依照本法第六条规定的程序，可以申请兼职律师执业。

第十三条　没有取得律师执业证书的人员，不得以律师名义从事法律服务业务；除法律另有规定外，不得从事诉讼代理或者辩护业务。

第三章　律　师　事　务　所

第十四条　律师事务所是律师的执业机构。设立律师事务所应当具备下列条件：
（一）有自己的名称、住所和章程；
（二）有符合本法规定的律师；
（三）设立人应当是具有一定的执业经历，且三年内未受过停止执业处罚的律师；
（四）有符合国务院司法行政部门规定数额的资产。

第十五条　设立合伙律师事务所，除应当符合本法第十四条规定的条件外，还应当有三名以上合伙人，设立人应当是具有三年以上执业经历的律师。

合伙律师事务所可以采用普通合伙或者特殊的普通合伙形式设立。合伙律师事务所的合伙人按照合伙形式对该律师事务所的债务依法承担责任。

第十六条 设立个人律师事务所，除应当符合本法第十四条规定的条件外，设立人还应当是具有五年以上执业经历的律师。设立人对律师事务所的债务承担无限责任。

第十七条 申请设立律师事务所，应当提交下列材料：

（一）申请书；

（二）律师事务所的名称、章程；

（三）律师的名单、简历、身份证明、律师执业证书；

（四）住所证明；

（五）资产证明。

设立合伙律师事务所，还应当提交合伙协议。

第十八条 设立律师事务所，应当向设区的市级或者直辖市的区人民政府司法行政部门提出申请，受理申请的部门应当自受理之日起二十日内予以审查，并将审查意见和全部申请材料报送省、自治区、直辖市人民政府司法行政部门。省、自治区、直辖市人民政府司法行政部门应当自收到报送材料之日起十日内予以审核，作出是否准予设立的决定。准予设立的，向申请人颁发律师事务所执业证书；不准予设立的，向申请人书面说明理由。

第十九条 成立三年以上并具有二十名以上执业律师的合伙律师事务所，可以设立分所。设立分所，须经拟设立分所所在地的省、自治区、直辖市人民政府司法行政部门审核。申请设立分所的，依照本法第十八条规定的程序办理。

合伙律师事务所对其分所的债务承担责任。

第二十条 国家出资设立的律师事务所，依法自主开展律师业务，以该律师事务所的全部资产对其债务承担责任。

第二十一条 律师事务所变更名称、负责人、章程、合伙协议的，应当报原审核部门批准。

律师事务所变更住所、合伙人的，应当自变更之日起十五日内报原审核部门备案。

第二十二条 律师事务所有下列情形之一的，应当终止：

（一）不能保持法定设立条件，经限期整改仍不符合条件的；

（二）律师事务所执业证书被依法吊销的；

（三）自行决定解散的；

（四）法律、行政法规规定应当终止的其他情形。

律师事务所终止的，由颁发执业证书的部门注销该律师事务所的执业证书。

第二十三条 律师事务所应当建立健全执业管理、利益冲突审查、收费与财务管理、投诉查处、年度考核、档案管理等制度，对律师在执业活动中遵守职业道德、执业纪律的情况进行监督。

第二十四条 律师事务所应当于每年的年度考核后，向设区的市级或者直辖市的区人民政府司法行政部门提交本所的年度执业情况报告和律师执业考核结果。

第二十五条 律师承办业务，由律师事务所统一接受委托，与委托人签订书面委托合同，按照国家规定统一收取费用并如实入账。

律师事务所和律师应当依法纳税。

第二十六条 律师事务所和律师不得以诋毁其他律师事务所、律师或者支付介绍费等不正当手段承揽业务。

第二十七条 律师事务所不得从事法律服务以外的经营活动。

第四章 律师的业务和权利、义务

第二十八条 律师可以从事下列业务：

（一）接受自然人、法人或者其他组织的委托，担任法律顾问；

（二）接受民事案件、行政案件当事人的委托，担任代理人，参加诉讼；

（三）接受刑事案件犯罪嫌疑人、被告人的委托或者依法接受法律援助机构的指派，担任辩护人，接受自诉案件自诉人、公诉案件被害人或者其近亲属的委托，担任代理人，参加诉讼；

（四）接受委托，代理各类诉讼案件的申诉；

（五）接受委托，参加调解、仲裁活动；

（六）接受委托，提供非诉讼法律服务；

（七）解答有关法律的询问、代写诉讼文书和有关法律事务的其他文书。

第二十九条 律师担任法律顾问的，应当按照约定为委托人就有关法律问题提供意见，草拟、审查法律文书，代理参加诉讼、调解或者仲裁活动，办理委托的其他法律事务，维护委托人的合法权益。

第三十条 律师担任诉讼法律事务代理人或者非诉讼法律事务代理人的，应当在受委托的权限内，维护委托人的合法权益。

第三十一条 律师担任辩护人的，应当根据事实和法律，提出犯罪嫌疑人、被告人无罪、罪轻或者减轻、免除其刑事责任的材料和意见，维护犯罪嫌疑人、被告人的诉讼权利和其他合法权益。

第三十二条 委托人可以拒绝已委托的律师为其继续辩护或者代理，同时可以另行委托律师担任辩护人或者代理人。

律师接受委托后，无正当理由的，不得拒绝辩护或者代理。但是，委托事项违法、委托人利用律师提供的服务从事违法活动或者委托人故意隐瞒与案件有关的重要事实的，律师有权拒绝辩护或者代理。

第三十三条 律师担任辩护人的，有权持律师执业证书、律师事务所证明和委托书或者法律援助公函，依照刑事诉讼法的规定会见在押或者被监视居住的犯罪嫌疑人、被告人。辩护律师会见犯罪嫌疑人、被告人时不被监听。

第三十四条 律师担任辩护人的，自人民检察院对案件审查起诉之日起，有权查阅、摘抄、复制本案的案卷材料。

第三十五条 受委托的律师根据案情的需要，可以申请人民检察院、人民法院收集、调取证据或者申请人民法院通知证人出庭作证。

律师自行调查取证的，凭律师执业证书和律师事务所证明，可以向有关单位或者个人调查与承办法律事务有关的情况。

第三十六条　律师担任诉讼代理人或者辩护人的，其辩论或者辩护的权利依法受到保障。

第三十七条　律师在执业活动中的人身权利不受侵犯。

律师在法庭上发表的代理、辩护意见不受法律追究。但是，发表危害国家安全、恶意诽谤他人、严重扰乱法庭秩序的言论除外。

律师在参与诉讼活动中涉嫌犯罪的，侦查机关应当及时通知其所在的律师事务所或者所属的律师协会；被依法拘留、逮捕的，侦查机关应当依照刑事诉讼法的规定通知该律师的家属。

第三十八条　律师应当保守在执业活动中知悉的国家秘密、商业秘密，不得泄露当事人的隐私。

律师对在执业活动中知悉的委托人和其他人不愿泄露的有关情况和信息，应当予以保密。但是，委托人或者其他人准备或者正在实施危害国家安全、公共安全以及严重危害他人人身安全的犯罪事实和信息除外。

第三十九条　律师不得在同一案件中为双方当事人担任代理人，不得代理与本人或者其近亲属有利益冲突的法律事务。

第四十条　律师在执业活动中不得有下列行为：

（一）私自接受委托、收取费用，接受委托人的财物或者其他利益；

（二）利用提供法律服务的便利牟取当事人争议的权益；

（三）接受对方当事人的财物或者其他利益，与对方当事人或者第三人恶意串通，侵害委托人的权益；

（四）违反规定会见法官、检察官、仲裁员以及其他有关工作人员；

（五）向法官、检察官、仲裁员以及其他有关工作人员行贿，介绍贿赂或者指使、诱导当事人行贿，或者以其他不正当方式影响法官、检察官、仲裁员以及其他有关工作人员依法办理案件；

（六）故意提供虚假证据或者威胁、利诱他人提供虚假证据，妨碍对方当事人合法取得证据；

（七）煽动、教唆当事人采取扰乱公共秩序、危害公共安全等非法手段解决争议；

（八）扰乱法庭、仲裁庭秩序，干扰诉讼、仲裁活动的正常进行。

第四十一条　曾经担任法官、检察官的律师，从人民法院、人民检察院离任后二年内，不得担任诉讼代理人或者辩护人。

第四十二条　律师、律师事务所应当按照国家规定履行法律援助义务，为受援人提供符合标准的法律服务，维护受援人的合法权益。

第五章　律　师　协　会

第四十三条　律师协会是社会团体法人，是律师的自律性组织。

全国设立中华全国律师协会，省、自治区、直辖市设立地方律师协会，设区的市根据需要可以设立地方律师协会。

第四十四条　全国律师协会章程由全国会员代表大会制定，报国务院司法行政部门备案。

地方律师协会章程由地方会员代表大会制定，报同级司法行政部门备案。地方律师协会章程不得与全国律师协会章程相抵触。

第四十五条 律师、律师事务所应当加入所在地的地方律师协会。加入地方律师协会的律师、律师事务所，同时是全国律师协会的会员。

律师协会会员享有律师协会章程规定的权利，履行律师协会章程规定的义务。

第四十六条 律师协会应当履行下列职责：

（一）保障律师依法执业，维护律师的合法权益；

（二）总结、交流律师工作经验；

（三）制定行业规范和惩戒规则；

（四）组织律师业务培训和职业道德、执业纪律教育，对律师的执业活动进行考核；

（五）组织管理申请律师执业人员的实习活动，对实习人员进行考核；

（六）对律师、律师事务所实施奖励和惩戒；

（七）受理对律师的投诉或者举报，调解律师执业活动中发生的纠纷，受理律师的申诉；

（八）法律、行政法规、规章以及律师协会章程规定的其他职责。

律师协会制定的行业规范和惩戒规则，不得与有关法律、行政法规、规章相抵触。

第六章　法　律　责　任

第四十七条 律师有下列行为之一的，由设区的市级或者直辖市的区人民政府司法行政部门给予警告，可以处五千元以下的罚款；有违法所得的，没收违法所得；情节严重的，给予停止执业三个月以下的处罚：

（一）同时在两个以上律师事务所执业的；

（二）以不正当手段承揽业务的；

（三）在同一案件中为双方当事人担任代理人，或者代理与本人及其近亲属有利益冲突的法律事务的；

（四）从人民法院、人民检察院离任后二年内担任诉讼代理人或者辩护人的；

（五）拒绝履行法律援助义务的。

第四十八条 律师有下列行为之一的，由设区的市级或者直辖市的区人民政府司法行政部门给予警告，可以处一万元以下的罚款；有违法所得的，没收违法所得；情节严重的，给予停止执业三个月以上六个月以下的处罚：

（一）私自接受委托、收取费用，接受委托人财物或者其他利益的；

（二）接受委托后，无正当理由，拒绝辩护或者代理，不按时出庭参加诉讼或者仲裁的；

（三）利用提供法律服务的便利牟取当事人争议的权益的；

（四）泄露商业秘密或者个人隐私的。

第四十九条 律师有下列行为之一的，由设区的市级或者直辖市的区人民政府司法行政部门给予停止执业六个月以上一年以下的处罚，可以处五万元以下的罚款；有违法所得的，没收违法所得；情节严重的，由省、自治区、直辖市人民政府司法行政部门吊销其律师执业证书；构成犯罪的，依法追究刑事责任：

（一）违反规定会见法官、检察官、仲裁员以及其他有关工作人员，或者以其他不正当方式影响依法办理案件的；

（二）向法官、检察官、仲裁员以及其他有关工作人员行贿，介绍贿赂或者指使、诱导当事人行贿的；

（三）向司法行政部门提供虚假材料或者有其他弄虚作假行为的；

（四）故意提供虚假证据或者威胁、利诱他人提供虚假证据，妨碍对方当事人合法取得证据的；

（五）接受对方当事人财物或者其他利益，与对方当事人或者第三人恶意串通，侵害委托人权益的；

（六）扰乱法庭、仲裁庭秩序，干扰诉讼、仲裁活动的正常进行的；

（七）煽动、教唆当事人采取扰乱公共秩序、危害公共安全等非法手段解决争议的；

（八）发表危害国家安全、恶意诽谤他人、严重扰乱法庭秩序的言论的；

（九）泄露国家秘密的。

律师因故意犯罪受到刑事处罚的，由省、自治区、直辖市人民政府司法行政部门吊销其律师执业证书。

第五十条 律师事务所有下列行为之一的，由设区的市级或者直辖市的区人民政府司法行政部门视其情节给予警告、停业整顿一个月以上六个月以下的处罚，可以处十万元以下的罚款；有违法所得的，没收违法所得；情节特别严重的，由省、自治区、直辖市人民政府司法行政部门吊销律师事务所执业证书：

（一）违反规定接受委托、收取费用的；

（二）违反法定程序办理变更名称、负责人、章程、合伙协议、住所、合伙人等重大事项的；

（三）从事法律服务以外的经营活动的；

（四）以诋毁其他律师事务所、律师或者支付介绍费等不正当手段承揽业务的；

（五）违反规定接受有利益冲突的案件的；

（六）拒绝履行法律援助义务的；

（七）向司法行政部门提供虚假材料或者有其他弄虚作假行为的；

（八）对本所律师疏于管理，造成严重后果的。

律师事务所因前款违法行为受到处罚的，对其负责人视情节轻重，给予警告或者处二万元以下的罚款。

第五十一条 律师因违反本法规定，在受到警告处罚后一年内又发生应当给予警告处罚情形的，由设区的市级或者直辖市的区人民政府司法行政部门给予停止执业三个月以上一年以下的处罚；在受到停止执业处罚期满后二年内又发生应当给予停止执业处罚情形的，由省、自治区、直辖市人民政府司法行政部门吊销其律师执业证书。

律师事务所因违反本法规定，在受到停业整顿处罚期满后二年内又发生应当给予停业整顿处罚情形的，由省、自治区、直辖市人民政府司法行政部门吊销律师事务所执业证书。

第五十二条 县级人民政府司法行政部门对律师和律师事务所的执业活动实施日常监督管理，对检查发现的问题，责令改正；对当事人的投诉，应当及时进行调查。县级人民政府司法行政部门认为律师和律师事务所的违法行为应当给予行政处罚的，应当向上级司法行政部门提出处罚建议。

第五十三条 受到六个月以上停止执业处罚的律师，处罚期满未逾三年的，不得担任合伙人。

第五十四条 律师违法执业或者因过错给当事人造成损失的，由其所在的律师事务所承担赔偿责任。律师事务所赔偿后，可以向有故意或者重大过失行为的律师追偿。

第五十五条 没有取得律师执业证书的人员以律师名义从事法律服务业务的，由所在地的县级以上地方人民政府司法行政部门责令停止非法执业，没收违法所得，处违法所得一倍以上五倍以下的罚款。

第五十六条 司法行政部门工作人员违反本法规定，滥用职权、玩忽职守，构成犯罪的，依法追究刑事责任；尚不构成犯罪的，依法给予处分。

第七章 附 则

第五十七条 为军队提供法律服务的军队律师，其律师资格的取得和权利、义务及行为准则，适用本法规定。军队律师的具体管理办法，由国务院和中央军事委员会制定。

第五十八条 外国律师事务所在中华人民共和国境内设立机构从事法律服务活动的管理办法，由国务院制定。

第五十九条 律师收费办法，由国务院价格主管部门会同国务院司法行政部门制定。

第六十条 本法自 2008 年 6 月 1 日起施行。

附录4 法学学科评估状况

学科评估是教育部学位与研究生教育发展中心（简称学位中心）按照国务院学位委员会和教育部颁布的《学位授予与人才培养学科目录》（简称《学科目录》）对全国具有博士或硕士学位授予权的一级学科开展的整体水平评估。学科评估是学位中心以第三方方式开展的非行政性、服务性的评估项目，2002 年首次开展，截至 2017 年完成了四轮。第一、二轮学科评估参评院校较少，只公布了部分排名。据统计，全国开设法学专业的院校有 600 多所，学科评估是对法学院校学科发展水平的评估，参评高校最多的第四轮学科评估也只有 144 所院校，且只有前 70% 能够进入排名。因此，进入学科评估排名的都是我国法学学科发展排在前列的院校。

1. 第一轮学科评估

2002 年第一轮全国范围的学科评估启动，并在《中国研究生》杂志、教育部学位与研究生教育发展中心网站以及《中国教育报》《光明日报》发布了消息或公布了部分排名。这是我国首次由权威教育评估中介机构开展的研究生教育学科排名，结果公布后在社会上特别是高校中引起了强烈的反响。学科评估采用自愿参加的方式进行，凡具有培养研究生

附录

资格的学科均可申请参加评估。本轮学科评估共有229个单位,1336个学科点参加,各学科仅公布了前十名。法学学科排名见附表1。

附表1　　　　　　　　　第一轮学科评估法学学科排名

排名	院校	排名	院校
1	中国人民大学	6	西南政法大学
2	武汉大学	7	吉林大学
3	中国政法大学	8	厦门大学
4	北京大学	9	清华大学
5	中国社会科学院研究生院	10	复旦大学

2. 第二轮学科评估

本轮评估各高校和科研单位自愿申请参加。评估于2007年启动,当时法学一级学科在全国高校中具有"博士一级"授权的单位共11个,本次参评10个;具有"博士点"授权的单位共23个,本次参评14个。还有7个具有"硕士一级"授权和16个具有"硕士点"授权的单位也参加了本次评估。参评高校共47所。学科排名见附表2。其中相同得分按学校代码顺序排列。

附表2　　　　　　　　　第二轮学科评估法学学科排名

排名	学校代码及名称	整体水平得分	排名	学校代码及名称	整体水平得分
1	10002 中国人民大学	90	19	10034 中央财经大学	65
2	10053 中国政法大学	84		10055 南开大学	
3	10001 北京大学	79		10212 黑龙江大学	
	10486 武汉大学			10285 苏州大学	
5	10183 吉林大学	73		10423 中国海洋大学	
6	10003 清华大学	72		10459 郑州大学	
	10276 华东政法大学			10487 华中科技大学	
8	10384 厦门大学	71		10611 重庆大学	
	10520 中南财经政法大学			10730 兰州大学	
10	10248 上海交通大学	69		80000 中共中央党校	
	10335 浙江大学		29	10030 北京外国语大学	64
12	10036 对外经济贸易大学	68		10140 辽宁大学	
	10319 南京师范大学			10272 上海财经大学	
14	10041 中国人民公安大学	67		10286 东南大学	
	10246 复旦大学			10561 华南理工大学	
	10284 南京大学		34	10010 北京化工大学	63
	10610 四川大学			10079 华北电力大学	
18	10726 西北政法大学	66		10247 同济大学	

续表

排名	学校代码及名称	整体水平得分	排名	学校代码及名称	整体水平得分
34	10421 江西财经大学 10593 广西大学 10619 西南科技大学 10651 西南财经大学 10699 西北工业大学 10736 西北师范大学	63	43	10327 南京财经大学 10475 河南大学 10491 中国地质大学 10497 武汉理工大学 10657 贵州大学	62

3. 第三轮学科评估

此次学科评估历时一年，按照自愿申请参评的原则，采用客观评价与主观评价相结合的方式，所需数据由相关政府部门、社会组织公布的公共数据和参评单位报送的材料构成。通过对相关数据的公示、核查，同时还邀请了学科专家、政府部门及企业界人士进行主观评价，在此基础上形成最终评价结果。本一级学科中，全国具有"博士一级"授权的高校共39所，本次有34所参评；还有部分具有"博士二级"授权和硕士授权的高校参加了评估；参评高校共计86所。学科排名见附表3。（其中得分相同的高校按学校代码顺序排列。）

附表3   第三轮学科评估法学学科排名

学校代码及名称	学科整体水平得分	学校代码及名称	学科整体水平得分
10002 中国人民大学	95	10036 对外经济贸易大学	74
10053 中国政法大学	92	10285 苏州大学	
10001 北京大学	90	10558 中山大学	
10486 武汉大学	86	10611 重庆大学	
10276 华东政法大学	84	10055 南开大学	72
10652 西南政法大学		10140 辽宁大学	
10003 清华大学	82	10212 黑龙江大学	
10183 吉林大学	80	10459 郑州大学	
10520 中南财经政法大学		10530 湘潭大学	
10384 厦门大学	79	10532 湖南大学	
10248 上海交通大学	77	10542 湖南师范大学	
10284 南京大学		10651 西南财经大学	
10246 复旦大学	76	10006 北京航空航天大学	70
10319 南京师范大学		10034 中央财经大学	
10422 山东大学		10151 大连海事大学	
10610 四川大学		10247 同济大学	

续表

学校代码及名称	学科整体水平得分	学校代码及名称	学科整体水平得分
10272　上海财经大学	70	10065　天津师范大学	66
10286　东南大学		10126　内蒙古大学	
10357　安徽大学		10173　东北财经大学	
10487　华中科技大学		10200　东北师范大学	
10561　华南理工大学		10294　河海大学	
10589　海南大学		10327　南京财经大学	
11066　烟台大学		10378　安徽财经大学	
11406　甘肃政法学院		10619　西南科技大学	
10353　浙江工商大学	69	10635　西南大学	
10386　福州大学		10697　西北大学	
10698　西安交通大学		10736　西北师范大学	
10007　北京理工大学	67	11065　青岛大学	
10052　中央民族大学		11117　扬州大学	
10075　河北大学		10010　北京化工大学	65
10273　上海对外贸易学院		10019　中国农业大学	
10280　上海大学		10069　天津商业大学	
10475　河南大学		10079　华北电力大学	
10511　华中师范大学		10142　沈阳工业大学	
10524　中南民族大学		10165　辽宁师范大学	
10602　广西师范大学		10166　沈阳师范大学	
10730　兰州大学		10186　长春理工大学	
11078　广州大学		10337　浙江工业大学	
11646　宁波大学		10356　中国计量学院	
11846　广东外语外贸大学		10699　西北工业大学	
10004　北京交通大学	66	11414　中国石油大学	
10030　北京外国语大学		11482　浙江财经学院	
		10058　天津工业大学	63
		10341　浙江农林大学	

4. 第四轮学科评估

第四轮学科评估于 2016 年 4 月启动，按照"自愿申请、免费参评"的原则，采用"客观评价与主观评价相结合"的方式进行。评估体系在前三轮的基础上进行诸多创新；评估数据以"公共数据和单位填报相结合"的方式获取；评估结果按"分档"方式呈现，具体方法是按"学科整体水平得分"的位次百分位，将前 70% 的学科分 9 档公布：前 2%（或前 2 名）为 A+，2%~5% 为 A（不含 2%，下同），5%~10% 为 A−，10%~20% 为 B+，

20%~30%为 B，30%~40%为 B−，40%~50%为 C+，50%~60%为 C，60%~70%为 C−。法学一级学科中，全国具有"博士授权"的高校共40所，本次参评38所；部分具有"硕士授权"的高校也参加了评估；参评高校共计144所。学科排名见附表4。其中评估结果相同的高校排序不分先后，按学校代码排列。

附表4　　　　　　　　第四轮学科评估法学学科排名

评估结果	学校代码及名称		评估结果	学校代码及名称	
A+	10002	中国人民大学		10212	黑龙江大学
	10053	中国政法大学		10247	同济大学
A	10001	北京大学		10272	上海财经大学
	10003	清华大学		10357	安徽大学
	10276	华东政法大学	B	10421	江西财经大学
	10486	武汉大学		10423	中国海洋大学
	10652	西南政法大学		10459	郑州大学
A−	10036	对外经济贸易大学		10532	湖南大学
	10183	吉林大学		10542	湖南师范大学
	10248	上海交通大学		10589	海南大学
	10284	南京大学		10651	西南财经大学
	10335	浙江大学		11066	烟台大学
B+	10384	厦门大学	B−	10052	中央民族大学
	10520	中南财经政法大学		10353	浙江工商大学
	10006	北京航空航天大学		10386	福州大学
	10027	北京师范大学		10475	河南大学
	10055	南开大学		10487	华中科技大学
	10140	辽宁大学		10559	暨南大学
	10246	复旦大学		10561	华南理工大学
	10285	苏州大学		10590	深圳大学
	10319	南京师范大学		10592	广东财经大学
	10422	山东大学		10673	云南大学
	10530	湘潭大学		10698	西安交通大学
	10533	中南大学		10730	兰州大学
	10558	中山大学		11406	甘肃政法学院
	10610	四川大学		11835	上海政法学院
B	10611	重庆大学	C+	10007	北京理工大学
	10726	西北政法大学		10030	北京外国语大学
	10034	中央财经大学		10075	河北大学
	10041	中国人民公安大学		10108	山西大学
	10151	大连海事大学		10126	内蒙古大学

续表

评估结果	学校代码及名称	评估结果	学校代码及名称
C+	10254 上海海事大学	C	10484 河南财经政法大学
	10273 上海对外经贸大学		10524 中南民族大学
	10280 上海大学		10656 西南民族大学
	10385 华侨大学		10674 昆明理工大学
	10511 华中师范大学		11117 扬州大学
	10657 贵州大学		11832 河北经贸大学
	10755 新疆大学	C−	10009 北方工业大学
	11078 广州大学		10011 北京工商大学
	11646 宁波大学		10079 华北电力大学
	11846 广东外语外贸大学		10270 上海师范大学
C	10004 北京交通大学		10327 南京财经大学
	10028 首都师范大学		10346 杭州师范大学
	10065 天津师范大学		10378 安徽财经大学
	10125 山西财经大学		10497 武汉理工大学
	10166 沈阳师范大学		10574 华南师范大学
	10173 东北财经大学		10593 广西大学
	10251 华东理工大学		10602 广西师范大学
	10294 河海大学		11065 青岛大学
	10394 福建师范大学		

参 考 文 献

[1] 邓实. 日本留学生调查录 [N]. 政艺通报, 1902.
[2] 蔡元培. 就任北京大学校长之演说 [M] //蔡元培选集 (上卷). 杭州: 浙江教育出版社, 1993: 490.
[3] 熊先觉, 徐葵. 法学摇篮: 朝阳大学 [M]. 北京: 北京燕山出版社, 1997: 15.
[4] 徐显明. 法学教育的责任 [N]. 中国改革报, 2007-6-20.
[5] 王晨光. 法学教育的宗旨——兼论案例教学模式和实践性法律教学模式在法学教育中的地位、作用和关系 [M] //甄贞. 方兴未艾的中国诊所法律教育. 北京: 法律出版社, 2005: 18.
[6] 霍宪丹. 法律职业的特征与法学教育的二元结构 [C] //国家检察官学院, "司法考试、司法官遴选、司法官培训研讨会"论文集, 2002.
[7] 冀祥德. 中国法学教育现状与发展趋势 [M]. 北京: 中国社会科学出版社, 2008: 9.
[8] 刘升平. 论新中国法律的发展及其历史经验——为庆祝建国 35 周年而作 [J]. 中国法学, 1984 (3): 43-53.
[9] 贺卫方. 中国法律教育之路 [M]. 北京: 中国政法大学出版社, 1997: 20.
[10] 霍宪丹. 法律教育: 从社会人到法律人的中国实践 [M]. 北京: 中国政法大学出版社, 2010: 227.
[11] 宋鸿雁, 闫亚林. 我国法学教育质量标准的相关问题研究 [J]. 法学教育研究, 2016 (2): 82-100.
[12] 张文显. 法理学 [M]. 北京: 高等教育出版社, 1999: 24-25.
[13] 范祥. 法学学习方法浅论 [J]. 内蒙古财经学院学报 (综合版), 2006 (3): 78-81.
[14] 桑磊. 法学第一课 [M]. 北京: 中国政法大学出版社, 2017: 122.
[15] 周文坤. 社区服务需求调研七步骤——以流动儿童城市适应项目为例 [J]. 中国社会工作, 2019 (3): 39-40.
[16] 卓泽渊. 法理学 [M]. 北京: 法律出版社, 2002: 339-340.
[17] 傅郁林. 中国基层法律服务状况的初步考察报告——以农村基层法律服务所为窗口 [M] //北大法律评论. 北京: 北京大学出版社, 2004: 92.
[18] 陈荣卓, 唐鸣. 乡镇法律服务所服务属性的变迁——农村公共服务视野下的一种阐释 [J]. 东南学术, 2008 (3): 28-35.
[19] 戴维·M. 沃克. 牛津法律大词典 [M]. 北京: 光明日报出版社, 1988: 482.
[20] GARNER BRYAN A. Black's Law Dictionary [M]. 7th edition. West Group Publishing Co., 1999: 844.
[21] 亚里士多德. 《雅典政制》第二编《雅典宪法》[M] //法学教材编写组. 外国法制史资料选编. 北京: 北京大学出版社, 1982.
[22] E. 博登海默. 法理学: 法律哲学与法律方法 [M]. 邓正来, 译. 北京: 中国政法大学出版社, 1999: 4.
[23] 托马斯·霍布斯. 哲学家与英格兰法律家的对话 [M]. 姚中秋, 译. 上海: 上海三联书店, 2006: 14.
[24] 左卫民, 周长军. 变迁与改革法院制度现代化研究 [M]. 北京: 法律出版社, 2000: 107.
[25] 陈雅丽, 潘传表. 简析西方国家法官选任的标准和程序 [J]. 求索, 2008 (2): 130-132.

[26] 张晓薇. 最高法院法官遴选制度比较研究 [M] //左卫民，等. 最高法院研究. 北京：法律出版社，2004：102-103.

[27] 何勤华. 检察制度的诞生与民主法治的进步 [J]. 人民检察，2011 (20)：5-9.

[28] 朱超然. 德国检察权配置概览 [J]. 中国检察官，2015 (9)：71-74.

[29] 《法学词典》编辑委员会. 法学词典（增订版）[M]. 上海：上海辞书出版社，1984：689.

[30] 庄庆生. 律师制度的历史发展 [J]. 法律科学：西北政法学院学报，1992，1：74-78.

[31] 郭义贵. 讼师与律师：基于12至13世纪的中英两国之间的一种比较 [J]. 中国法学，2010，3：124-135.

[32] 吴永明. 民国前期律师制度建构述论 [J]. 江西社会科学，2004 (12)：157-162.

[33] 熊秋红. 新中国律师制度的发展历程及展望 [J]. 中国法学，1999 (5)：14-22.

[34] 茅彭年，李必达. 中国律师制度研究 [M]. 北京：法律出版社，1992：28.

[35] 王新清. 法律职业道德 [M]. 2版. 北京：法律出版社，2014：288-289.

[36] 施米托夫. 国际贸易法文集 [M]. 赵秀文，译. 北京：中国大百科全书出版社，1993：667.

[37] 宋文红. 欧洲中世纪大学：历史描述与分析 [D]. 武汉：华中科技大学，2005.

[38] 孙笑侠. 法律人之治——法律职业的中国思考 [M]. 北京：中国政法大学出版社，2004：12.

[39] 王利明. 法律职业专业化与司法改革 [M] //法官职业化建设指导与研究（2003年第1辑）. 北京：人民法院出版社，2003：25.

[40] 强昌文，颜毅艺. 呼唤中国的法律职业共同体——"中国法治之路与法律职业共同体"学术研讨会综述 [J]. 法制与社会发展，2002 (5)：151-156.

[41] 霍宪丹. 关于构建法律职业共同体的思考 [J]. 法律科学，2003 (5)：19-24.

[42] 高兆明. 心灵秩序与生活秩序：黑格尔《法哲学原理》释义 [M]. 北京：商务印书馆. 2016：28.

[43] 朱贻庭. "伦理"与"道德"之辨——关于"再写中国伦理学"的一点思考"[J]. 华东师范大学学报（哲学社会科学版），2018 (1)：1-8.

[44] 孟德斯鸠. 论法的精神 [M]. 张雁深，译. 北京：商务印书馆，2004：154.

[45] 朱景文. 现代西方法社会学 [M]. 北京：法律出版社，1994：103.

[46] 季卫东. 法律职业的定位——日本改造权力结构的实践 [J]. 中国社会科学，1994 (2)：63-86.

[47] 罗国杰. 伦理学 [M]. 北京：人民出版社，1989：192.

[48] 汉密尔顿，杰伊，麦迪逊. 联邦党人文集 [M]. 程逢如，等，译. 北京：商务印书馆，1980：396.

[49] 费孝通. 乡土中国 生育制度 [M]. 北京：北京大学出版社，1998：27.

[50] 毛泽东. 毛泽东选集（第三卷）[M]. 2版. 北京：人民出版社，1991：1096.

[51] 毛泽东. 毛泽东选集（第二卷）[M]. 2版. 北京：人民出版社，1991：660.

[52] 贺卫方. 司法的理念与制度 [M]. 北京：中国政法大学出版社，1998：137.

[53] 李蕾，郭懿，齐欣，等. 风险管理 [M]. 北京：清华大学出版社，2015：1.

[54] 彭祝斌，向志强，邓崛峰，等. 电视内容产业核心竞争力研究 [M]. 北京：新华出版社，2010：43.

[55] 刘金蕾，李建玲，刘海波，等. 高智发明模式的价值链分析与启示 [J]. 知识产权，2012，5：91-96.